LES SECRETS DE NORAH
*est le trois cent soixante-neuvième livre
publié par Les éditions JCL inc.*

Catalogage avant publication de Bibliothèque et Archives Canada

Shariff, Norah, 1980-

    Les secrets de Norah

    (Collection Témoignage)
    Autobiographie.
    Comprend des réf. bibliogr.

    ISBN 978-2-89431-369-5

    1. Shariff, Norah, 1980- . 2. Enfants maltraités devenus adultes –
Québec (Province) – Biographies. I. Titre. II. Collection Témoignage
(Éditions JCL).

HV6626.54.C3S52 2007   362.76092   C2007-940158-9

© **Les éditions JCL inc.**, 2007
Édition originale : février 2007
Première réimpression : mars 2007
Deuxième réimpression : mai 2007
Troisième réimpression : octobre 2007

Les SECRETS de Norah

COLLECTION
TÉMOIGNAGE

PHOTO DE LA QUATRIÈME DE COUVERTURE :
De gauche à droite :
Mélissa, Samia et Norah Shariff

PHOTOS :
Studio Sépia, Montréal

MAQUETTE DE COUVERTURE :
Véronique Harvey

Les éditions JCL inc.
930, rue J.-Cartier Est, CHICOUTIMI (Québec, Canada) G7H 7K9
Tél. : (418) 696-0536 – Téléc. : (418) 696-3132 – www.jcl.qc.ca
ISBN 978-2-89431-369-5

Norah Shariff

Les SECRETS de Norah

LES ÉDITIONS JCL

REMERCIEMENTS

Merci à ma famille, pour l'amour inconditionnel qu'elle m'a donné et pour son soutien.

Merci à Jean-Claude d'avoir cru en moi et de m'avoir poussée jusqu'au bout.

Merci à Louise Ducharme pour la patience et le doigté qu'elle a eus.

Merci à tous ces petits anges tombés du ciel au bon moment et au bon endroit.

Et merci à Dieu pour cette merveilleuse aventure.

N. S.

Nous reconnaissons l'aide financière du gouvernement du Canada par l'entremise du Programme d'aide au développement de l'industrie de l'édition (PADIÉ) pour nos activités d'édition. Nous bénéficions également du soutien de la SODEC et, enfin, nous tenons à remercier le Conseil des Arts du Canada pour l'aide accordée à notre programme de publication.

Gouvernement du Québec – Programme de crédit d'impôt pour l'édition de livres – Gestion SODEC

À tous ceux qui ont cru réussir
à me gâcher la vie...

CHAPITRE I

Écrire mon histoire?

On m'observe, je le sens. Quelqu'un me scrute. Un homme, sûrement! Si cet autobus pouvait rouler plus vite... Est-ce que je me retourne? J'hésite... Pas maintenant! J'ai trop peur. Il pose ses yeux sur moi, je le sens, je le sais. S'il essaie de me faire du mal, je crie... Mais je n'en peux plus, je dois vérifier. *Arrête de trembler et décide-toi!* Un et deux et trois... Voilà, c'est fait!

Personne ne me dévisage, personne ne détourne les yeux. Les deux hommes assis sur la banquette sont plongés dans leur lecture, mon voisin regarde par la fenêtre et celui d'en arrière somnole doucement. Je suis soulagée, mais mon cœur bat encore la chamade; un frisson me secoue de la tête aux pieds.

Norah, ce que tu peux être ridicule parfois! Tout cela est fini, c'est du passé. Tu es au Canada maintenant, tu es en sécurité; il ne t'arrivera rien.

J'ai beau faire appel à la raison, je contrôle difficilement mes peurs.

Mon regard se pose un bref instant sur l'homme au teint foncé et aux cheveux frisés, assis sur le banc de l'autre côté de l'allée. Je respire à peine et mon cœur s'accélère dangereusement.

Que me veut-il, celui-là? Avec sa tête d'Arabe... Ne le fixe surtout pas et ignore-le! Fais ce que je te dis! Comme ton arrêt d'autobus est l'avant-dernier, il descendra sûrement avant toi.

Les arrêts se succèdent les uns les autres, trop lentement à mon goût. De la rue Atwater jusqu'à Lachine, je fixe les panneaux publicitaires collés aux murs afin de me changer les idées, mais il ne sort toujours pas. Je sens ses yeux vrillés dans mon dos.

Ils nous ont retrouvés, j'en suis sûre! Il me suit. Il ne doit pas découvrir où nous habitons. Qu'est-ce que je fais? Je descends maintenant. Même s'il fait noir et que je doive marcher un peu, il faut que je le sème.

Je demande l'arrêt. Je descends et je me retrouve sur le trottoir... seule. La portière se referme en exhalant son bruit de succion et l'autobus continue son chemin.

Je reprends mon souffle. Pendant quelques secondes, je demeure immobile, plantée au bord du trottoir, hébétée. Le scénario suggéré par ma paranoïa s'écroule. Cette histoire n'est que pure imagination. Dois-je rire ou pleurer? Je ne sais plus. Je sens que mes nerfs lâchent.

Tu es à Montréal depuis quelques années déjà et rien de fâcheux ne t'est arrivé. Pourquoi t'imaginer qu'on te poursuit encore? Combien de temps ces peurs vont-elles durer?

Un bruit de klaxon me ramène subitement à la réalité. En voulant tourner, une voiture a failli me heurter. Revenons au moment présent! Je me dirige vers la maison, mais j'ai l'impression que la montée n'en finit plus tant je suis épuisée.

Je rentre rarement aussi tard le soir. J'inspire profondément, le temps de m'imprégner de la nuit. Je contemple le ciel où s'accroche une lune immense entourée d'étoiles. Comme une amie généreuse, elle m'offre sa douceur et m'entoure le cœur d'un baume apaisant. Quelle joie de retrouver ma maison, ma famille, mon cocon de sécurité!

Aujourd'hui, je ne redoute plus de revenir chez moi. Pendant longtemps, dans mon enfance, j'ai eu peur de franchir la porte de la maison familiale. Je ne m'y sentais jamais en sécurité. Je savais, à coup sûr, que la soirée finirait par des pleurs et des cris.

Maintenant, ce sont des cris de joie qui soulignent mon arrivée. Mes trois petits frères se précipitent vers moi et me sautent dessus. Ils m'offrent généreusement leur sourire radieux et leurs yeux pleins d'amour. Je donnerais ma vie pour ces trois petits bouts d'homme.

Avant la naissance des jumeaux, je n'étais qu'une boule d'égoïsme. J'avais alors seize ans. Je vivais intensément la période rebelle de mon adolescence, et mon entourage en subissait les contrecoups. Si j'avais su que la vie devenait plus facile quand on y mettait du sien, j'aurais commencé plus tôt. Je reconnais là mon côté perfectionniste qui refait surface, cette Norah Critique qui me tyrannise et exige toujours plus.

Aurais-je pu faire mieux quand, jeune, j'étais entourée de violence et d'abus de toutes sortes, quand je subissais?

Selon ma mère, j'étais une enfant qui se confiait peu. Elle ne se trompe pas... mais j'étais muselée. Je devais empêcher mes secrets de remonter à la surface. C'était une question de vie ou de mort, pour moi et pour toi aussi, petite maman si chère à mon cœur. Cependant, aujourd'hui, ces mots m'étouffent et veulent faire connaître *ma* vérité. Je ne veux plus qu'ils m'empêchent d'avoir des rêves. Je veux crever mes abcès. Je veux vivre!

Mon «dévoilement» ne sera pas facile, j'en suis consciente. Pendant toutes ces années, j'ai enfoui mes secrets au plus profond de moi en essayant d'oublier jusqu'à leur existence.

J'ai toujours été convaincue qu'on pouvait lire sur mon visage, sur mon front et au fond de mes yeux que j'étais sale et difforme. Même si ma mère m'habillait toujours avec goût, j'avais peur des moqueries et des jugements des autres. Et pourtant, je n'ai jamais été ridiculisée et je me faisais facilement des amis. Je cherchais à être parfaite pour plaire à mon entourage. Encore maintenant, j'ai besoin d'être félicitée, aimée et admirée. Je doute tellement de moi!

Pendant tout mon primaire et au début de mon adolescence, je m'efforçais de réussir en classe et dans la pratique des sports pour devenir populaire. J'étais la jeune fille gentille et obéissante, celle qui était disponible quand ses amies avaient besoin de se confier.

Jamais je n'ai demandé de l'aide à qui que ce soit. Jamais je n'ai avoué ma peine. Jamais je n'ai raconté ce qui se passait à la maison. Jamais je n'ai pleuré dans les bras d'une amie... jusqu'à tout récemment. Pendant plus de vingt ans, j'ai fermé mon cœur!

***

En 2005, ma mère écrivait notre histoire, mais j'étais convaincue que personne ne pouvait s'y intéresser. Malgré mon peu d'encouragement, elle persévéra dans son projet, et son livre *Le Voile de la peur* fut publié, le 8 mars[1] 2006, aux Éditions JCL. Son succès lui redonna la confiance et l'énergie pour envisager de nouveaux projets. Et moi, je me tiens là, près d'elle... et ma vie tourne en rond.

Durant l'été, j'ai relu ces pages qui décrivaient si bien le parcours qui nous a tous amenés au Canada. Cette lecture m'a brutalement replongée dans mon passé en ravivant mes angoisses, ma solitude, mes peurs et mes silences. J'entendais la voix de ma mère qui racontait sa vie de femme et ses soucis de mère. J'avais tellement essayé de l'aider et de la soutenir depuis ma plus tendre enfance, mais y étais-je parvenue? Et à quel prix?

---

1. Journée internationale de la femme.

***

Ai-je vraiment déjà eu l'âme d'une enfant et le cœur à la fête? Je ne m'en souviens pas. J'ai toujours senti l'urgence de prendre soin des autres, de ma mère, de ma sœur, de mes frérots et, un peu plus tard, de mes amis. Je me sens souvent fatiguée d'être ce que je suis et j'ignore encore comment m'aider moi-même. Je cède la place aux autres et je m'oublie.

Aujourd'hui, je me retrouve à un tournant important de ma vie. Je ne veux plus faire de surplace. Je veux me laver de mes pensées paranoïdes et de mes peurs paralysantes, me libérer de mes cauchemars et mieux profiter de la sécurité du Québec. Je dois m'affranchir de mon passé, mais j'ai tellement peur qu'en reparlant ou en ravivant mes souvenirs mes blessures se remettent à saigner et que le sang ne s'arrête plus jamais de couler. J'ai peur d'avoir mal en replongeant dans mon histoire, dans mes souvenirs et surtout... dans mes secrets. Mais je n'ai pas le choix si je veux aller de l'avant!

CHAPITRE II

Quelques souvenirs heureux

Mes grands-parents maternels Shariff sont des Algériens qui ont émigré en banlieue de Paris pour échapper aux difficultés politiques de leur pays. Ma mère naquit donc en France ainsi que quatre de mes oncles et une tante. Après avoir fait fortune, mon grand-père retourna en Algérie, soi-disant pour mieux éduquer ses enfants selon les principes musulmans. Ma mère commençait alors son adolescence.

Lorsqu'elle eut seize ans, son père décida de la marier à un homme qui travaillait pour lui. Ainsi, il se dégageait de sa responsabilité envers sa fille en la confiant à son nouveau mari. Ma mère rencontra, une seule fois avant les noces, celui qui deviendrait mon père et elle n'osa pas lever les yeux vers lui. Pour monsieur Shariff, préserver son honneur et celui de sa famille était primordial! Le mot amour ne figurait pas dans son dictionnaire.

En guise de cadeau de mariage, mon grand-père offrit au nouveau couple leur première maison en banlieue de Paris. À dix-sept ans, ma mère accoucha de son premier enfant, un garçon nommé Amir, mon grand frère. De connivence avec mon père, ma grand-mère se l'appropria sous prétexte que ma mère était trop jeune pour l'élever correctement, mais, en fait, c'était parce qu'il était de sexe masculin. Ma mère eut beau protester, ses supplications furent inutiles.

L'été suivant, je vins au monde. Par le seul fait

d'être une fille, déjà, je soulageais ma mère. Je ne représentais aucun intérêt pour ma grand-mère et je remplaçais celui qui n'était plus là. Ma mère s'attacha à son nouveau bébé comme un noyé s'accroche à une bouée de sauvetage.

*****

Notre maison était belle et très claire. Spacieuse, elle s'étendait sur trois étages et elle était décorée avec goût. Vers l'âge de quatre ou cinq ans, quand ma mère et moi étions seules à la maison, j'aimais m'asseoir dans la cuisine. Je posais ma tête sur la table et ma mère me caressait les cheveux en me chantant des berceuses arabes, ces chansons intraduisibles qui nous font voler vers le ciel.

Le jardin, mon endroit de prédilection, était luxuriant avec ses arbres de toutes espèces. Des dizaines d'oiseaux y nichaient. Comme dans les films de Walt Disney, je sifflais en espérant leur réponse. Les dimanches de printemps, je grimpais jusqu'au sommet de mon arbre préféré, l'abricotier, et les doux rayons de soleil réchauffaient ma peau. Cette odeur d'abricot qui flotte... Quel doux souvenir! Mon arbre surpassait notre mur jusqu'à toucher celui de la voisine de gauche.

Un jour, alors que je ramassais des noisettes, j'aperçus cette dame aux cheveux blancs qui me souriait à travers le grillage. Ses rides et ses yeux pâles m'attirèrent au premier coup d'œil. Chaque fois que nos arbres donnaient des fruits, je lui apportais des confitures que maman avait préparées et j'en recevais en retour. Dans sa maison régnait une délicieuse odeur de fleurs, aussi douce et discrète qu'elle.

Notre voisine de droite était également une femme sympathique qui aimait les enfants. Elle m'initia à l'art de l'origami et, quand j'en eus besoin, elle me donna un coup de pouce en mathématiques.

Ces deux femmes exceptionnelles m'accueillaient toujours à bras ouverts. Ces petits moments partagés avec elles, si anodins qu'ils puissent paraître, me faisaient un bien énorme!

Graduellement, j'avais découvert mon quartier et mon entourage. On m'aimait bien et j'y étais en sécurité.

J'adorais jouer dehors quand il pleuvait. Je savourais l'odeur de la pluie sur ma banlieue.

***

Mes grands-parents Shariff étaient riches. C'était un fait acquis, une vérité immuable et importante, particulièrement aux yeux de mon père, une vérité que j'avais toujours sue. Comment? Je l'ignore. Ils nous achetaient rarement des cadeaux. On ne pouvait vraiment pas les considérer comme des grands-parents gâteau! L'argent de mon grand-père alimentait, trop souvent à mon goût, les conversations de mes parents. Des conflits éclataient alors, mais j'étais trop jeune pour en comprendre les raisons.

C'était une fête pour moi d'aller leur rendre visite à Alger dans leur grande maison luxueuse, parce que je revoyais mon frère avec qui je jouais en toute liberté.

Même si je ne les voyais pas souvent, je les aimais bien et ils m'aimaient tout autant. J'étais la préférée de leurs petits-enfants. Cela n'avait pas toujours été le cas. Mes grands-parents avaient accueilli ma naissance froidement parce que j'étais une fille. Mais j'avais fait ma place à ma façon: j'étais une enfant différente de mes cousins et cousines qui les craignaient et se tenaient à distance. J'étais un modèle nouveau genre, une enfant affectueuse qui n'avait pas la langue dans sa poche.

Dans la famille Shariff, personne n'osait réagir à la parole de grand-père. Mes oncles et ma tante se traînaient à ses pieds. De vrais lèche-bottes! En ce qui me concerne, je n'ai jamais eu peur de lui. Quand il était en réunion de travail avec des hommes d'affaires de plusieurs pays, on m'interdisait de l'approcher : «Ne va pas le déranger ou alors il te tuera!» Je faisais fi de l'avertissement et j'entrais dans la pièce. Je lui sautais au cou et c'était lui qui m'embrassait.

Il me taquinait en me donnant quelques surnoms. Commençons par le plus anodin...

J'adore le fromage. Dans mon patelin, on en fabriquait une sorte qui ne portait pas de nom, ou peut-être que je ne l'ai jamais su. J'en raffolais tellement que je le baptisai *chamama*, un nom de fromage dont on m'affubla longtemps par la suite.

Mon deuxième surnom était le préféré de grand-père. J'hésite à vous en faire part. Il faut promettre de ne pas vous moquer de moi à votre tour! À l'âge de trois ou quatre ans, je ressemblais à Boucle d'or avec mes cheveux bouclés (grâce aux bigoudis) que ma mère garnissait de nœuds assortis à la couleur de ma robe. D'ailleurs, à cette époque, j'étais coquette et toujours tirée à quatre épingles. J'avais (et j'ai toujours) le nez en trompette. Il m'affubla donc du surnom élégant de «Peggy la cochonne». Ah! Il m'énervait! Mais j'aimais le ton moqueur avec lequel il prononçait ces mots ainsi que son sourire taquin. Et il partait d'un grand éclat de rire quand je montrais mon agacement!

Quant à ma grand-mère, elle me disait toujours :

«Quand tu seras grande, tu devras épouser un homme riche! Un médecin!»

Chaque fois, je répliquais, totalement offusquée :

«Non! Ce sera moi le médecin!»

Une fille qui faisait preuve d'ambition et d'indépendance, c'était inadmissible! Déjà, toute jeune, je refusais l'idée de dépendre d'un homme. Mes grands-parents entendaient rarement de tels propos!

Quelque temps plus tard, je fis part de mon ambition à ma mère:

«Maman, tu verras. Un jour, je serai riche.

— Tu n'as qu'à marier un homme riche», répondit-elle en reprenant les propos de sa mère.

Décidément!

Pendant plusieurs années, je lui répétai la phrase suivante afin de faire passer mon message:

«Ce sera moi, l'homme riche!»

***

Par ailleurs, je me sentais mal à l'aise avec ma grand-mère paternelle qui nous accueillait toujours froidement. Elle vérifiait tous nos faits et gestes en affichant un air mécontent. On aurait dit la vilaine sorcière des contes de fées. À cause d'elle, des chicanes violentes éclataient entre mes parents. Elle aurait voulu que ma mère demande toujours plus d'argent à son père. Pour atteindre son but, elle insistait auprès de son fils, mon père en l'occurrence. Comme ma mère était rarement d'accord, la bagarre éclatait. Il poursuivait ma mère autour de la table, la rattrapait et la frappait de toutes ses forces. J'en voulais alors à mon père, et aussi à ma grand-mère qui me semblait la cause de leur conflit.

À l'extérieur de la famille, je pense que j'étais une enfant timide et très sage. Je n'aimais pas beaucoup aller à la maternelle, car je croyais les autres enfants hostiles. Ils se moquaient d'un garçon obèse qu'ils prenaient plaisir à insulter à tout propos. Je craignais qu'ils s'en prennent à moi, à mon tour. J'étais différente d'eux et j'évitais d'attirer leur attention en me plaçant à l'écart.

Je fis la connaissance de Salima, qui devint ma meilleure amie. Nous avons grandi ensemble. Quand nous n'étions pas dans le même bâtiment scolaire, nous nous retrouvions à l'extérieur pour partager nos jeux. Les mercredis, nos mères qui étaient également amies se donnaient rendez-vous au parc. Nous passions nos après-midi à courir, à nous cacher, à parler et à rire aux éclats. Ensemble, nous avons appris à faire du patin à roulettes. À partir de ce moment-là, il n'était plus question de marcher. Seule ou avec Salima, je passais mes journées à l'extérieur de la maison à faire du vélo ou du patin.

Et il arrivait, si j'avais été particulièrement sage ou si j'insistais, que je puisse passer la nuit chez ma grande amie. C'était alors jour de fête! La famille de Salima était bien différente de la mienne... son père surtout! Je le voyais rire en taquinant sa femme et ses enfants. Un jour, il alla jusqu'à brosser les dents du jeune frère de Salima. *Un père peut faire cela!* ai-je observé avec surprise. Imaginer que mon père aurait pu m'aider de la même façon m'était impossible.

Je demeurai la meilleure amie de Salima jusqu'au collège où nous nous éloignâmes l'une de l'autre. Elle recherchait la compagnie de Kelly que je trouvais d'un genre douteux. Je préférai donc mettre fin à notre amitié.

Pendant toutes ces années, Salima n'a jamais su ce qui se passait chez nous. Je profitais de son amitié pour jouer, sortir de la maison, m'éloigner de l'enfer dans lequel je me noyais, malheureusement, un peu plus tous les jours.

CHAPITRE III

Mon secret le plus lourd

Je ne me souviens plus des premiers gestes, des premières fois... Mes souvenirs sont diffus, embrouillés, vagues... et pour la plupart enfouis au plus profond de ma mémoire dans un tiroir cadenassé. Cependant, cependant... Mes sensations, mes nausées, mes dégoûts sont toujours présents! L'odeur d'une cigarette traînant au fond d'un cendrier me donne des haut-le-cœur. J'entends une planche craquer et mon corps se couvre instantanément de sueurs froides.

Avant que j'aie l'âge de cinq ans, mon père ne faisait pas partie de ma vie. Je savais qu'il était mon père, mais, comme il travaillait beaucoup, il était rarement présent dans mon quotidien. Son fauteuil trônait devant la télévision et, dès que mon père revenait à la maison, ma mère lui apportait ses pantoufles. Je ne l'approchais pas; je me tenais loin, car sa voix forte me figeait. Je l'entendais souvent crier ou insulter ma mère, mais jamais je n'entendais ma mère lui répondre.

Un certain après-midi, alors que je prenais mon bain, la porte s'ouvrit et mon père entra. J'étais surprise, car c'était toujours ma mère qui supervisait mes soins. Il me frictionna lentement et en profondeur. Ce n'était pas la façon de faire de ma mère; j'étais mal à l'aise, paralysée.

Un soir, quelque temps avant mes six ans, j'étais couchée quand j'entendis le crissement de ses pas dans l'escalier. Il s'assit sur le bord de mon lit. En souriant, mais sans prononcer un seul mot, il se mit à me caresser les cheveux et la figure. Lentement, sa main descendit le long de mon cou. À ce moment-là, il ne souriait plus et il demeurait silencieux. Ses mains se déplaçaient sur tout mon corps, allant d'un membre à l'autre jusqu'à toucher la partie qu'on doit garder cachée. Quand je lui demandai pourquoi, il me chuchota à l'oreille: «On joue au docteur!» J'étais stupéfaite, car jamais mon père n'avait joué avec moi. Je le laissai faire. Il m'ausculta et palpa tous les recoins de mon corps. Si c'était un jeu, pourquoi est-ce que je me sentais aussi mal? Je n'aimais pas cette activité! J'avais envie de pleurer.

Toujours à la même époque, mon père me prenait souvent sur ses genoux. Il me caressait en regardant la télévision, mais j'étais trop petite pour lui échapper. J'avais envie de m'enfuir le plus loin possible quand je sentais durcir cette chose hideuse entre mes jambes. Pourtant, mon corps se pétrifiait pour ne plus rien sentir, et je fixais la télévision pour m'évader du moment présent. On m'avait toujours dit que c'était honteux de toucher ou de regarder ses parties génitales et qu'il était contraire à la bienséance d'en parler. Au plus profond de moi, je savais que les gestes d'Abdel – mon père! – n'étaient pas bien. Je compris alors tout le sens des mots «avoir honte.»

***

Abdel Adibe! Quel homme charmant à l'extérieur de la maison, toujours affable et souriant avec les voisins! Quand je les voyais discuter et rire ensemble, je percevais tout le ridicule de la situation. Quelle hypocrisie! J'aurais voulu leur crier: «Venez à la maison, vous verrez sa vraie personnalité! Venez l'admirer en pleine action! L'homme que vous voyez n'est qu'un menteur et un homme violent!»

Presque tous les soirs, il insistait pour que ma mère

demande plus d'argent à mon grand-père. Quand elle n'était pas d'accord, il hurlait plus fort. Sa colère explosait avec la violence d'un volcan. Soit il lançait la table contre le mur, soit il fracassait la vaisselle, éclaboussant toutes choses de nourriture.

Un soir de ramadan, nous étions en train de manger la *chorba*[2] que ma mère avait préparée. Sans raison apparente, mon père se mit en colère, s'empara du chaudron et le projeta d'une seule main sur le mur opposé. Tous les murs et le plancher étaient souillés de soupe. Silencieusement, ma mère commença à nettoyer les dégâts et je l'assistai au mieux de mes capacités.

Croyez-le ou non, c'était un bon soir parce que ma mère n'avait pas été battue. Quand il levait la main sur elle, il y allait de toutes ses forces. On aurait dit qu'il voulait lui faire le plus de mal possible. Et ma mère pleurait sans réagir. Impuissante, j'assistais à la scène. Je me sentais comme un objet de décoration encombrant et inutile. Mais, dans mon cœur d'enfant, la rage bouillonnait déjà contre cet homme cruel.

Un autre soir, il la frappa brutalement dans le dos, avec son bras droit. Comme il était beaucoup plus imposant que ma mère qui a toujours été très frêle, le coup fut d'une violence inouïe. Ma mère poussa un cri strident et tomba par terre en larmes. Mon père avait déjà quitté la pièce.

Qu'aurais-je pu faire? Mes mains de six ans ne couvraient pas le dixième de son dos! J'en avais assez d'être petite; j'aurais voulu être forte pour la défendre. Je tolérais difficilement de la voir souffrir sans pouvoir faire quoi que ce soit pour lui venir en aide.

---

2. Soupe arabe, très parfumée et nourrissante, que l'on sert les soirs de ramadan. Elle est à base de mouton et de pois chiches, et aromatisée à la coriandre.

Plus je grandissais et plus le comportement de mon père vis-à-vis de ma mère empirait. Tous les soirs, les gestes d'horreur se répétaient. À défaut d'être capable de la défendre, je souhaitais que mon père meure. J'ai toujours eu honte d'être sa fille. Porter son nom d'Adibe signifiait que j'étais une enfant maudite. J'aurais tant voulu entendre: «Abdel Adibe n'est pas ton vrai père», mais, hélas...

Il ne frappait jamais le visage! Il était rusé! Ainsi, il conservait sa belle image publique, car il savait pertinemment que ma mère n'ouvrirait jamais la bouche... et moi de même. Pourquoi me suis-je tue? Cet enfer aurait-il cessé si j'avais dénoncé cette sauvagerie?

**

Quand ma mère tomba enceinte de ma sœur, je prenais plaisir à frotter pendant de longues minutes son ventre tout rond avec de l'huile d'olive. Le futur bébé me signalait sa présence en me lançant de petits coups répétitifs. J'avais six ans quand ma sœur Mélissa naquit et jamais je n'éprouvai de jalousie à son égard. Déjà, j'étais la grande sœur qui prenait soin d'elle et qui voulait la protéger.

J'étais contente que ce fût une fille, mais je ne savais pas pourquoi. Peut-être avais-je deviné inconsciemment que c'était le désir de ma mère! Je prenais plaisir à rendre à la perfection les services qu'elle me demandait. C'étaient des moments privilégiés où je n'avais rien à craindre.

**

Tard le soir, les visites de mon père se répétèrent. J'étais de plus en plus mal quand j'entendais la planche de l'escalier craquer sous ses pieds. Ses touchers de plus en plus intimes et insistants m'agressaient. Je ne supportais plus son haleine dégoûtante de cigarette froide. J'aurais voulu me retourner quand je voyais ses dents jaunies s'approcher de mon visage.

Je subissais et je me taisais. Au début, je ne savais trop comment réagir, puis, graduellement, je compris dans mon for intérieur que ces gestes n'étaient pas bien et je m'en crus responsable. Si je parlais, j'étais certaine que je serais blâmée et que personne ne me croirait.

À six ans, j'aurais préféré disparaître plutôt que de subir le traitement qu'il m'imposait. J'étais prête à tout pour ne pas sentir ses mains fureteuses sous mes vêtements et son souffle haletant dans mon cou. Un jour que je marchais dans la rue, j'entendis un camion s'approcher; j'aurais voulu avoir le courage de me jeter sous ses roues!

J'avais beau faire semblant de dormir, il venait dans mon lit. J'avais beau le supplier, il continuait. Mes larmes coulaient sans réussir à l'attendrir. Je n'étais qu'un simple objet à ses yeux.

Est-ce normal de vouloir mourir à six ans? D'avoir des idées suicidaires à cet âge? Je ne crois pas. Au primaire, j'enviais mes copines, que leur père venait chercher. Elles se jetaient dans ses bras et ils riaient de bon cœur. J'avais envie de leur demander comment agissait leur père avec elles. Je me torturais à les imaginer en train de jouer ensemble. Je n'avais pas droit au sourire d'un père attendri devant son enfant. La seule attention qu'il daignait m'accorder consistait en ces gestes dénaturés qui gâchaient mon enfance et qui me hantent encore aujourd'hui.

Je me faisais du mal en surveillant les fenêtres des salles à manger pour y surprendre des familles heureuses réunies autour de la table. Je pouvais les entendre parler et rire ensemble pendant que je demeurais emmurée dans mon silence.

Ma mère était la seule qui m'écoutait et riait avec moi. Elle constituait mon unique source de sécurité et de bien-être, mais elle était si triste. Chaque fois que j'étais en face d'elle, les yeux dans ses yeux, je souhaitais qu'elle devine ma détresse, qu'elle entende ces cris dans ma tête. Mais je m'étais promis de tout refouler pour l'épargner. Depuis ma plus tendre enfance, je cherchais à aider et à soutenir ma mère. Je ne voulais pas représenter un poids supplémentaire à porter. Elle en avait déjà trop.

J'avais remarqué que mon père, après s'être frotté à mon jeune corps, devenait plus doux avec elle. Avouer la vérité à ma mère aurait signifié que je ne pouvais plus l'aider à ma façon.

Mon père faisait également en sorte que je me taise. Il me répétait que c'était notre secret, que, si j'en parlais à qui que ce soit, un malheur arriverait à toute la famille. Selon lui, personne ne me croirait et l'on se moquerait de moi. Pour une enfant de six ou sept ans, ces menaces étaient très efficaces.

***

Dès que je sortais de la maison, je retrouvais la sécurité que m'apportaient mon quartier, mon école, les endroits où j'avais l'habitude de jouer et d'explorer. Que ce soit à vélo, en patins ou à la course, je me déplaçais toujours le plus rapidement possible. De cinq ans jusqu'à vingt et un ans, je fis le rêve suivant de façon récurrente : je me promène, quand tout à coup plusieurs monstres ou fantômes se lancent à ma poursuite. Je cours alors le plus vite possible et je m'envole jusqu'au plus gros arbre où je me réfugie. J'adore les arbres! Dans mon innocence d'enfant, je courais donc très fort dans l'espoir qu'un jour je m'envolerais!

Mes professeurs m'inscrivirent aux compétitions de

vitesse de l'école que je gagnais haut la main. Puis on organisa des courses auxquelles pouvaient participer tous les élèves, garçons et filles de tous âges. Je triomphais encore. Je portais les cheveux très longs, à l'époque. Avant chaque course, je les détachais pour mieux sentir le vent. On me surnommait «le cheval».

À sept ans, j'avais un vélo blanc dont j'étais fière. J'adorais pédaler et explorer tous les sentiers, des plus rapprochés jusqu'aux plus éloignés. Me perdre ne me faisait pas peur; c'était pour moi l'occasion de découvrir de nouveaux endroits. L'inconnu était infiniment plus rassurant que le connu!

Très habile, j'étais en pleine possession de mes moyens, car je contrôlais la situation. Personne ne s'inquiétait à mon sujet. J'étais une enfant avertie à qui on faisait confiance. Je m'évadais... je redevenais une enfant comme les autres. Je débordais d'imagination. J'étais Alice aux pays des merveilles et j'inventais un monde magique. Je n'étais plus seule, car mon ami imaginaire, un garçon aux nombreuses taches de rousseur, me suivait partout. Malheureusement, lorsque j'eus neuf ans, il s'évapora et la magie n'opéra plus.

Je recherchais constamment cette sensation d'évasion, cette impression de partir, de fuir... Aujourd'hui, je réalise que je fuyais ma vie! J'ai l'intuition que ma mère comprenait mon besoin de sortir de la maison, d'aller le plus loin possible.

Il y avait plusieurs endroits de prédilection où j'aimais flâner. Le rond-point au bout de ma rue en était un. Des sapins gigantesques assuraient en son centre un îlot intime à l'abri des regards. Quand je trouvais un bel objet brillant, je l'enterrais dans ma cache aux trésors, entre le sixième et le septième sapin en partant de la gauche. Le jour même où je gagnai une bille multicolore, je l'enfouis le plus profondément possible dans ma cachette secrète. Il n'était pas question de la montrer à qui que ce soit!

Durant cette même période, je faisais des cauche-mars effrayants pendant lesquels j'ameutais toute la maison. Ma mère tentait de me réveiller. J'ouvrais les yeux, mais les visions me hantaient toujours. Étais-je somnambule? Une fois éveillée, je ne me souvenais de rien. Aujourd'hui encore, mes nuits sont peuplées de rêves sordides. Est-ce par habitude? Ou parce que ma vie cauchemardesque me hante encore?

Mon rayon de liberté se rétrécit quand je dus traîner ma sœur Mélissa partout où j'allais. J'aimais veiller sur elle à la maison, mais, à l'extérieur, elle constituait une entrave à mes activités habituelles. À deux ou trois ans, elle ne pouvait pas me suivre, mais j'avais été incapable de refuser ce service à ma mère: ses yeux étaient si tristes et si songeurs!

Cependant, je m'organisai pour joindre l'utile à l'agréable. Je suggérai à mes amies de la cité voisine d'emmener leurs frères et sœurs de l'âge de Mélissa. Pendant que ceux-ci s'adonnaient à leurs jeux de bébé, nous eûmes la paix pour nos activités de grands.

***

Pendant mon primaire, je fus une élève toujours réservée. Comme ma mère exigeait de bonnes notes, elle me faisait réviser mes leçons jusqu'à ce que je les aie mémorisées parfaitement. Quand je réalisai que pour mieux apprendre je devais comprendre, ma per-formance s'améliora et ma mère cessa d'insister.

Je m'émancipais quand je faisais du sport. Je don-nais le meilleur de moi-même dans toutes les activités physiques que je pratiquais. J'étais dotée d'une excel-lente coordination motrice et je remportai la médaille d'or de l'école en gymnastique à l'âge de huit ans. J'étais fière de moi, mais je choisis d'être discrète. Je craignais d'attirer l'attention des envieux qui auraient pu me rejeter.

Quand je n'avais pas d'école et que je voulais parler à quelqu'un, j'allais à l'épicerie du coin. Tonton était toujours là! Tonton, un homme en qui j'avais vraiment confiance! Un homme plus grand que la moyenne, chauve et toujours souriant, avec son éternel tablier bleu et son stylo Bic accroché à sa poche avant. Je croyais qu'il ne sortait jamais de son magasin! Quand j'arrivais, j'avais l'impression qu'il m'attendait.

Tonton m'a vue grandir. Il prenait toujours le temps de m'écouter et d'essuyer mes larmes. Il réussissait à me faire rire et à me changer les idées en m'offrant des sucreries de toutes sortes. Je lui dois sûrement quelques kilos.

Même si je n'avais rien à acheter, j'allais lui dire bonjour. Et, quand je pouvais, je restais assise sur la petite marche devant la porte pendant des heures pour l'unique plaisir de rester près de lui. Tonton était le père que j'aurais voulu avoir, mon père substitut, en quelque sorte. Se doutait-il de mes malheurs? Pourquoi se montrait-il si paternel? Sentait-il mon immense besoin?

Tonton attirait non seulement les petites filles éplorées, mais aussi un sans-abri qui s'assoyait ou s'allongeait quotidiennement à quelques mètres de l'épicerie. Chaque fois que je voyais Mohamed, j'allais le retrouver et nous parlions. Il était devenu mon ami. La plupart du temps, il était saoul, mais vraiment pas dangereux. Il prenait la vie comme elle venait, sans jamais se plaindre. Tonton me répétait de faire attention, mais je sentais qu'il me surveillait du coin de l'œil.

Malgré mes huit ans, Mohamed me parlait en adulte. Il n'était pas comme ces grandes personnes qui changent de ton quand elles s'adressent aux enfants, ce qui les fait paraître plus ridicules que pédagogues.

Je me sentais respectée, j'étais bien avec lui et je n'avais pas l'impression d'être une enfant.

Un jour qu'il pleuvait beaucoup, j'eus pitié de mon ami dégoulinant de pluie. Je lui confectionnai un sandwich avec ce que j'avais pu trouver dans le réfrigérateur. Quand je lui apportai mon œuvre, Mohamed était assis et parlait doucement aux oiseaux. Je décidai de compléter son repas avec des cacahuètes de chez Tonton.

« Norah, je croyais que tu n'aimais pas les cacahuètes ! s'exclama Tonton en voyant mon achat.

— C'est vrai. Mais ce n'est pas pour moi.

— Je vois. C'est pour ton ami ?

— Oui.

— Je crois que tu lui as déjà donné quelque chose à manger, n'est-ce pas ?

— Mais il lui faut un dessert ! »

Tonton éclata de rire en se tapant sur les cuisses. Jamais je ne l'avais vu s'esclaffer ainsi ! Il me regarda, une lueur chaleureuse au fond des yeux. Il prononça alors cette phrase magique qui m'a soutenue au fil des jours : « Tu sais, tu es la fille que j'aurais aimé avoir ! » Je voulus lui répondre qu'il était le père dont j'avais toujours rêvé, mais l'émotion nouait ma gorge. Je me blottis contre lui et il me serra dans ses bras. Mon geste avait remplacé mes mots d'affection.

Il y avait un second épicier de l'autre côté de la rue où j'allais lorsque l'épicerie de Tonton était fermée. Celui-là, je ne l'aimais pas, mais j'en ignorais la raison. Mon instinct m'avertissait. Au début, je ne soupçonnai rien d'anormal. Il proposa de m'apprendre quelques prises de karaté pour mieux me défendre en cas de besoin, étant donné que je ne paraissais pas très forte.

Au départ, cet apprentissage m'excita et je m'y consacrai à fond. Quand mon corps prit quelques rondeurs typiquement féminines, les rencontres se multiplièrent et les prises comportèrent de plus en plus de contacts directs et prolongés. Je devins mal à l'aise et j'évitai les séances d'entraînement. Quand je n'avais pas le choix de faire mes courses chez lui, il me lançait un défi. Si je refusais, il me soumettait de force à une prise de karaté dont j'essayais de me détacher en y mettant toute mon énergie. Un jour, je sentis son pénis durcir contre moi – grâce à mon père, je compris rapidement ce qui se passait... j'ironise en écrivant ces mots! – et après l'avoir accusé d'être dégoûtant, je pris mes jambes à mon cou et je m'enfuis, bouleversée.

Peu d'hommes méritaient ma confiance et je devais me méfier de la plupart d'entre eux. Mais Tonton était différent. Il ne m'aurait jamais fait le moindre mal et il ne m'aurait jamais déçue.

***

Au fil de mon enfance, j'ai revu Amir, mon frère aîné, pendant les vacances, quand nous allions pour un court séjour chez mes grands-parents à Alger ou quand il venait à la maison. J'étais toujours heureuse de le revoir parce que nous nous entendions à merveille. Et, seconde raison non négligeable, quand il était là, mon père contrôlait ses penchants pervers, tant violents que sexuels.

L'hiver de mes huit ans, mes grands-parents nous envoyèrent, Amir et moi, dans une colonie de vacances en France. J'étais tout excitée à l'idée de faire du ski avec mon grand frère. J'apprenais facilement, alors qu'Amir traînait sans cesse derrière. Même s'il faisait son possible, il était toujours essoufflé et le groupe devait l'attendre. Un matin, notre moniteur se lassa et le laissa derrière. Je le suppliai de patienter, puis je me mis à pleurer, mais il continuait toujours. Quand il se fut éloigné d'une centaine de mètres, je me fâchai. Je lui criai que mon frère et moi faisions demi-tour et j'ajoutai quelques injures à ma façon. Nous avons skié de peine et de misère pendant plus d'une demi-heure avant de rejoindre le chalet et de nous y réchauffer. Et je n'adressai plus un seul mot à quiconque jusqu'à la fin de notre séjour.

Jusqu'à mes dix ans, je fus la plus grande des deux même s'il était mon aîné de dix-huit mois. C'était moi qui prenais sa défense. D'ailleurs, il faisait souvent l'objet de taquineries. Ses voisins le jalousaient parce qu'il vivait dans une grande villa et que sa famille était l'une des plus connues d'Alger. J'en pris conscience un jour que nous marchions en direction du marché. Un groupe d'adolescents s'approcha de nous; plusieurs entourèrent mon frère et se mirent à le bousculer en le traitant de petit *bourge*[3] et de bébé gâté. Amir ne réagissait pas; il se taisait et se laissait pousser d'un ado à l'autre. J'étais fâchée pour lui! Je pris mon élan et je donnai un énorme coup de pied au derrière du meneur. Le garçon d'environ quatorze ans se retourna pour mieux me dévisager. Il relâcha mon frère en lui disant: «T'as de la chance que ta sœur soit là!»

Avais-je bien agi en prenant sa défense? Avait-il eu honte d'être protégé par une fille? Je n'en sais rien, mais je compris alors qu'il avait été trop gâté par sa famille. Je dis bien *sa* famille: je n'en fais plus partie, aujourd'hui.

---

3. Abréviation de bourgeois, considérée comme insulte dans le langage adolescent.

CHAPITRE IV

Je n'ai plus de père!

Jusqu'à mes neuf ans, mon père se limita aux attouchements. Quand j'eus huit ans, il cessa de me prendre sur ses genoux pour ne pas éveiller les soupçons de sa femme. J'étais aussi plus difficile à maintenir en place!

Ses visites nocturnes se raréfièrent, Dieu merci! Mais elles étaient encore suffisamment nombreuses pour me pourrir l'existence! Je ne me souviens plus de leur fréquence; par contre, je sais qu'il m'a violée trois fois. Trois fois de trop! J'ai horreur du chiffre trois.

À neuf ans... À cette époque, nous vivions encore en France. Mes yeux s'embuent et je ne vois plus les mots qui s'alignent devant moi. Ma mère était absente. Elle assistait en Algérie au mariage d'un membre de la famille Shariff dont j'ai oublié le nom.

Habituellement, je fuyais à l'extérieur quand il était là. Comme il pleuvait ce jour-là, je restai à la maison et je fus moins vigilante. Non, ce n'était pas à cause de mon manque de vigilance! Ce n'est pas ma faute! Il n'avait pas le droit! Mes idées s'embrouillent. J'ai mal au cœur et au ventre. Les mots pour le dire? Comment traduire l'horreur qu'il m'a fait subir? J'ai peur des mots et de leur pouvoir. Selon moi, ils pourraient faire éclater les images que j'ai mis tant de temps à enfouir. Et j'ai peur qu'en les ravivant je perde à jamais mon identité et m'éparpille en mille miettes. J'ai peur d'être brisée, anéantie. J'ai peur que les mots me replongent au cœur de la tourmente que j'ai dû subir, seule, pendant de trop longues minutes.

La première fois, un jour de pluie très forte sans aucun vent. Le tonnerre grondait sous le ciel grisâtre. Les gouttes d'eau piquaient droit et s'écrasaient sur le sol. Appuyée contre la fenêtre, j'admirais cette tempête qui correspondait à mon état d'âme: j'étais fâchée d'être coincée à la maison. Seule avec cet homme.

Tout à coup, j'entendis sa respiration haletante. Je me retournai. Il était debout, près de la porte de la salle à manger. Je ne fus pas surprise de le voir; je savais qu'il profiterait d'une façon ou d'une autre de l'absence de ma mère. Elle était beaucoup trop loin pour sentir ma détresse, trop loin pour m'entendre et venir en aide à sa fille.

La table me séparait de lui et servait de barricade. Mais j'avais intérêt à courir vite pour le semer. Son regard vide me fixait comme si j'avais été transparente. Il avait l'œil épouvantable de Jack Nicholson dans le film *The Shining*. Que voulait-il de moi? Avait-il perdu la raison? Allait-il me tuer?

Il fit quelques pas dans ma direction. S'il allait à droite de la table, je me dirigeais vers la gauche. J'anticipais ses mouvements. Je sentais mon cœur battre entre mes tempes. Je n'avais surtout pas l'intention de me laisser approcher. J'ignorais ses arrière-pensées, mais je flairais le danger. Soudain, mon manège l'impatienta.

Il contourna la table et s'élança à ma poursuite. Je volai vers l'escalier. Je montais à vive allure, mais j'avais les jambes molles. J'agrippai la rampe pour me donner de la force. Tout à coup, je glissai sur le vieux tapis.

Il en profita pour m'agripper le bras. Je me débattais de toutes mes forces, mais en vain. Il me traîna jusqu'à la salle de bain. Après m'avoir allongée sur le sol, il se coucha sur moi. Je sentis alors mon corps se faire déchirer. Je n'ai pas d'autres mots : il m'a déchirée!

Je n'existais plus; mes pleurs, mes gestes, mes paroles, tout était inutile. Et la douleur de mon âme devint plus intolérable que la douleur fulgurante qui avait éclaté à l'intérieur de mes cuisses. Il n'était plus mon père! Je me réfugiai dans un recoin de ma tête pour me protéger de ses assauts, pour me retrouver là où personne ne pouvait m'atteindre, loin du monstre qui me dévorait vivante.

Quand enfin il me laissa tranquille, je me recroquevillai et je pleurai. C'était la première fois que je sanglotais aussi intensément, aussi douloureusement. Je ne m'étais jamais sentie aussi sale de toute ma vie. En me relevant, je mis la main dans une flaque mouillée. Comme mes doigts étaient rouges, je crus que j'avais été blessée, une blessure de l'âme qui saigne encore, d'ailleurs! Je cherchais l'endroit quand je constatai que seules mes fesses étaient ensanglantées. C'est alors que je devinai la vérité.

C'était un mercredi.

Je m'enfuis à toutes jambes. Je marchai longtemps, sans but précis, sans m'arrêter. J'étais un zombie errant au milieu de ses peines. Et, petit à petit, cette pluie devenue fine et chaude, semblable à celle d'aujourd'hui, me fit du bien. J'avais l'impression qu'elle me lavait et me consolait à la fois, comme une mère qui donne le bain à son enfant.

Quelques jours plus tard, ma mère revint d'Algérie. Je ne la quittais plus d'une semelle tant j'avais besoin d'elle. Je ne voulais plus endurer pareille expérience. J'avais honte et ces gestes devinrent mon secret. J'avais peur de ce qui pouvait arriver si je parlais. Mon père m'avait sérieusement mise en garde. Si je divulguais le plus infime détail, je risquais d'être placée en famille d'accueil et d'être séparée de ma mère à tout jamais. Je n'aurais pas survécu à cette séparation, à cette autre déchirure.

En écrivant ces mots, je frissonne, et cette envie de vomir me revient encore. Je suis à bout, je suis découragée d'être ce que je suis, d'avoir cette enfant coincée en moi, comme une âme prisonnière d'un corps qui ne lui appartient pas. Quand on me voit souriante et pleine d'entrain, personne ne soupçonne mon passé. Mais je dois me battre contre moi-même tous les jours.

Je pris tous les moyens pour l'éviter systématiquement. Je passais la majorité de mes journées de congé à l'extérieur. Je faisais en sorte de ne jamais me retrouver seule avec lui à la maison. Mes amis devinrent de plus en plus importants à mes yeux. En plus de m'apporter la sécurité, ils me permettaient d'oublier ces gestes dont j'avais honte et dont je me sentais en partie responsable à cette époque.

Mon père n'était plus mon père; je le craignais, je le fuyais. C'est à partir de là que je l'ai détesté de toutes mes forces, du plus profond de mon être. Il n'était plus digne de mon respect. Un nouveau souvenir remonte à la surface, un souvenir qui illustre à quel point il était devenu méprisable.

C'était soir de fête, le 14 juillet 1990. La journée avait été très chaude. J'avais dix ans, à l'époque. Mon grand frère Amir était en vacances chez nous à Paris. Comme c'était coutume le samedi soir, ma mère nous avait réunis autour d'un barbecue dans le jardin arrière. L'air était bon à l'ombre des grands arbres. Je me sentais bien, ce jour-là. On aurait dit une famille normale rassemblée pour le repas. Et ma mère grillait les merguez mieux que personne! Amir, Mélissa et moi attendions le début du festin en salivant d'impatience.

«Maman, quand est-ce qu'on mange? Il est bientôt dix-huit heures! J'ai faim.

— Bientôt, mon ange. Si ton père n'arrive pas d'ici quinze minutes, nous débuterons sans lui.»

Chose dite, chose faite. Quinze minutes plus tard, maman nous servit la viande grillée tant attendue. C'était un repas grandiose autour d'un mets dont je raffolais, en compagnie des personnes qui m'étaient les plus chères au monde, dans un paradis. Et, surtout, mon père n'y était pas. Son absence nous permettait de savourer ces instants de bonheur de façon détendue, sans craindre ses réactions violentes. Amir ignorait ce côté sombre de son père, car il n'avait jamais été témoin d'un incident violent.

Après le repas, nous eûmes la permission d'aller dans le quartier voisin chez mon amie dont l'immeuble était à proximité du point de départ des feux d'artifice. Il était vingt et une heures et nous attendions avec impatience le coup d'envoi du spectacle. La première explosion éclata et le ciel s'illumina. Les feux se poursuivirent, de plus en plus variés et lumineux. Des oh! et des ah! admiratifs fusaient spontanément. Quel spectacle mémorable pour nos yeux d'enfant! Les dernières arabesques au son de la pétarade finale nous laissèrent bouche bée. Le spectacle avait été grandiose et féerique.

Nous sommes revenus à la maison, les yeux lourds de sommeil et le cœur léger. Notre mère nous attendait au salon en savourant un thé à la menthe. Après lui avoir résumé la soirée, je me retirai dans ma chambre. Au milieu de la nuit, un bruit confus en provenance du jardin me réveilla. Je prêtai l'oreille: plusieurs voix inconnues qui s'entremêlaient, ainsi que des cris et des jurons. Je me précipitai à la fenêtre. Une lune immense éclairait le jardin. Un homme criait. C'était mon père!

«Ne me touchez pas! Ne me touchez pas!»

Je distinguai une femme toute menue, ma mère sûrement, ainsi que trois autres personnes. Deux policiers, un homme et une femme, maîtrisaient à grand-peine mon père qui titubait et vociférait. Immobile, les mains couvrant son visage, ma mère attendait la suite des événements. Espérait-elle qu'ils l'emmènent? Je l'ignore, mais moi, je le souhaitais! Il méritait une leçon! Je bouillais de rage intérieure et de honte.

«Lâchez-moi! Puisque je vous dis de me lâcher! cria mon père d'une voix forte à l'articulation incertaine.

— Monsieur, vous devez nous suivre au poste de police.

— Je ne viendrai pas, lâchez-moi!

— Calmez-vous sinon nous allons être dans l'obligation de vous emmener de force.

— Ça va, je me calme, vous voyez... Vous pouvez partir.»

Les policiers se tournèrent vers ma mère afin de connaître ses intentions.

Je ne comprenais pas la situation. Pourquoi mon père criait-il? Pourquoi l'emmener au poste? Avait-il commis un acte illégal? S'il avait battu ma mère, ce qui était souvent le cas, pourquoi se trouvaient-ils tous dans le jardin?

Je choisis de demeurer dans ma chambre. C'est alors que j'entendis ma mère déclarer, d'une voix monocorde:

«Vous pouvez partir. Maintenant qu'il est calmé, je crois que tout ira bien. Je vous remercie de votre aide.»

Ma mère n'osait jamais réagir devant mon père. Cette soumission que j'étais en âge de remarquer me faisait fulminer de plus en plus. Je ne voulais pas devenir une femme muselée comme l'était ma mère à cette époque. J'aurais voulu qu'elle m'apprenne comment laisser sortir cette agressivité que je retournais contre moi et qui m'étouffait littéralement.

Une porte claqua. Ma mère montait en pleurant et en gémissant, suivie par mon père qui la suppliait, ce qui me sembla trop inhabituel pour être de bon augure. Ma curiosité l'emporta et j'allai à leur rencontre.

« Que se passe-t-il, maman ?

— Il est complètement soûl ! Ton père est complètement soûl ! répondit ma mère sur un ton horrifié. Il s'était écroulé à la porte de la maison et j'ai appelé les policiers pour qu'ils le soutiennent jusqu'à l'intérieur.

— Samia, Samia, aide-moi, insistait la voix plaintive de mon père.

— Qu'est-ce que j'ai fait au bon Dieu pour mériter ça ? Ne me parle plus ! Tu es complètement fou ! Je n'en peux plus... je n'en peux plus ! Regarde-toi ! J'ai honte pour toi ! »

Plus mon père se rapprochait, plus l'odeur nauséabonde qu'il dégageait augmentait. J'eus un haut-le-cœur irrépressible.

« Maman, il pue ! C'est intolérable. »

Elle examina plus attentivement l'homme pitoyable qui la suppliait. Elle éclata, indignée :

« Qu'est-ce que t'as fait ? C'est pas vrai ! Non !

— Qu'y a-t-il, maman ?

— Ton père a fait dans son pantalon ! Comme un bébé ! Voilà pourquoi ça pue autant !

— Maman, ne t'approche pas de lui ! Il n'a pas mérité que tu le nettoies ! Qu'il se débrouille tout seul !

— Je ne peux pas le laisser ainsi. Il n'est même pas capable de se tenir debout ! »

Mon père attendait, immobile, l'air stupide et démuni.

« Samia, Samia », répétait-il inlassablement.

Et ma mère céda ! Encore une fois, elle lui conférait la première place. Elle s'oubliait en se mettant à son service, elle lui passait tous ses caprices. Lui, cet homme indigne, il ne méritait pas la plus infime parcelle de compassion! Et ma mère se mettait à genoux devant lui! J'en voulais à mon père et le comportement de ma mère m'irritait au plus haut point. Je devais l'aider à réagir!

Après un long moment passé à le nettoyer dans la salle de bain, elle ressortit en exhalant un long soupir d'exaspération. Je ne fus pas surprise quand elle vint me retrouver. Après avoir fermé la porte à double tour, elle s'absorba dans ses réflexions en regardant la véranda où s'était déroulée la scène précédente.

J'étais assise sur le lit. Je respectai son silence pendant quelques minutes, mais, n'en pouvant plus d'attendre, j'interrompis le cours de ses pensées.

«Maman, il faut que tu divorces. Ce qu'il t'a fait subir aujourd'hui est inacceptable. Et souviens-toi de toutes les atrocités qu'il t'a déjà fait endurer. Tu as un mari violent qui est incapable de se contrôler. Son comportement ne peut qu'empirer et, un jour, il te tuera. Tu as trop attendu déjà, tu aurais dû le faire il y a longtemps!»

Et je lui remémorai les violences qu'elle avait endurées, le climat de peur dans lequel nous avions grandi. J'énumérais les plaies, les coups, les cris, les meubles qui se brisaient sur les murs.

Mon discours devenait de plus en plus enflammé. Elle se bornait à répondre «Je sais, je sais» sur un ton neutre, lointain. M'entendait-elle vraiment? Elle n'était pas sans savoir que sa vie n'était plus acceptable. C'était l'évidence même, elle n'aurait jamais dû l'épouser, elle ne devait surtout pas continuer à vivre avec lui et il fallait le quitter. Mais en était-elle capable? Je commençai à en douter.

«J'ai l'impression d'être couverte de merde, ajouta-t-elle, le regard lointain.

— Montons dans ta chambre, les odeurs y seront moins fortes, suggérai-je.

— C'est une bonne idée. Allons-y. »

En ouvrant la porte, elle se retrouva face à face avec Abdel en slip noir. Elle lui cria de la laisser tranquille et nous poursuivîmes notre chemin.

Après avoir allumé, elle m'invita à poursuivre. Toujours décidée à la convaincre de divorcer, je repris de plus belle :

« Pourquoi est-il rentré dans cet état? C'est la première fois que je vois mon père soûl!

— Tu ne l'as pas remarqué avant parce qu'il revient souvent tard à la maison. Il boit toujours plus et de plus en plus souvent.

— Tu ne m'en as jamais parlé!

— Pourquoi l'aurais-je fait? Tu en sais déjà beaucoup trop sur ce qui se passe entre ton père et moi. J'aurais tant voulu que tu n'assistes pas aux scènes de violence que j'ai dû subir. Une enfant n'a pas à voir sa mère recevoir des coups. Pour toi, j'aurais voulu être un modèle de force, un modèle à suivre, mais...»

En prononçant ces mots, elle se dirigea vers la fenêtre qui donnait à l'avant de la maison. Ce qu'elle aperçut interrompit le fil de ses pensées.

« Regarde! Notre voiture bloque complètement la rue. Personne ne pourra passer! Que dois-je faire, moi qui ne sais pas conduire! Qui peut m'aider au milieu de la nuit?

— Tu peux essayer de la déplacer toi-même. Cela ne doit pas être compliqué!

— Je n'ai jamais fait ça!

— Essaie quand même! »

Elle sortit et, de la fenêtre, je l'aperçus dans la pénombre. Le moteur gémit et cala quelques instants plus tard. Après deux ou trois tentatives, elle sortit de la voiture et leva les bras au ciel en signe de désarroi. Au moins, elle avait essayé. J'étais fière d'elle!

Je la vis se diriger vers une maison où brillait une lumière. À trois heures du matin, elle osa sonner.

Après un moment d'attente, notre voisin sortit la tête par la fenêtre.

«Samia? Mais que se passe-t-il?»

Ma mère lui expliqua la situation et il s'empressa de déplacer l'auto encombrante.

Prise de vertiges, je retournai au lit. Pourquoi ce malaise? Était-il causé par un trop-plein d'émotions ou par mon impuissance devant les événements? Je voulais que ma mère revienne, qu'elle me réconforte par sa présence. Je ne voulais plus parler, il n'y avait plus rien à ajouter. Je ne voulais plus me sentir seule. J'avais besoin de dormir sans avoir peur...

Ma mère revint, traînant avec elle un relent d'odeur suspecte. Elle semblait embarrassée.

«C'est fait, notre voisin a déplacé l'auto. Mais devine! C'est dans la voiture que ton père s'est échappé. Ça sentait tellement mauvais! Le voisin aura sûrement compris, même s'il ne m'en a pas parlé.

— Le pauvre!

— J'ai remarqué que l'avant de la voiture est cabossé. Abdel a sûrement eu un accident. Pourvu qu'il n'ait renversé personne!»

Un silence pénible s'installa dans la pièce. Penser qu'il aurait pu frapper quelqu'un me donna froid dans le dos.

«Maman, qu'allons-nous faire? Que va-t-il se passer maintenant?

— Je ne sais pas, Norah. Si tu savais à quel point j'en ai assez de cette vie et combien je me sens lasse!»

Elle s'allongea près de moi et me serra dans ses bras. Sur ces mots, nous nous sommes endormies.

On est déjà loin de tout ça... On en aura vécu des choses!

***

Ma mère ne demanda pas le divorce et la vie continua, toujours aussi morne, du moins à la maison. Je m'évadais dans mes rêveries et il m'arrivait de composer des poèmes. En voici un que j'ai retrouvé récemment :

Je voudrais partir.
Laissez-moi m'en aller.
Je voudrais respirer,
M'en aller au plus loin,
Courir et m'envoler.
Peut-être sur un pic
Ou l'océan Pacifique?
Hors de la Voie lactée?

L'idéal à mon cœur,
Serait le bonheur
D'être seule, certes,
Mais sur une île déserte
Dépourvue d'êtres humains,
De curieux, de taquins.
Pas de bruit d'animaux,
Pas même un oiseau!

Juste le sable sous mes pieds,
Au-dessus de moi, un palmier.
Seules chanteraient les vagues,
Pures et bleues, sans algues.
Le soleil doux sur ma peau,
Pas besoin de chapeau!

J'oublierais qui je suis,
D'où je viens et qui je fuis.
Je referais ma vie
Pour un jour ou juste une nuit.

***

Le monde des garçons me fascinait depuis toujours. Leurs activités me plaisaient et je cherchais à les connaître. Avec fierté, je confiais à mes amies intimes le nom de mon amoureux du moment. Le premier remonte à mes sept ans.

Vers l'âge de onze ans, je vis mon intérêt se transformer en attirance marquée. Était-ce l'effervescence de mes hormones? Ou était-ce parce que j'avais été éveillée aux gestes sexuels plus tôt que les filles de mon âge? Je l'ignore.

Je revois, entre autres, le beau jeune homme blond aux yeux noirs qui habitait la rue voisine. Quand je le croisais, je fondais. J'adorais ses mèches de cheveux qui retombaient librement sur son visage. S'il me lançait un simple coup d'œil, je craquais. Il se pavanait du haut de sa mobylette en vérifiant si je l'avais remarqué. Il me regardait et j'étais comblée. Jamais nous n'avons échangé un mot. Il me souriait, me cédait le passage, et j'étais heureuse.

Je vous parlerai plus tard de mon premier vrai grand ami.

***

Puis, à l'approche de mes douze ans, je vécus de nouveau l'horreur! Cette fois, il avait profité de l'absence imprévue de ma mère et de Mélissa. Même si je n'acceptais pas son geste, j'étais résignée. Je savais que ma mère vivait régulièrement ces assauts. Peut-être qu'inconsciemment j'imaginais que c'était le lot de toutes les femmes?

Je sus comment me protéger, du moins psychologiquement. Je me réfugiai dans ma forêt enchantée. Au milieu d'arbres immenses, j'entendis la rivière dans laquelle se reflétait un soleil lumineux. Ce fut ma façon de refuser la réalité. J'aurais voulu mourir dans mon univers magique.

Si j'avais eu dix centimètres et quelques kilos de plus...

Et il y eut une troisième fois! Jamais deux sans trois, dit-on. Je venais d'avoir douze ans. Il s'approcha furtivement et me pénétra par l'arrière. La douleur fut si intense et si soudaine que je perdis connaissance. Il n'a sûrement pas oublié cette fois-là! À partir de ce moment, je devins obsédée par le désir de me venger et de l'éliminer de ma vie. J'étais prête à le tuer tant cet assaut m'avait humiliée!

Pendant les mois qui suivirent, je pris du poids et de la force. Je pouvais enfin lui faire face.

Que je me suis sentie seule pendant toutes ces années!

***

J'étais devenue très habile dans l'art d'échapper aux contacts de mon père, mais je ne devais jamais baisser la garde. Un jour, vers l'âge de douze ans, je prenais mon bain quand je l'entendis monter. Ciel! J'avais oublié de fermer la porte! Je sortis précipitamment de l'eau et, dans ma panique, je glissai. En tombant, mon menton frappa le carrelage de céramique. Ma chute déclencha un vacarme ahurissant. En entendant ce brouhaha, ma mère interrompit sa conversation téléphonique.

«Norah! Est-ce que ça va? cria-t-elle. Je préférerais qu'Abdel aille voir. Tu connais ma peur du sang, n'est-ce pas?»

Malgré la douleur, je verrouillai la porte et je replongeai dans la baignoire. Des élancements douloureux irradiaient de ma mâchoire jusqu'au bout des doigts. J'avais peine à ouvrir la bouche. Ma tête tournait. Était-ce causé par la vapeur, la chute ou la peur de mon père?

Je priai silencieusement.

« Dieu, empêchez-le d'entrer. Il ne doit pas venir! Maman! S'il te plaît, viens. J'ai besoin de toi et surtout pas de lui. »

Il frappa en tournant la poignée.

« Norah? Ça va? » susurra-t-il sur un ton faussement préoccupé.

J'avais du mal à ouvrir la bouche, mais je répondis que j'allais bien.

« Que s'est-il passé? poursuivit-il.

— Rien. Je suis tombée. C'est tout!

— Ouvre, que je voie, insista-t-il.

— Non, ça va. Puisque je te le dis! »

Mon bain terminé, je descendis dans le salon où mes parents m'attendaient. Ma mère, qui avait rappelé son amie, interrompit à nouveau sa conversation.

« Norah, montre-moi, s'il te plaît. Où t'es-tu blessée?

— Sur le menton, maman.

— Fais voir. »

Elle leva les yeux vers ma blessure et poussa un cri d'horreur en laissant tomber le téléphone.

« Mais je vais bien, maman! Et je ne saigne pas! la rassurai-je immédiatement.

— Je t'emmène à l'hôpital.

— Pourquoi? Je n'ai pas besoin d'y aller.

— Tu as sûrement besoin d'un bon pansement, répondit-elle sur un ton autoritaire que je ne lui connaissais pas.

— Tu es capable de le faire. Nous n'aurions pas besoin d'attendre à l'hôpital.

— Je veux vérifier si tu n'as pas la mâchoire brisée », trancha-t-elle sur un ton qui n'admettait aucune réplique.

Ses mains tremblaient. Pourquoi s'énervait-elle autant?

Je me retrouvai en route vers l'hôpital.

« Pourquoi es-tu tombée en dehors de la baignoire? » demanda mon père.

J'avalai ma salive avant de lui répondre.

«Parce que j'avais oublié le savon, répondis-je le plus naturellement possible.

— Pourquoi ne pas m'avoir ouvert la porte comme je te le demandais?»

J'avais l'impression d'être le Petit Chaperon rouge qui rencontre le gros méchant loup dans la forêt.

«Mais parce que je prenais mon bain.

— Et alors? Je suis ton père...»

T'en es sûr? Dommage...

À l'hôpital, mon menton se mit à saigner abondamment. On m'appliquait compresse par-dessus compresse. Plus mon séjour se prolongeait en salle d'attente, plus leur format grossissait. Tant de sang dans cette partie de mon corps! Je fus soulagée quand vint mon tour. Deux médecins, un homme et une femme à l'accent allemand très prononcé, m'invitèrent à m'allonger sur la table d'examen.

«Fouh foulez safoikh ce qu'on fa fou faikhe? demanda la jeune femme médecin.

— Non, je ne veux pas savoir!

— Si, si! Je fais fouh montrher les instrhuments!

— Mais je viens de vous dire que je ne voulais rien voir!»

Depuis ma plus tendre enfance, la vue du sang m'impressionne et le simple fait d'évoquer verbalement ou visuellement les instruments médicaux me fait paniquer. Cette peur de tout ce qui a rapport au domaine médical est sûrement reliée au jeu du docteur auquel mon père me soumettait!

Devant mon opposition farouche, le médecin masculin vint à la rescousse de sa collègue.

«Mais vouh ne ferrez rien du tout! Nous allons mettre un tissuh sur le fissage...»

J'étais affolée. Le «tissuh» sur mon «fissage»

m'étouffait; en plus, il laissait filtrer la lumière aveuglante placée au-dessus de ma tête. Je vis leurs mains s'approcher, faire entrer et ressortir l'aiguille. Je ne pus échapper à leurs gros yeux saillants au-dessus du masque. C'était au-delà de mes forces. Je criais, je pleurais, j'implorais et j'insultais en alternance. Bref, je me défoulais et je les utilisais comme boucs émissaires. Mon menton avait été la goutte qui avait fait déborder le vase! Je n'avais pas mal au menton, j'avais mal à l'âme! Toutes ces émotions à cause d'une porte entrouverte, toutes ces émotions à cause de lui!

Finalement, j'avais payé cher mon bain.

CHAPITRE V

Une première brisure

Cette époque aux environs de mes douze ou treize ans fut l'une des plus heureuses de ma vie. J'ignorais alors les années difficiles que j'aurais à traverser bientôt.

Je fréquentais le collège où je réussissais bien. J'avais ouvert mon premier compte bancaire. Je gagnais quelques sous en supervisant les devoirs et en donnant des leçons de récupération en lecture à une fille de l'école primaire. Mon père me laissait enfin tranquille!

J'étais acceptée d'emblée par mon groupe d'amis. Parmi eux se trouvait Sekouba, mon «meilleur ami» dont la présence m'était précieuse et indispensable. Et il était si beau! Sa peau d'un noir intense brillait et son sourire irradiait comme un soleil. Durant les cours, on ne s'asseyait jamais loin l'un de l'autre. Quand il était là, tout près, je me sentais rassurée. Quand il était en retard, j'imaginais qu'il ne viendrait pas et j'avais envie de retourner à la maison. Il aimait à me surprendre. Il s'approchait à pas de loup dans mon dos et il me saisissait les épaules.

«Ma Norah!», s'exclamait-il, le sourire fendu jusqu'aux oreilles.

Ma journée pouvait alors commencer parce qu'il était là. Mais jamais je ne lui ai confié mes problèmes. Il aurait été un bon confident, mais cette relation était réservée à la joie de vivre. Grâce à sa bonne humeur et à son sens de l'humour, je souriais, je riais aux éclats ou je partais d'un fou rire irrépressible. Grâce à lui, je découvrais que la vie pouvait être remplie de plaisir. Si tu savais, Sekouba, combien tu m'as manqué par la suite!

***

Mon père nous annonça un beau matin sa décision de déménager en Algérie pour la poursuite de ses affaires. Il n'était pas question de manifester mon désaccord parce que je craignais de déclencher sa colère. Or, je savais que le climat politique de l'Algérie était instable et que ses habitants fuyaient le pays. Et nous, nous allions nous jeter dans la gueule du loup!

Je commençais à peine à contrôler mon environnement et ma vie, je goûtais tout juste mon indépendance. Et voilà que je devais partir! Je devais renoncer à ce que j'avais gagné petit à petit pour recommencer au bas de l'échelle dans un pays que je connaissais à peine.

Il me restait une dernière chance: convaincre ma mère de se séparer et de demeurer en France. À maintes reprises, je lui exposai mes arguments; elle m'écoutait d'une oreille distraite. Quand j'insistais pour connaître son avis, elle répondait invariablement: «Je ne peux pas, je ne peux pas.» Je dus me résigner.

D'ailleurs, un couple de médecins avait déjà acheté notre maison et il comptait l'habiter dans quelques mois. En déménageant, je perdais mon refuge, c'est-à-dire le jardin avec ses grands arbres et cet abricotier qui m'étaient si chers. Par contre, je gagnais une nouvelle chambre sans mauvais souvenirs d'haleine de cigarettes, de transpiration, de mains sales beaucoup trop baladeuses à mon goût.

Durant les mois suivants, je me forçai à découvrir le côté positif de notre futur déménagement. Ma mère profitait du temps qu'il nous restait en France pour se procurer les meubles et les accessoires de notre future résidence. Grâce à la garderie qu'elle avait mise sur pied, elle jouissait de revenus qui lui permettaient des achats intéressants. C'était pour moi un privilège de partager ses talents de décoratrice et ses recherches. Comme j'ai toujours aimé bricoler, j'avais un penchant pour le magasin de rénovation. J'y retrouvais mes odeurs préférées, celles du bois, de la colle et des peintures. Ensemble, nous dessinions le plan de notre future maison en y plaçant et déplaçant nos acquisitions. Ce plaisir partagé avec ma mère compensa pendant un certain temps les brisures que j'anticipais.

Plus le temps passait et plus la réalité me rattrapait. Il ne restait plus que quelques jours avant mon départ définitif du collège. M'éloigner de mes amis, particulièrement de Sekouba, me brisait le cœur. J'avais très peur qu'on m'oublie, je ne sais trop pourquoi. Ne plus faire partie de cet environnement, de leur groupe, de leur vie tout en sachant qu'ils continueraient à s'amuser ensemble tandis que moi, je serais ailleurs, loin d'eux, quel drame dans ma vie d'adolescente!

En guise d'adieu, mes amis organisèrent une fête au collège sous la supervision du professeur de dessin, monsieur Tranchard. Tous mes amis étaient présents et l'ambiance était formidable! Sekouba et deux autres copains apprirent à monsieur Tranchard le *break dance*. Il se débrouilla fort bien; il réussit même ses pirouettes au sol!

Avec la permission de maman, j'avais apporté le caméscope pour immortaliser ces derniers moments en compagnie de mes amis. Je filmais, mais, de temps en temps, je regardais au-dessus de la lentille. J'avais besoin de sentir ce qui se passait autour de moi et d'y participer. Je devais vivre avant de filmer. Sekouba faisait le pitre, je ne voyais que son sourire.

Puis mes camarades se filmèrent à tour de rôle. Chacun m'adressa un message touchant et très per-

sonnel: des excuses, des aveux, des conneries, des décla-
rations. Parce que je partais, on m'offrait en cadeau ces
moments d'intimité! J'aurais voulu ralentir le temps,
mais je n'y pouvais rien.

Ils avaient tous cotisé pour m'acheter la cassette du
Boléro de Ravel dont je raffolais. Quelle attention! Je
les aimais tant! Mais je devais partir.

J'avais un espoir secret en allant vivre en Algérie.
Je croyais sincèrement que la proximité de mes grands-
parents calmerait mon père et, par le fait même, que
sa violence diminuerait. Innocemment, je croyais que
la famille élargie me protégerait contre tout le mal
existant dans le monde. Avais-je le droit de rêver à la
paix et à la sécurité?

Peut-être que ma mère l'espérait aussi!

Et je me rapprochais d'Amir, mon cher frère!

***

Un vendredi 13, nous prîmes le bateau en direction
d'Alger.

J'avais l'impression que tout ce qui m'entourait était
irréel, que j'étais au beau milieu d'un rêve dont je me
réveillerais bientôt. Le premier soir, je montai sur le
pont pour contempler la mer, cette immense étendue
noire semblable à un écran de cinéma.

Je songeai avec nostalgie à tout ce que je laissais
derrière, mais rapidement je me projetai dans ce qui
m'attendait là devant.

Je me voyais déjà dans cet appartement de luxe
offert à ma mère par mon grand-père et qui mettait en
valeur les somptueux achats de ma mère. Je m'imaginais dans cette école de riches, d'enfants d'ambassadeurs et de diplomates, la seule école francophone du
pays. J'étais prête pour la grande vie!

Mon père n'était plus qu'un détail sans importance dans le tableau idyllique de ma future existence à Alger.

Le soir de notre arrivée, j'entendis une pétarade, et une multitude de lumières rouges éclata dans le ciel. On aurait dit un feu d'artifice.

« Regarde, maman, m'exclamai-je, tout excitée. On nous souhaite la bienvenue! C'est fou, non?

— Ce ne sont pas des feux d'artifice, Norah, ce sont des coups de feu. »

Sa voix grave me donna des frissons dans le dos. Elle lança un regard noir à mon père. Je ne comprenais plus rien, mais je crus bon de me taire. Les questions se bousculaient en rafale dans ma tête. Qu'arrivait-il ici? Qu'était devenu le pays paisible où je venais passer mes vacances? Pourquoi ces coups de feu?

Nous devions demeurer trois jours chez mes grands-parents avant d'emménager chez nous. Leur maison était immense et s'étendait sur cinq étages. Le rez-de-chaussée était réservé à mes grands-parents tandis que chacun des quatre frères de ma mère occupait un étage entier. J'aimais flâner dans la salle de piano dont le plancher était recouvert de dalles d'un blanc éclatant. Une odeur de vieux meubles flottait dans l'air. Je pianotais en prenant plaisir à retrouver les mélodies mille fois entendues des vieux vinyles de ma mère.

Le décor n'avait pas changé, mais l'atmosphère qui y régnait était inhabituelle. Mes grands-parents nous accueillirent sans enthousiasme. Les adultes discutaient en arabe en affichant un air préoccupé. Je ne comprenais pas encore cette langue, mais je sentais qu'on m'excluait volontairement de la conversation. Que voulait-on me cacher? Discutaient-ils de ma future école? Pourtant, je n'avais aucune appréhension à ce sujet, j'avais plutôt hâte de la fréquenter. Comme à mon habitude, je décidai d'attendre plutôt que de poser des questions. Je le saurais bien assez tôt!

Arriva enfin le moment de découvrir notre nouvelle maison! Elle était située à quelques rues de celle de mes grands-parents. Je l'avais déjà vue en photo et j'étais impatiente de la visiter et particulièrement de découvrir ma nouvelle chambre qui serait décorée selon mes goûts. C'était une faveur que ma mère m'avait accordée. J'avais choisi le papier peint et il me tardait de l'appliquer. J'étais surexcitée.

Je dévalais les marches quatre à quatre quand quelqu'un agrippa mon poignet.

«Norah, va tout de suite te changer! Tu ne peux pas passer devant ton grand-père et encore moins sortir dans cet accoutrement!»

J'avais l'impression de débarquer dans une autre époque ou dans une autre dimension.

«Mais pourquoi?

— C'est beaucoup trop moulant!

— On ne voit rien du tout!

— Tes vêtements laissent deviner tes fesses et tes formes.

— Mais je suis habillée! Qu'est-ce que tu me racontes?

— Ici, tu ne peux pas porter ce genre de vêtements, un point c'est tout! Va te changer maintenant.»

Ma tante préférée, celle que je trouvais super cool, me demandait cela! Je ne comprenais plus rien!

Je remontai donc. J'aurais préféré ne pas céder, mais je me laissai du temps pour comprendre la situation. Je revêtis un long t-shirt, aussi large qu'un sac-poubelle, ce à quoi je ressemblais précisément.

***

Je découvris ma nouvelle demeure avec plaisir.

Moins grande que celle de Paris, elle comportait un étage seulement, et les chambres étaient regroupées dans un même corridor. Celle de Mélissa et la mienne étaient juxtaposées, et nous devions passer devant celle de mes parents pour rejoindre la salle de bain. Ma chambre était superbe, aussi grande qu'à Paris et plus éclairée. Qu'elle se retrouve à proximité de celle de mes parents me permettrait de mieux protéger ma mère contre les abus de mon père.

Plus les jours passaient et plus je réalisais à quel point ce pays avait changé. J'y avais passé des vacances de rêves et, maintenant, la crainte et la méfiance étaient inscrites dans le regard des gens. Les jeunes adultes de mon âge se rassemblaient dans un coin reculé entre deux bâtisses. Un pied contre le mur, ils attendaient que la journée passe. Cependant, en observant leur attitude, je percevais deux groupes distincts : ceux qui complotaient un mauvais coup et les autres, pacifistes, qui se contentaient de végéter.

Mon grand-père invoquait la religion à tout propos et nous devions nous conformer à ses nouvelles règles. Je vivais à présent dans un nouveau pays, avec une nouvelle culture et une religion bien ancrée dans les mœurs. J'étais incapable de m'identifier à ce peuple bizarre qu'étaient devenus les Algériens.

Pour fréquenter le lycée français, il fallait avoir du piston! Comme mes parents ne connaissaient personne, ma mère offrit un four à micro-ondes au directeur! Mon intégration fut facile et je me fis rapidement un cercle d'amies. Nous prenions plaisir à nous retrouver pour discuter de choses et d'autres. L'une d'elles, Dalila, à qui j'avais demandé la profession de son père, m'expliqua le climat sociologique dans lequel était plongée l'Algérie.

« Tu dois d'abord me promettre que tout cela restera entre nous, d'accord? poursuivit-elle à voix basse. Très peu d'élèves de l'école sont au courant; si elles venaient à l'apprendre, toute ma famille serait en danger.»

Son père était-il un agent secret ou une star du show-business? Mon imagination échafaudait plusieurs hypothèses toutes plus absurdes les unes que les autres.

«Il est diplomate, me confia-t-elle secrètement.

— Quoi, c'est tout! Pourquoi en fais-tu tout un plat? dis-je en éclatant de rire.

— Norah, tu ignores ce qui se passe dans ce pays. Ici, un diplomate risque à tout moment de se faire tuer.

— Arrête tes bêtises! Voyons, tu te moques de moi, tu veux me faire marcher.

— Il faut que tu comprennes la situation. Les diplomates, ministres, militaires, présidents-directeurs généraux d'entreprise, ambassadeurs, docteurs, journalistes, etc., sont des cibles pour certains.

— Certains... Mais de qui parles-tu?

— Des terroristes.

— Mais qui sont-ils? Qu'est-ce qui les motive à agir de la sorte?

— Ce sont des extrémistes, des fanatiques qui veulent s'emparer du pouvoir. Le pays est en guerre, Norah, en guerre civile.»

Je promenai mon regard sur mes compagnes, allant de l'une à l'autre. Je les voyais rire, jouer, deviser comme des filles normales. J'avais du mal à envisager la vérité que je venais d'entendre. Était-ce la réalité ou plutôt un film de pure fiction?

Des terroristes! Une guerre civile! Où es-tu tombée, ma vieille?

CHAPITRE VI

Qu'il disparaisse!

À quatorze ans, je voyais maintenant mon père avec mes yeux critiques d'adolescente. Que j'avais été naïve d'espérer que le contact avec ses beaux-parents puisse diminuer sa violence! Au contraire, depuis notre arrivée en Algérie, son agressivité et sa brutalité avaient augmenté.

Je n'ai jamais compris cet homme violent et sadique. Chaque fois qu'il nous faisait mal, il y prenait plaisir et en était fier. Aussi loin que je me souvienne, en France, il renversait les tables et cassait les assiettes, il insultait ma mère et la battait. En Algérie, il s'octroyait le droit de vie ou de mort sur sa femme, il pouvait l'humilier, la maltraiter et même la tuer. Cependant, il n'utilisait pas la force physique contre Mélissa et moi, mais il nous bombardait de surnoms vulgaires et déshonorants, indignes d'un père à l'égard de ses filles.

Plus la montée de l'intégrisme se faisait sentir, plus sa haine envers nous augmentait. Il en était devenu malade, obsédé et paranoïaque. Il se faisait des scénarios où ma mère devenait une putain et moi, sa fille, le fruit du diable, une âme égarée.

La haine se dessinait sur son visage; ses traits s'étaient durcis et des cernes bleus s'étendaient sous ses yeux. Il nous adressait souvent un regard noir et haineux où la plus petite parcelle de bon sens avait disparu.

Il était devenu un monstre. Au milieu de la nuit, j'entendais ma mère gémir, comme une âme meurtrie et abandonnée. Ces pleurs-là, combien de fois les ai-je entendus! Et encore maintenant, ses sanglots étouffés me réveillent la nuit comme un bref cauchemar qui laisse ses échos au matin.

Sa colère était devenue imprévisible. Sans cause apparente, elle pouvait éclater à tout moment du jour ou de la nuit. Je craignais pour la vie de ma mère, car la brutalité des coups qu'il lui infligeait dépassait tout ce que j'avais connu auparavant. Il m'arrivait d'imaginer ma mère gisant dans une mare de sang, méconnaissable, les membres brisés.

Je le croyais capable de profiter de mon absence pour la tuer. Je m'éclipsais donc souvent de l'école. Je surveillai ses allées et venues, aussi souvent qu'il me fut possible de le faire. Je restais des heures durant cachée près de la maison et parfois même dans un recoin de l'escalier. Je guettais les moindres sons, les portes qui claquent, la voiture qui démarre. Mais le bruit qui me faisait le plus peur était celui du silence!

Évidemment, ma mère ne se doutait de rien. J'inventais toutes sortes d'excuses pour justifier mes absences. Quand j'assistais aux cours, j'avais peine à me concentrer tant je manquais de sommeil. J'accumulais retard sur retard. Ma présence était sporadique, mais je n'entrevoyais pas d'autre solution. Quand l'inquiétude m'empêchait de dormir, je griffonnais quelques vers tristes ou macabres. En voici un que j'ai retrouvé dans ma boîte de souvenirs.

Dans cette maison où j'ai grandi,
Un lourd secret pèse toujours.
Dans chaque pièce résonne autour
L'écho lointain de mes cris.

Ces murs de briques le gardent pour moi.
Confidents de mon enfance,

Seuls témoins de ma souffrance
Où les rêves bleus n'existaient pas.

Je vois encore ce blanc soleil
Qui traversait timide et froid
Venant déposer sur moi
Son réconfort pour la veille.

Les larmes qui coulaient auparavant
Creusèrent entre les pierres
Les courts chemins de mes prières
Qu'un homme interrompait souvent.

***

Ma situation devint insoutenable. Ma vie n'avait plus de sens. Je ne contrôlais plus rien. Je ne pouvais plus continuer ainsi. Mais, pire que tout, je me sentais responsable de ma mère et de ma sœur : je devais agir pour nous sortir de ce cauchemar. Le seul moyen de les protéger était que mon père (Dieu, que je déteste ce mot!) disparaisse. Je voulais qu'il meure et qu'il sorte à tout jamais de nos vies. C'est alors qu'une façon d'éliminer ce bourreau germa dans mon esprit.

Quelques mois auparavant, j'avais rendu un immense service à Sophian, un de mes amis. Il avait été convoqué par l'armée pour entreprendre son service militaire obligatoire. Or, le taux de survie des soldats algériens avoisine les vingt pour cent car, dès les premiers mois suivant son engagement, il participe aux raids antiterroristes qui sont particulièrement meurtriers. En plus s'ajoutent les menaces venant du réseau secret terroriste. À la minute où un individu devient soldat, sa vie se trouve menacée. Si une personne de son entourage lui en veut, elle fait circuler de bouche à oreille son désir de vengeance. À coup sûr, sa demande sera entendue par un terroriste. Quelques jours plus tard, des membres de sa famille seront roués de coups ou, un beau matin, ses proches trouveront, sur le seuil de leur porte, sa tête coupée remplie de pierres avec un mot gentil pour accompagner le tout.

J'en parle avec ironie, faute de trouver une façon plus convenable pour décrire la situation, l'horreur étant mille fois dépassée. Peut-on s'habituer aux atrocités? Serait-ce une façon d'y survivre que de s'adapter?

Bref, Sophian voulait éviter à tout prix de faire partie de l'armée. Avec lui, j'avais convenu d'en parler à mes amies d'école au cas où un de leurs parents, un dignitaire haut placé, aurait pu intervenir en sa faveur. Le résultat fut rapide: il fut exempté du service militaire. Il me devait donc une fière chandelle. Il m'avait fait jurer de faire appel à lui si j'éprouvais des difficultés. Le moment était venu!

Je me dirigeai vers la place du marché où il avait l'habitude de flâner. Après avoir demandé à un enfant de lui remettre discrètement mon message, je l'attendis dans la ruelle. Il me rejoignit quelques minutes plus tard.

«Norah! Comme je suis content de te voir!

— ...

— Tu as l'air malade! Est-ce que ça va? Norah, que se passe-t-il?

— Tu m'avais dit de venir te voir si j'avais des problèmes, te souviens-tu? Je t'avais rendu un grand service.

— Dis-moi ce qui t'arrive, nous parlerons de service ensuite.»

Je lui décrivis les sévices de mon père, mais j'omis les agressions sexuelles que j'avais subies et qui pourrissaient au fond de moi. J'étais à l'extrême limite de ma résistance physique et nerveuse. Mes mains tremblaient et mes mots remplis de rage contenue sortaient à un rythme saccadé. Sophian fut bouleversé par mon récit.

«Il mériterait qu'on le torture et qu'on le tue.

— Justement...»

Il me fixa, les yeux dans les yeux; un regard suffit. Il devina ma requête, mais il me demanda de la préciser.

«Que veux-tu exactement?

— Je sais que tu connais des Ninjas[4]. N'est-ce pas?

— C'est vrai, mais comment le sais-tu?

— Ce n'est pas important. Allons droit au but. Je veux que ce salaud crève.»

J'étais contente qu'il me prenne au sérieux même si ma demande le surprenait au plus haut point.

«Es-tu bien certaine de ce que tu veux?

— Sophian, s'il ne meurt pas, ce cauchemar ira de mal en pis! Si tes amis ne veulent pas faire le nécessaire, procure-moi au moins une arme pour que j'agisse moi-même.

— T'es malade! Tu ne dois pas faire un tel geste. Avant de te donner une réponse, je dois en discuter avec eux.»

Quatre jours interminables s'écoulèrent avant que je reçoive son appel.

«Même heure et même endroit, entendis-je brièvement au téléphone.

— D'accord», répondis-je, très nerveuse.

Notre cauchemar était sur le point de se terminer! Ne tenant plus en place, je retrouvai ma mère à la cuisine. Je m'approchai du comptoir où elle coupait des légumes. Affectueusement, je passai mes bras autour de sa taille.

«Qui était-ce donc pour te rendre aussi heureuse? me demanda-t-elle.

— Quelqu'un par qui notre salut arrivera, maman», précisai-je de façon mystérieuse.

---

4. Milice spéciale qui semait la terreur en fonçant dans les rues à toute allure avec des jeeps, mitraillettes à la main.

Je m'esquivai ensuite pour éviter ses questions. En me dirigeant vers le marché, je m'amusai à inventer la scène de notre future délivrance: plusieurs hommes cagoulés entourent et menacent de leur arme l'homme en question qui les supplie de l'épargner. Cette image m'apporta une brève illusion de pouvoir qui me réconforta. La simple pensée d'exercer ma vengeance m'apportait autant de douceur qu'une berceuse l'aurait fait à mes oreilles. C'était moi la sadique à présent!

La roue tourne, papa, la roue tourne...

Sophian se présenta au rendez-vous. Son visage calme et souriant me sembla de bon augure.

«Tu n'as qu'à leur indiquer l'heure et l'endroit et ils lui donneront une bonne leçon...» commença-t-il.

Je l'interrompis, car ma demande avait été tout autre.

«Une bonne leçon! Ai-je bien entendu? Mais ils le tueront ensuite, n'est-ce pas?

— Non, Norah! Ils refusent de commettre un meurtre. Mais, crois-moi, une bonne leçon suffira...»

Folle de rage, je l'interrompis à nouveau.

«Mais t'as rien compris! S'il reste en vie, la leçon ne servira à rien! Ça sera pire! Il devinera que je suis la responsable. Il m'enverra je ne sais où et il tuera ma mère! Leur as-tu demandé une arme au moins?

— Non, Norah! Il vaut mieux que tu oublies cette histoire.»

Ma rage fit place au désespoir. J'éclatai en sanglots comme une enfant. Les plans que j'avais échafaudés depuis une semaine s'effondraient lamentablement.

Sophian tenta de me persuader qu'il était préférable de renoncer à mon projet, mais je n'écoutais plus. J'étais incapable de le regarder en face. Je rentrai en traînant de la patte, découragée et totalement anéantie.

Subir... Combien de temps encore? Ça ne finirait donc jamais...

CHAPITRE VII

L'affrontement

Quelque temps plus tard, l'orage éclata en semant autour de lui débris et cauchemars. Rien ne l'avait annoncé. Comme d'habitude, le calme avait précédé la tempête.

Pendant la soirée, je broyais du noir comme je le faisais souvent, seule dans ma chambre. Mélissa était chez une amie et mes parents se trouvaient quelque part dans la maison. J'étais inquiète, mais sans raison précise. Peut-être s'agissait-il d'un mauvais pressentiment. Un silence inhabituel régnait entre nos murs.

Toujours sur le qui-vive, je pouvais bondir au moindre signal anormal, un bruit ou un silence que je considérais comme un danger possible pour ma mère. Il m'est arrivé d'accourir inutilement et, à une occasion, je m'étais précipitée alors que j'étais seule chez moi. Derrière chaque porte close, je croyais entendre ma mère ou j'imaginais un malheur. J'abandonnais ce que je faisais pour aller vérifier; c'était plus fort que moi.

Ce soir-là ne fit pas exception. Je sortis de ma chambre et, cette fois-ci, j'arrivai à temps! Mon père était en train d'étouffer ma mère en maintenant un coussin sur sa tête. Maman se débattait en agitant les jambes, mais elle ne pouvait rien contre mon père, deux fois plus imposant qu'elle. Je lui criai d'arrêter, mais ce fut en vain. Ses mains ne relâchaient pas leur emprise. Je devais trouver une solution, et rapidement, car ma mère ne bougeait presque plus. Elle était en danger de mort! Spontanément, je filai à la cuisine, j'ouvris un tiroir et je m'emparai d'un énorme couteau bien aiguisé. Sans réfléchir, je fonçai vers lui.

«Lâche-la ou je te tue!» criai-je sur un ton déterminé.

Je brandis mon couteau et, au moment où je m'apprêtais à le planter dans son dos, il se retourna et empoigna mon bras. Il porta un regard ahuri et chargé de haine en direction de ma mère.

«Je n'arrive plus à te contrôler, ni toi ni tes filles. Vous êtes le fruit de Satan et la religion m'ordonne de te quitter, *femme*. Mais avant, je dois me purifier. Selon tes dires, ces bâtardes sont mes filles, mais il n'en est rien. Je décline toute responsabilité envers elles. Je te répudie, je te répudie, je te répudie!»

Dans la religion islamique, quand le mari répudie sa femme trois fois, il est considéré comme divorcé aux yeux de la religion. C'est une sorte de formule magique qui sépare les couples mariés. Seul l'homme peut la prononcer: la femme musulmane n'a pas ce droit, bien évidemment!

«Si tu veux obtenir officiellement ton divorce, poursuivit-il, ta famille devra me payer une jolie somme d'argent en compensation de toutes ces années perdues où je t'ai prise en charge!»

Il saisit un large sac qu'il remplit de tous les objets de valeur qu'il trouvait sur son passage: bijoux, argent et vêtements. Avant de sortir, il se tourna vers moi.

«Quant à toi et à ta sœur, vous n'êtes pas mes filles, mais deux bâtardes! déclara-t-il sur un ton dédaigneux.

— En ce qui me concerne, je suis fière que tu ne sois pas mon père, crois-moi! Et je suis sûre que Mélissa pense la même chose», répliquai-je fièrement.

Je pleurais et tremblais de rage, j'étais prête à exploser! Enfin, il était parti. J'avais peine à croire que ce moment tant espéré depuis ma plus tendre enfance fût enfin arrivé! Bon débarras! Ces mains répugnantes qui me donnaient des cloques au cœur lorsqu'il les plongeait sous ma jupe, cette odeur nauséeuse qu'il traînait, cette honte que sa présence ravivait. Adieu... Je pouvais maintenant effacer tout cela de mon quotidien et tenter de me refaire une nouvelle vie, une vie sans lui, une vie propre!

***

C'était mal connaître l'Algérie que de s'imaginer que son départ nous permettrait une vie normale! En fait, nous vécûmes la *normalité* pendant une toute petite semaine, le temps nécessaire aux habitants du quartier pour apprendre le départ de mon père et aux rumeurs pour noircir notre réputation. Selon les racontars, ma mère était une femme indigne, voire une infidèle que son mari avait eu raison de répudier! Et Mélissa et moi n'échappions pas à l'opinion publique. « Regardez ses filles, comme elles se pavanent devant l'école! De vraies putes! Tout comme la mère... » « Pauvre Abdel, un homme si pieux et si sérieux! Elle lui en aura fait voir de toutes les couleurs... Elle était incapable de porter le voile convenablement, comme une bonne musulmane doit le faire. Ses filles portent des jeans moulants... et j'ai même vu la grande sécher des cours et traîner avec des voyous près de l'école. Ces filles-là sont le fruit de Satan, on devrait les égorger pour que leur père se purifie d'elles. »

Quelques jours plus tard commencèrent les appels anonymes. Au début, il s'agissait d'insultes et de ragots vulgaires. Ils augmentèrent en fréquence, une trentaine par jour, et en intensité jusqu'à nous menacer de mort. Les menaces d'égorgement nous donnaient froid dans le dos. Il n'était plus question de sortir de la maison. Si par malheur nous ne pouvions faire autrement, nous ne sortions jamais seules et nous marchions le plus rapidement possible.

Petit à petit, nous nous endurcîmes et la vie reprit ses droits. Ces coups de téléphone s'intégrèrent à notre quotidien et nous apprîmes à dominer notre terreur. J'avais nettement l'impression de tourner dans une scène de film, mais notre réalité dépassait largement la fiction.

CHAPITRE VIII

La séquestration

Quelque temps après, ma mère rencontra un militaire serviable et attentionné. Le coup de foudre fut réciproque et imprévisible. Ils s'entendaient merveilleusement bien. Ma mère se réveillait heureuse. C'était la première fois que je la voyais épanouie. Elle était belle à voir! Elle parlait d'amour et de bonheur. Elle me confiait ses rêves et ses projets avec son Hussein chéri! Je calquais mes sentiments sur les siens. J'acceptai Hussein parce qu'il comblait ma mère. De plus, il apportait à la famille la sécurité dont nous avions tant besoin. Je l'estimai chanceuse; j'aurais bien aimé connaître un tel amour!

Ma mère avait informé ses parents du départ d'Abdel quelque temps avant leur séjour d'un mois en Espagne. La nouvelle les avait profondément choqués. Ils refusaient la possibilité d'un divorce dans la famille Shariff! Ma mère avait tenté de s'allier son frère en lui décrivant les mauvais traitements que son mari lui faisait subir. Mais c'était peine perdue. Son frère la jugeait responsable de l'échec de leur mariage.

La situation était explosive. Ma mère et Hussein devaient régulariser la situation avant que mes grands-parents apprennent l'existence d'un amoureux. Des bruits couraient déjà, ce n'était qu'une question de temps! Il fallait que ma mère officialise son divorce avant d'afficher sa fréquentation avec Hussein et son remariage éventuel. En Algérie, entreprendre une relation en dehors des façons de faire officielles attirait honte et damnation. Si jamais mes grands-parents Shariff apprenaient qu'un homme, un militaire surtout, fréquentait ma mère, nul doute qu'ils chercheraient à laver leur honneur de façon éclatante.

Et ce qui risquait d'arriver se produisit! Mes grands-parents apprirent la nouvelle relation de leur fille et abrégèrent leur séjour en Espagne. Cependant, nous ignorions leur retour!

Un midi, mon jeune oncle se présenta chez nous. Il refusa d'entrer et se planta devant la porte. Il s'adressa à Samia :

«Les parents sont de retour. Père exige que tu m'accompagnes immédiatement avec tes deux filles.

— Les filles doivent retourner à l'école cet après-midi, argumenta ma mère en se doutant du danger.

— Je dois te ramener, toi et tes filles, sans faute et tout de suite. »

L'heure était grave et j'eus froid dans le dos. Qu'allait-il se passer? Ils avaient l'intention de nous faire du mal, j'en étais convaincue! Mon regard croisa celui de ma mère. Elle aussi comprenait la gravité de la situation.

«Laisse-leur le temps de finir de manger et de se préparer, demanda-t-elle comme ultime faveur à son frère.

— J'attends, mais je reste dehors. »

Nous allions nous faire escorter! Par prudence ou par instinct, je l'ignore, ma mère nous conseilla de prendre notre sac à dos et quelques affaires qui nous étaient chères. Qu'avais-je fait de mal? Peu importe! J'étais sûrement coupable de quelque chose! Je me sentais comme un prisonnier en attente de sa sentence. J'avais la nausée. Je récitai toutes les prières que je connaissais et j'en inventai d'autres.

Mon oncle garda le silence tout au long du trajet et

LES SECRETS DE NORAH

chacune de nous fit de même. Mélissa, les yeux baissés, pleurait silencieusement pour éviter d'attirer l'attention. Elle se recroquevilla. La peur la bouffait tout entière. Comme j'étais incapable de croiser son regard, je me repliai sur moi-même et me préparai à un nouveau chapitre d'horreur.

***

La porte s'ouvrit au premier coup de sonnette de mon oncle : nous étions attendus. Je montai lentement les marches de marbre froid. Chacune d'entre elles me rapprochait de l'heure de la sentence et de mon exécution. J'étais à mille lieues d'imaginer la suite des événements.

Mes grands-parents se tenaient debout au fond de la pièce, bras croisés, l'air grave et le regard chargé de rage, comme deux taureaux prêts à foncer. C'était la première fois que je leur voyais une telle expression de fureur. Je ne pourrai jamais l'oublier.

Mélissa s'avança spontanément vers grand-mère en lui tendant les bras, mais celle-ci la repoussa brutalement avec dédain. Ma mère cria sa colère pour défendre sa fille.

« Toutes les trois, allez tout de suite dans la chambre froide, intervint mon grand-père d'une voix tranchante.

— Quoi ? répliqua ma mère, trop surprise pour en dire davantage.

— Tout de suite ! »

Comme nous restions immobiles, on nous saisit à tour de rôle et on nous projeta comme des ordures sur le sol de la chambre en question. Ma tête frappa le mur opposé. Je repris lentement mes esprits pour entendre grand-mère donner ses ordres.

« Les garçons, sortez le congélateur, car la viande risquerait de s'avarier au contact de cette pourriture. »

Mes oncles obéirent. Grand-mère s'avança, mena-
çante, vers ma mère.

« Tu as sali le nom de la famille Shariff ! Depuis ta
naissance, tu n'auras été qu'une ordure ! Et tu as
engendré deux ordures qui te ressemblent. Vous deux,
poursuivit-elle en nous pointant de son doigt accusa-
teur, faites en sorte que votre mère retourne chez son
mari, sinon vous pourrirez ici avec elle ! Pas d'école,
pas de douche, et pas de télévision ni de musique. Et
tous les jours, elle recevra des coups pour l'aider à
décider de retourner chez son mari ! »

Ma mère s'était écroulée par terre et Mélissa, terrorisée, s'était rapprochée d'elle. Je ne parvenais pas à
réaliser que nos grands-parents étaient devenus nos
bourreaux. Grand-père s'approcha à son tour. Il saisit
Mélissa par le bras et l'éloigna. Il dégagea sa ceinture
et commença à frapper ma mère. Les coups pleuvaient
de plus en plus fort sur la tête de la malheureuse qui
tentait vainement de se protéger.

Je lui criais d'arrêter et d'épargner ma mère, mais
il s'acharnait de plus belle. Ironiquement, l'arrivée de
grand-mère calma la colère de son mari.

Après que la porte se fut refermée, je me rap-
prochai de ma mère pour la consoler.

« Maman, ne pleure plus ! Grand-père ne cherche
qu'à te donner une leçon. Selon moi, notre emprison-
nement ne durera que quelques jours. »

Que nous arrivait-il encore une fois ? Grand-père
n'avait jamais agi de la sorte devant moi ! Finies les
taquineries entre lui et moi ! Je découvrais le côté
sombre de mes grands-parents. Même si maman avait
été une enfant battue, je ne pouvais concevoir une
telle cruauté de leur part. Quelles raisons portent des
parents à haïr leur propre enfant ? Jusqu'à quelle extré-
mité peuvent-ils s'abaisser pour le détruire ?

Quand la porte se referma, j'eus l'impression qu'une

partie de ma vie s'éteignait. L'unique ampoule suspendue au milieu du plafond diffusait une lumière
glauque à laquelle mes yeux ne s'étaient pas encore
adaptés. Graduellement, le décor se précisa. C'était un
local sans fenêtre où aucun rayon de soleil ne pénétrait.
Impossible de savoir si c'était le jour ou la nuit. J'examinai
les lieux : nous nous trouvions dans une pièce d'environ
dix à quinze mètres carrés, entourée de grandes armoires
encastrées. Aucun tableau ne décorait les murs d'un
beige vieillot. La température avoisinait les quinze degrés
celsius, hiver comme été. Cette chambre froide où l'on
nous enfermait me glaça toute entière.

Comment ne pas devenir folle, enfermée dans une
pièce vide ? J'inspectai les armoires, à la recherche
d'objets pouvant nous distraire ou nous aider à fuir.
Avec frénésie, j'ouvris chacune des portes pour n'y
trouver que des draps !

Repliée dans un coin, Mélissa sanglotait. Ma petite
sœur était trop jeune pour subir ce cauchemar !
Pourquoi s'en prendre à elle ? Elle n'avait rien fait de
mal. J'étais indignée ! Je me promis de veiller sur elle
pendant notre séjour forcé. Lui changer les idées avant
tout : je lui suggérai de sortir ses cahiers de mathéma-
tique et je lui donnai quelques dictées. Comme elle
paniquait déjà à l'idée de prendre du retard dans ses
études, ce travail scolaire la rassura. Je lui promis
d'étudier avec elle tous les jours.

La première journée était maintenant terminée. Nos
contacts avec l'extérieur s'étaient limités aux sorties
pour la toilette : une à la fois et toujours sous surveillance. À l'heure des repas, on nous avait apporté une
seule assiette avec une quantité réduite de nourriture.
Cherchait-on à nous affamer ?

Jour après jour, cette routine se répéta : salle de bain,
repas, humiliations et coups assénés à notre mère. Une
première semaine s'écoula, pendant laquelle nous nous

interrogions continuellement sur notre sort. J'étais tellement convaincue qu'on nous arracherait notre mère
que j'avais constamment mal au ventre. S'ils étaient
capables de nous enfermer et de la battre devant nous,
rien ne les arrêterait. J'avais si peur! Si maman refusait
de céder à leur chantage, jusqu'où irait leur cruauté?

De son côté, Mélissa était hantée par l'idée qu'après
avoir caché un somnifère dans notre nourriture, on
nous emmènerait elle et moi chez notre père. Elle s'était
proposée comme cobaye pour manger la première. Si
elle s'endormait, ma mère et moi la défendrions. Astu-
cieuse Mélissa... Comme elle se plaignait toujours de la
faim, manger la première était une façon de résoudre
son problème!

Nous perdions la notion du temps au fur et à mesure
que les jours passaient. Heureusement – ou malheureusement, je ne sais trop –, nous nous adaptions à notre
situation. Comme Robinson au milieu de son île, je
traçais une barre sur le mur chaque matin. Notre séjour
menaçait de durer plus longtemps que je ne l'avais cru
au départ.

Que faisaient donc les membres de notre famille :
quatre familles entières, maris, femmes et enfants? Ils
ne pouvaient ignorer notre présence. Je ne comprenais
pas. Étaient-ils tous complices? En ne réagissant pas, ils
étaient du côté de mes grands-parents. Ils obligeaient
ma mère à retourner avec mon père! Souhaitaient-ils
notre malheur? Pensaient-ils à nous? Non! L'honneur
passait avant le bonheur!

Les journées étaient interminables. Rester assise à
ne rien faire me fatiguait. Comme j'avais quelques
feuilles blanches dans mon sac à dos, je commençai à
dessiner. J'inventai la suite d'une bande dessinée dont
j'étais fan du personnage principal. J'inventai des
aventures comiques afin de dérider l'atmosphère, ce à
quoi je parvins à quelques occasions.

Durant la deuxième semaine, chacune demeura active en parlant et en s'ouvrant aux autres. C'était une façon de ne pas perdre la tête. Ce fut pour moi l'occasion d'une véritable rencontre avec maman. Elle nous raconta nos exploits de jeunesse, nos petites bêtises, nos grimaces, nos mots d'enfant, des trucs dont elle était seule à se souvenir. Elle était intarissable! C'était mieux que des photos, car elle mettait tout son cœur de mère dans ses anecdotes. Elle n'avait jamais parlé autant! Maman a toujours été une femme discrète. Tout en étant tendre avec nous, elle s'isolait dans son malheur. Il aura fallu qu'on nous séquestre pour que je la découvre enfin!

Pour ajouter à la pression et à l'humiliation, mes grands-parents osèrent lui raser la tête en nous prenant à dessein comme témoins. J'étais tellement fâchée que ce moment marqua la rupture définitive du lien affectif que j'avais avec eux. Je n'admettais pas qu'ils rabaissent ma mère de cette façon.

Durant la troisième semaine, nous ne cédions pas, mais nous nous résignions à notre sort comme si nous abandonnions mentalement la partie. Nous ne réfléchissions plus et laissions le temps passer. Accroupie sur son matelas, maman regardait les murs sans dire un mot. Quand je l'incitais à parler, elle nous demandait pardon en se culpabilisant. Elle était prête à retourner chez notre père si nous le souhaitions. Il n'en était pas question!

Il lui arrivait de parler de son fiancé: «Je ne pourrai jamais vivre avec lui, car ils feront le nécessaire pour qu'il m'oublie.» J'étais de son avis, mais il n'était pas question de baisser les bras.

Je fredonnai la chanson de Francis Cabrel *L'Encre de tes yeux*. Maman se mit à pleurer en entendant ces paroles qui lui ressemblaient tant. Quand j'arrêtais, elle me demandait de continuer. Était-ce une façon de se sentir moins seule dans sa douleur?

Lorsque maman pleure, elle le fait doucement sans déranger personne. Sur ses joues perlaient des larmes qu'elle laissait couler silencieusement. J'aurais voulu les essuyer tant j'étais émue, mais une certaine pudeur m'en empêcha : nous n'étions pas habituées aux gestes de tendresse.

Quant à moi, je pleurais la nuit quand les autres dormaient. Est-ce que vous tous, en haut, arrivez à dormir? À manger? Et toi, Amir? Merde! Ces bons moments que nous avons partagés, qu'en faites-vous? Nous ne représentons rien pour vous? Nous n'existons plus?

À l'occasion, c'était mon grand frère qui apportait l'assiette. Il ne prononçait jamais un mot et il gardait les yeux rivés au sol. Que lui avait-on raconté sur ma mère, sa propre mère, pour qu'il devienne leur complice? Il avait dû subir un énorme lavage de cerveau. Je songeai avec nostalgie aux promesses qu'il m'écrivait dans ses lettres :

« Quand nous serons dans la même école, je ne laisserai personne te faire du mal. Tu sais, je me suis déjà battu et c'est toujours moi qui gagne! »

Au début de mon adolescence, il avait adapté ses engagements.

« Nous ferons du sport ensemble et nous irons au cinéma. »

Tu parles!...

Que comprendre de son comportement? Que penser de notre relation? Était-il préférable de tourner la page et d'oublier mon grand frère? J'en étais tout simplement incapable. Un jour, il connaîtrait mon point de vue!

Pendant une sortie aux toilettes, j'aperçus un de mes oncles qui me regardait d'un air moqueur.

« Comment se portent les prisonniers d'Alcatraz? » me demanda-t-il sur un ton narquois.

J'étais incapable de deviner le sens de sa remarque.

Était-il indifférent à notre sort? Se moquait-il de nous? Je le fixai droit dans les yeux.

«Ça va très bien!» répondis-je fièrement.

Le temps s'arrête quand on est enfermé. Seul le cerveau s'active, mais pas toujours de la bonne façon. Après tout ce temps passé dans cette pièce, ma tête ne fonctionnait que sur deux modes alternatifs. Parfois, mon cerveau tournait à plein régime en me donnant l'impression d'être sur le point d'exploser et, à l'opposé, il passait en mode léthargique et je devenais légume. Je m'adossais alors au mur et je fixais un point perdu dans l'espace, incapable de réfléchir.

J'étais si souvent assise à ne rien faire que j'avais peur que le sang ne monte plus à mon cerveau. Alors, je m'allongeais sur le matelas et je mettais ma tête en bas. Après une heure dans cette position, j'avais des vertiges et je me sentais légère. J'aimais bien cette sensation!

L'inactivité pesa de plus en plus lourd sur notre moral et sur notre forme physique. Ma mère eut alors une brillante idée, celle d'imaginer des trajets à travers la pièce et autour de notre minuscule table.

«Nous partons... nous voilà à l'épicerie, nous tournons à droite...»

Le jeu peut paraître simpliste quand il est sorti de son contexte, mais, dans notre prison, il nous fit le plus grand bien! Avec si peu, on pouvait faire tellement!

Nous commencions à nous habituer à la situation, à nous désensibiliser et, curieusement, ce détachement nous redonna du courage. Les coups venaient toujours, mais à présent nous narguions nos bourreaux avec notre bonne humeur! Au début, nous chantions à voix basse et, petit à petit, nos voix prirent de l'assurance et du volume. Ma mère jouait du tambour sur la table. À ma grande surprise, elle avait un sens du rythme incontestable. Nous chantions des stupidités, pour rire et pour améliorer notre moral.

Ces longues heures sans mon père dans les parages m'offrirent l'occasion de partager avec ma mère une intimité nouvelle. Même si j'avais toujours été proche d'elle, c'était la première fois que j'étais assez à l'aise pour lui poser la question qui me préoccupait depuis longtemps. J'avais besoin de comprendre.

« Maman, pourquoi es-tu restée si longtemps avec lui? Quand nous étions en France, tu aurais pu t'enfuir ou lui demander de quitter la maison. La police française t'aurait protégée. Pourquoi ne l'as-tu pas fait?

— Je ne pouvais pas, ma fille.

— Pourquoi? insistai-je.

— Si tes grands-parents avaient appris ça, ils m'auraient tuée.

— Si tu leur avais raconté ce qu'il te faisait subir, c'est lui qu'ils auraient tué!

— Pauvre Norah! Depuis le début de mon mariage, ils étaient au courant des coups que je recevais. Chaque fois qu'Abdel me battait, je leur téléphonais pour qu'ils m'aident à sortir de cette situation. Sais-tu ce qu'ils répondaient? Selon eux, je devais écouter mon mari. Je méritais qu'il me batte, car j'avais dû lui désobéir. C'était donc ma faute si j'étais battue. Ma mère me culpabilisait plutôt que d'écouter mon point de vue et de m'aider. Elle me disait aussi: "Tu dois penser à tes enfants. Ne les laisse pas grandir sans leur père." J'ai enduré mon sort en pensant à vous, en étant convaincue que c'était pour votre bien. Comprends-tu, maintenant?»

Quelle situation lamentable! Elle était restée pour mon bien... J'aurais pu profiter de cet instant pour lui avouer mon terrible secret, mais ses regrets étaient déjà si lourds à porter! Je ne voulais pas la surcharger et j'avais tellement besoin d'elle!

Déjà trois semaines! Nous avions disparu de la surface de la terre sans que personne se préoccupât de nous! J'étais passée dans un monde où les amis et l'école n'existaient plus. Les silences et les incertitudes me rongeaient l'âme. Que faisait donc Hussein?

Et Dieu dans tout ça? Que faisait-il? Qu'attendait-il pour se manifester?

Pour ne pas pourrir ici, il fallait tenter quelque chose! Des scénarios d'évasion, nous en avons imaginé de toutes sortes! Du plus simple au plus saugrenu! On pouvait nouer les draps et s'enfuir par la fenêtre du salon. Je descendais la première pour rattraper Mélissa si elle tombait, puis c'était au tour de maman. Je pouvais simuler une crise d'épilepsie et, à l'hôpital, je les dénonçais! Je pouvais me cogner la tête contre le mur jusqu'à mourir!

Mais nous reportions continuellement le moment de passer à l'action. Cependant, grâce au hasard ou à la baisse de vigilance de grand-mère, nous entendîmes sa conversation téléphonique avec mon père. Elle lui remettrait la somme d'argent qu'il désirait ainsi que l'appartement – qui était au nom de ma mère – s'il prenait charge de ses filles.

Ainsi donc, on voulait nous séparer. Pas question! Nous avions été solidaires et nous le resterions! Le plan machiavélique de mes grands-parents échouerait! La torture physique et psychologique qu'ils nous avaient imposée avait augmenté nos forces morales et resserré nos liens. Nous n'avions plus le choix, il fallait nous enfuir et sans plus tarder.

Ma mère élabora un plan d'évasion. Le moment venu, elle s'assura que grand-mère était seule à la maison. Elle nous plaça près d'elle à l'arrière de la porte. Elle demanda à aller aux toilettes. La porte à peine entrouverte, ma mère la poussa et vlan! grand-mère se retrouva par terre.

Il fallait sortir de cette maison au plus vite. Nous cou-
rûmes à perdre haleine, sans nous retourner! Stressée,
Mélissa criait. Je l'exhortai à se taire, ce qu'elle fit instantanément, à ma plus grande surprise. Nous dévalâmes
l'escalier qui ne m'avait jamais paru aussi long. Notre
trajet vers la sortie n'en finissait plus, comme si la
projection du film dans lequel nous aurions été acteurs
se faisait au ralenti.

Enfin dehors! Je pénétrai dans un nouvel environnement où la lumière était éblouissante et les bruits,
assourdissants. Mes sens se réveillaient brusquement et
j'avais l'impression de renaître! C'est alors que je pris
conscience du regard des gens sur nous. Je lus, non du
mépris auquel j'étais habituée, mais une épouvantable
stupeur. Je réalisai à quel point notre allure pouvait leur
sembler bizarre: nos cheveux et nos vêtements étaient
sales et informes et, en plus, nous courions à perdre
haleine comme des extraterrestres qui auraient atterri
dans un endroit imprévu! Mieux valait se mettre à l'abri
le plus rapidement possible! Instinctivement, ma mère
nous amena chez Layla, une amie dont la fille était dans
la classe de Mélissa.

Layla, une femme pleine de vie et d'assurance, une
femme qui ne craint ni les hommes ni leurs lois. La
langue bien pendue et le cœur gros comme une montagne. Elle nous accueillit d'emblée pour nous mettre
à l'abri. Les questions viendraient plus tard, de même
que les réponses.

Ma mère et elle s'étaient connues en attendant leur
fille à la porte de l'école. Malgré la brièveté de leurs rencontres, une dizaine de minutes par jour, elles avaient
sympathisé spontanément. Ma mère avait trouvé en elle
une amie inconditionnelle! Son accueil en était la preuve.
Qui prendrait le risque d'héberger une famille disparue
depuis quelques semaines sans poser de questions?

«Maintenant, les filles, cessez d'avoir peur! Celui qui viendra vous chercher ici aura affaire à moi ainsi qu'à mes amis de l'armée, ajouta Layla sur un ton convaincu et convaincant.

— Layla, ils nous trouveront sûrement, dis-je nerveusement.

— Et alors? Ils n'entreront pas. Ici, c'est chez moi! Toi, Samia, tu restes ici jusqu'à ce que ta situation se règle et que tu ne sois plus en danger. Je ne veux pas t'entendre dire que tu dois retourner chez eux!

— Ne t'en fais pas, je n'y mettrai plus les pieds!» répondit ma mère.

Ouf! pensai-je en entendant ces propos.

«S'il te plaît, Norah, pourrais-tu laver ta sœur? Ensuite, tu prendras un bon bain, ma chérie. Et toi, Samia, raconte-moi tout, et en détail, s'il te plaît!»

Ma mère ne confiait jamais ses malheurs aux personnes extérieures à sa famille. Cependant, je suis persuadée que ce jour-là, pour la première fois de sa vie, elle se vida le cœur. Selon moi, se confier à une personne qui nous connaît peu doit être plus facile que de le faire avec un proche. Avec ce dernier, on se soucie de son opinion parce qu'on le côtoie souvent et, en plus, on veut lui épargner des soucis additionnels. Ce fut souvent mon cas. Je conservais mes secrets de peur de faire souffrir davantage ma mère. Quant à ma sœur, je la trouvais trop jeune et je tenais à mon image d'aînée remplie de ressources.

Même si j'étais occupée dans la salle de bain, je pouvais entendre la voix de ma mère qui n'en finissait pas de se raconter. Elle s'interrompait pour laisser place aux exclamations de son amie et reprenait de plus belle. Quand les digues cèdent, le flot coule de lui-même! Quel soulagement alors, j'imagine! Elle était tombée sur la bonne personne et je l'estimai chanceuse. Peut-être, un jour, en aurais-je aussi l'occasion, ai-je songé à ce moment-là!

Layla avait questionné mes tantes au sujet de notre absence. On lui avait répondu que ma mère était retournée chez son mari et que nous avions déménagé! En plus, elles avaient affirmé ignorer notre adresse et notre numéro de téléphone de façon à laisser croire que nous étions parties sur un coup de tête!

La même réponse avait été donnée à mon lycée qui s'informait de mon absence. Hussein, le fiancé de ma mère, avait entendu le même discours. Lui et Layla avaient ensuite partagé leurs informations. Tout notre entourage avait cru à notre départ alors que, dans une minuscule chambre froide et noire, quelques rues plus loin, nous attendions un libérateur. Maintenant, je comprenais pourquoi personne ne nous avait secourues!

Quand arriva le repas du soir – du couscous, j'y pense et j'en salive encore aujourd'hui –, nous ressemblions à de véritables affamées. Nous avons ingurgité toute la nourriture que notre estomac était capable de tolérer! Fatiguée mais repue, je me détendis et savourai ma nouvelle sécurité... peut-être éphémère. Je chassai vite cette idée pour ne pas gâcher mon plaisir. La générosité des Algériens m'a toujours impressionnée. Même si on n'a pas d'argent, on peut toujours manger à sa faim. L'entraide est partout présente. Si quelqu'un a faim, on lui donne à manger. Si quelqu'un a froid, on l'invite à entrer et, si quelqu'un n'a pas de vêtements, on lui en donne. Les riches ne ferment pas leur porte et les pauvres aident les plus pauvres. Et Layla en était la preuve vivante.

Elle me montra ma chambre. Je m'y réfugiai avec plaisir tant j'étais à bout de forces. Il n'était pas question de fermer la porte-fenêtre; même si les insectes et les lézards pouvaient entrer, j'avais besoin d'entendre la nuit et de sentir son souffle léger caresser ma peau. C'était une nuit sans lune où les étoiles étaient imperceptibles, mais peu m'importait, car je voyais le ciel. Bercée par le chant des grillons et envahie par l'odeur de terre humide qui m'avait tant manqué, je m'endormis rapidement.

Le lendemain matin, ma mère nous informa qu'elle avait rencontré un commissaire de police qui l'avait assurée de son aide. Il se chargeait de contacter la famille Shariff afin que nous puissions récupérer notre maison. Nous devions attendre le résultat de ses démarches.

Ma mère avait également téléphoné à son fiancé. Il avait été bouleversé d'entendre sa voix tant il avait perdu tout espoir de la revoir. Comme il désirait toujours l'épouser, Samia devait divorcer officiellement avec l'accord de son ex-mari, mon père. Encore lui! Toujours lui! Maman était remplie d'espoir et nous répétait sans cesse que tout rentrerait vite dans l'ordre.

Tout rentrerait dans l'ordre! Serait-ce possible un jour?

***

Peu de temps après, le commissaire accompagna Layla et ma mère pour qu'elle reprenne possession de notre maison. Maman se doutait-elle de l'état lamentable dans lequel serait notre domicile et chercha-t-elle à nous épargner la vérité encore une fois? C'est probable! Elle avait exigé que Mélissa et moi restions chez Layla. À son retour, elle nous dépeignit l'horreur des lieux, mais sans insister sur les détails. Le commissaire promit que la famille Shariff réparerait les dégâts afin que nous puissions réintégrer notre maison le plus rapidement possible.

Notre séjour chez Layla se prolongea encore quelques jours, jusqu'à ce que le commissaire nous informât que les réparations avaient été réalisées, du moins en grande partie.

Après avoir remercié chaleureusement Layla de nous avoir permis de refaire nos forces, nous réintégrâmes notre maison. Effectivement, les meubles s'y trouvaient, placés pêle-mêle, et, dans certains cas, non assemblés. Les tapisseries étaient abîmées et une épaisse couche de poussière recouvrait chaque parcelle de tapis.

Ma chambre était pitoyable; j'avais peine à la reconnaître. Le papier peint que j'avais choisi avec tant de soin, de style «soie sauvage» parsemé de minuscules marguerites, pendait maintenant par lambeaux et exhibait des traces de brûlure à plusieurs endroits. Moi qui aimais tant les marguerites! Cette affreuse teinte gris-noir qui avait remplacé le bleu colonial, quelle horreur!

Cet intérieur planifié avec soin, qui me rappelait un peu la France, avait été souillé à jamais. En peu de temps, notre séjour en Algérie s'était transformé en véritable raz-de-marée détruisant tout sur son passage. Je voulais retourner en France, mais, pour cela, je devais convaincre ma mère.

Nous avons retroussé nos manches et, pendant plusieurs heures, nous avons lavé, frotté, assemblé, nettoyé. Nous avons remis à leur place tableaux et meubles. Restaient les trous dans les murs et la colle sur le sol. Certaines portes d'armoires fermaient difficilement. Notre chez-nous avait été profané! Et notre vie aussi!

CHAPITRE IX

Ma période rebelle

La vie reprit son cours et, le lundi suivant, je retournai au lycée avec ma mère. Dans l'entrée, je remarquai deux filles de mon niveau que je connaissais à peine. Quand elles m'aperçurent, elles m'accueillirent en criant mon nom; on aurait dit qu'elles avaient vu un fantôme. Être reconnue me fit beaucoup de bien. Je me précipitai dans leurs bras et j'éclatai en sanglots.

«Mais qu'y a-t-il? Pourquoi pleures-tu?

— Si vous saviez tout ce qui m'est arrivé!»

Ma mère m'avait laissée avec mes copines pendant qu'elle rencontrait le directeur.

«Tu trembles! Viens t'asseoir et raconte-nous ce qui s'est passé!»

Mon arrivée avait créé un réel attroupement. Mes amies, en apprenant la nouvelle de mon retour, vinrent me faire l'accolade. Je ne savais trop où commencer mon récit. Je résumai mon histoire, car elle m'apparaissait *trop* compliquée, *trop* invraisemblable, *trop* pénible, *trop*... et, étrangement, j'eus peur de faire pitié!

Commença alors ma période rebelle. Mon adolescence me tomba dessus comme une tonne de briques. Je ne m'intéressais plus qu'à ma propre personne. Je devins le centre de mon univers et j'en voulais à la terre entière. Moi qui m'étais habillée de façon «politiquement correcte» pendant les deux premières années de notre séjour en Algérie, j'arborai le style opposé. Je faisais tout pour provoquer et choquer mon entourage. Je portais des jeans déchirés et des chandails trop larges. J'affectionnais tout particulièrement un t-shirt jaune avec, sur la poitrine, un énorme monstre tirant la langue. J'avais coupé mes cheveux à la garçonne. Et j'assistais, plus souvent qu'à mon tour, à des concerts privés de hard rock avec mes amis.

Mon lycée aristocratique aux murs superbes fut le théâtre privilégié de mes incartades. Plutôt que d'assister aux cours, mes amies et moi échappions aux surveillants pour nous réfugier dans les pavillons. Nous pouvions passer des après-midi à échanger des confidences sous les arbres complices. Je dois avouer que j'ai pris plaisir à faire les quatre cents coups avec mes copines.

En plus de m'absenter des cours, je fuyais l'école pour retrouver, à notre endroit de rendez-vous, des amis de ma classe et de l'université voisine. Mes absences n'étaient plus motivées par le souci de protection de ma mère, mais par le simple plaisir.

Cependant, quand je repense à cette période, j'ai honte et je regrette mes comportements d'alors. Bien sûr, certains diront que c'était normal de réagir ainsi étant donné ce que j'avais vécu, mais je suis peu fière de l'inquiétude que j'ai pu causer à ma mère.

L'idée de fuir l'Algérie m'obsédait. Je cherchais désespérément un moyen de quitter ce pays qui m'étouffait de plus en plus. J'avais l'impression que, si je ne partais pas à ce moment-là, j'y serais coincée à tout jamais.

J'étais en furie contre ma mère qui n'attendait que le divorce pour se remarier avec Hussein! Le faisait-elle exprès? Évidemment, elle était amoureuse! Évidemment, en épousant un militaire, elle serait respectée et protégée! Mais elle serait aussi considérée comme ennemie des extrémistes! Comment pouvait-elle faire fi de cette vérité? Et une telle union nous empêcherait de repartir, de fuir ce bled un jour! À l'époque, je pensais qu'elle agissait intentionnellement parce qu'elle voulait rester dans ce pays perdu. Je me sentais de plus en plus piégée et j'explosais!

Ma mère devait obtenir le divorce pour sortir définitivement et officiellement mon père de ma vie. Il n'avait plus donné signe de vie depuis son départ. Durant notre séjour forcé chez les grands-parents, ceux-ci nous avaient informées qu'il maintenait ses conditions pour le divorce. En réfléchissant, il me vint soudain une idée que j'estimai brillante : je possédais le moyen d'accélérer les choses. Comme quoi les pires événements peuvent avoir un bon côté!

CHAPITRE X

À nous deux!

Grâce à un ami particulièrement futé, j'avais retrouvé en peu de temps la trace de mon père. Il vivait dans un quartier voisin et dormait dans un poulailler. Avec les poules! Quelle déchéance!

Je profitai d'un moment où ma mère était sortie faire des courses pour téléphoner à ma grand-mère paternelle. Par son intermédiaire, je fixai à mon père un rendez-vous qu'il ne pouvait refuser.

L'heure venue, je l'attendis à l'endroit convenu. Je me sentais à la fois nerveuse et déterminée à l'idée de cette confrontation avec cet homme sans scrupules qui avait abusé de son pouvoir sur moi. Il arriva au volant de la rutilante voiture noire que ma mère lui avait achetée au moment de notre départ de France. Je lui laissai le temps de se garer et de descendre de l'auto avant d'aller à sa rencontre. C'était ma façon de lui montrer que j'étais en pleine possession de mes moyens.

«Que veux-tu? lança-t-il d'une voix où je percevais une note d'inquiétude.

— Nous avons à parler, tous les deux. Avant tout, je dois clarifier une chose: tu ne me fais plus peur maintenant, tu peux me croire!». Je lui avais répondu d'une voix qui se voulait la plus assurée possible.

Il se passa la main dans les cheveux à plusieurs reprises, geste qu'il faisait quand il était nerveux et qu'il ne contrôlait pas la situation. Mon courage redoubla.

Je lui proposai un endroit calme et retiré, un peu éloigné de la ville. Il prit le volant et, comme je désirais garder mes distances, je montai à l'arrière. J'avais décidé de rester silencieuse pendant le trajet de façon à conserver mon calme. Mon silence lui fit l'effet contraire. Ses mains tremblaient de plus en plus et il fumait comme jamais auparavant.

Soudain, il se mit à fredonner une chanson qui me projeta instantanément plusieurs années en arrière. Chaque fois qu'il s'énervait ou qu'il devenait violent, il chantait cet air en montant ou en descendant les marches. C'était le signe qu'il s'apprêtait à s'en prendre à l'une de nous. Durant quelques instants, je redevins la petite fille que j'avais été, apeurée et démunie. À cet instant, mon père accéléra dangereusement, ce qui eut pour effet de me ramener instantanément au moment présent. J'avais des sueurs froides. Toujours à vive allure, il quitta l'autoroute.

Dans un décor aride se dressaient quelques maisons abandonnées à demi construites. Soudain, j'aperçus au bord de la route une boule ronde et poilue. Parce qu'Abdel roulait à toute vitesse, j'eus à peine quelques secondes pour reconnaître deux yeux et une bouche à la mâchoire difforme. C'était une tête décapitée... Quelques mètres plus loin, j'aperçus le reste du corps que dissimulaient à peine des pages de journaux. Je frissonnai d'horreur.

J'avais la gorge tellement nouée que j'avalais difficilement ma salive. Quant à mon père, il poursuivait sa route comme s'il n'avait rien vu d'anormal. Il roulait toujours trop rapidement à mon goût. Il reprit l'autoroute où la circulation était devenue plus dense.

Une voiture se retrouva à notre hauteur. Son chauffeur me fixait attentivement. Avait-il remarqué mon allure crispée, mon teint livide et mes cheveux mouillés de transpiration? Sûrement, car il m'adressa un regard interrogateur. Après avoir lancé un coup d'œil rapide à mon père qui fixait toujours la route, je me tournai vers mon bon Samaritain. Par ses gestes et ses expressions, je compris qu'il m'offrait son aide. Je lui répondis merci en faisant non de la tête et il s'éloigna après un bref salut. Curieusement, sa proposition m'avait redonné le courage dont j'avais besoin pour mener mon plan à son terme.

« Abdel, arrête-toi.

— Oh! Tu ne m'appelles plus papa maintenant! Je vois que ta mère t'éduque comme il faut!

— On appelle *papa* celui qui est père. Tu n'es pas mon père! D'ailleurs, tu l'as dit toi-même, je suis une bâtarde.

— Oui, tu es une vraie bâtarde!

— Et toi, un homme qui finira sa vie en prison si tu refuses d'accorder le divorce à maman. Tu sais ce qu'il advient des parents incestueux, n'est-ce pas?

— Que veux-tu insinuer? Explique-toi!

— Je connais un gentil commissaire qui nous a beaucoup aidées jusqu'à présent. Il est au courant de la violence que tu nous as fait subir. À plusieurs reprises, il a encouragé maman à porter plainte contre toi. Je n'aurais qu'à lui mentionner ce que tu m'as fait endurer pendant longtemps : tes attouchements, tes menaces et...

— Ta gueule! » m'interrompit-il avec véhémence.

Il semblait hors de lui.

« Quoi? Crois-tu que tu me fais peur? répondis-je par bravade alors que j'étais morte de peur. Tu n'as pas le choix, *Abdel*! Tu dois accepter de divorcer! Promets-moi! »

Ouf! Ça fait du bien!

Quelques jours plus tard, ma mère se rendit au tribunal en compagnie de son avocate Nadia, avec qui nous nous étions liées d'amitié.

Le divorce fut prononcé rapidement, au grand étonnement de ma mère qui ignorait ce qui avait modifié l'attitude de son ex-mari. Cependant, quand le juge rendit sa décision, elle surprit le regard que mon père m'avait adressé. Grâce à son intuition maternelle, pouvait-elle se douter du rôle que j'avais pu jouer? J'espérais qu'elle ne devinerait pas, car j'étais plus que jamais déterminée à lui cacher ce que j'avais subi.

Le juge voulut rencontrer mes parents seuls. Je me retrouvai dans le hall avec Nadia, l'avocate de maman.

«Ma chérie, votre cauchemar s'achève. Ta mère a beaucoup souffert, tu sais.

— Oui, je sais. Maman t'a tout raconté, n'est-ce pas?

— Elle m'en a dit suffisamment! Ce qu'elle a dû endurer pendant toutes ces années! Quel enfer!»

Je voulus éclaircir un doute qui me taraudait l'esprit.

«T'a-t-elle mentionné ce qu'il lui faisait avec le presse-ail?»

Notre presse-ail se composait de deux morceaux: un creuset de cuivre très lourd accompagné d'un bâtonnet de quatre centimètres de diamètre, à la tête arrondie. Quand ma mère avait remarqué sa disparition après le départ d'Abdel, ses paroles m'avaient intriguée: «Ça ne m'étonne pas qu'il l'ait apporté!» Je n'avais pas compris ce qu'elle avait voulu dire, mais je savais que cet objet était associé à une torture quelconque.

Ma question surprit Nadia qui m'examina en silence. Elle avait deviné ce que je désirais savoir.

«... Oui, Norah.

— S'il y tenait au point de l'emporter, c'est qu'il la violait avec, c'est ça?»

Elle passa affectueusement son bras autour de mes épaules.

«Tout est fini maintenant.

— Je n'arrive pas à croire que cet enfer est terminé. J'ai l'impression de rêver. Pourvu qu'il disparaisse de nos vies à jamais!»

Quelques semaines plus tard, notre avocate pré-

férée fut emportée par un cancer du sein fulgurant.
C'était une femme extraordinaire à qui j'aurais aimé
ressembler. En plus d'être belle et sûre d'elle, elle
menait de front sa carrière et l'éducation de ses deux
filles. Notre histoire l'avait beaucoup touchée et ma
mère s'était confiée à elle. Que Dieu ait son âme!

CHAPITRE XI

Ma mère se remarie

Je n'avais pas le choix d'accepter le remariage de ma mère. D'autant plus que je la savais amoureuse pour la première fois de sa vie! Un perpétuel sourire aux lèvres, les yeux brillants, elle était belle à voir! Mon âme romantique de quinze ans l'enviait. Comme elle, j'aurais aimé connaître mon prince charmant!

En Algérie, le mariage pouvait se célébrer selon deux rites distincts: il y avait le mariage religieux et le mariage civil. C'est le premier que ma mère avait choisi. Le mariage religieux était consacré par un imam[5], soit à la maison des mariés, soit chez l'officiant. La présence d'un témoin, en l'occurrence un homme portant le même nom que la mariée, était nécessaire. En son absence, l'autorisation paternelle s'avérait indispensable.

Chacun partit donc à la recherche d'un imam. Je demandai à notre voisin qui refusa catégoriquement parce que le père de la mariée n'était pas son témoin. J'eus beau le supplier et argumenter, il demeura inflexible.

Je me tournai vers un imam de mon quartier, plus sympathique et à l'esprit plus ouvert. Je l'avais connu quelques mois auparavant alors que je flânais dans la rue. Après avoir longtemps marché, je m'étais assise sur le rebord du trottoir près de la mosquée. J'étais seule et perdue dans mon brouillard quand plusieurs

---

5. Chef religieux musulman.

hommes étaient sortis du temple. Peut-être avaient-ils terminé leurs prières?

L'un d'eux était venu s'asseoir près de moi, c'était l'imam en question. Sans me juger, sans me faire de sermon, il m'avait écoutée attentivement. J'avais déversé mon trop-plein d'émotions. Notre rencontre m'avait apporté un grand réconfort en m'aidant à relativiser ce qui m'arrivait. J'étais portée à voir toute ma vie en noir. Il m'avait fait comprendre que mes problèmes étaient dans mon présent et que mon avenir pouvait être positif. Ses paroles m'avaient redonné l'espoir, l'espoir d'une vie et d'un monde meilleur.

« Norah, ton cœur est bon, je le vois dans tes yeux. Je sais que Dieu t'aidera à surmonter toutes ces épreuves. Tout passe, Norah, même ça. Si, un jour, tu éprouves le besoin de parler, sache que tu as un nouvel ami. »

Sa voix douce, ses yeux pétillants et son sourire étaient contagieux. Ses phrases toutes simples m'avaient redonné l'énergie dont j'avais besoin pour continuer!

Durant les mois qui suivirent, chaque fois que je passais devant la mosquée, je lui rendais visite. Il m'accueillait toujours, le visage rayonnant. C'était et c'est encore un homme vraiment extraordinaire!

Il était tout désigné pour marier ma mère. Il n'y avait qu'un problème : il devait accepter. Je le rencontrai donc, même si je doutais du succès de ma démarche.

Je lui exposai la situation. Comme toujours, j'avais l'impression qu'il buvait mes paroles. Il réfléchit un instant en se grattant le menton.

« On va lui trouver un témoin, ne t'en fais pas, dit-il en m'adressant un clin d'œil malicieux.

— Qui donc? Toute sa famille est contre nous!

— Vous ne connaissez pas d'hommes dans votre entourage? Un ami? Un voisin? Peu importe!

— Normalement, le témoin doit être le père de la mariée, n'est-ce pas? Un membre de sa famille au moins?

— Mais qui me dit que le témoin n'est pas celui qu'il prétend être? Comprends-tu où je veux en venir?

— Certainement! Si je comprends bien, vous acceptez?

— Avec plaisir, Norah... Disons que ce sera notre secret de famille! » répondit-il en riant aux éclats.

J'étais toute fière d'annoncer la nouvelle à ma mère. Cet imam était en quelque sorte mon cadeau de mariage!

Le matin du jour J, Hussein arriva avec *mon* imam et trois amis dont l'aîné représenterait le père de la mariée!

Mon côté romantique aurait souhaité que ma mère porte une vraie robe de mariée, somptueuse, avec dentelles et bijoux. Cependant, je dois reconnaître que sa très jolie robe rose faisait d'elle la plus belle des mariées. J'aurais voulu une grande fête avec tous nos amis, toute la famille et un orchestre! Ma mère avait invité nos voisines avec qui nous avons chanté et dansé dans le salon en écoutant une cassette de raï[6]. Même si la noce était modeste, l'ambiance était à la joie. Ce jour-là, je fus heureuse.

Les jours suivants comptèrent sûrement parmi les plus beaux dans la vie de ma mère. Hussein et elle s'entendaient à merveille et j'avais l'impression de voir un couple d'adolescents, deux tourtereaux soudés l'un à l'autre. J'étais contente pour elle; elle avait tant mérité ces parcelles de bonheur!

---

6. Style musical arabe.

CHAPITRE XII

Dangers mortels

Comme il fallait s'y attendre, ce bonheur et cette paix furent éphémères! Les menaces reprirent de plus belle. Même si nous changions notre numéro de téléphone, on nous retrouvait toujours. On déposait des animaux morts et des lettres de menaces sur le palier de notre porte. Des graffitis sous nos fenêtres exhortaient nos voisins à égorger ma mère pour se purifier avec son sang.

Et nous étions suivies! Mes amies et moi le remarquâmes rapidement. Deux hommes m'attendaient à la sortie des classes. Ils me dévisageaient en cherchant à m'intimider. Un soir que j'en eus assez de ce manège, j'osai les braver. Avec deux amies pour m'encourager, je passai devant eux en soutenant leur regard. L'un d'eux déclara :

« Un jour, on aura ta peau. »

Je frissonnai à l'idée que cette menace pouvait avoir un lien avec mon père. Était-ce possible? Pour me rassurer, mes copines se rapprochèrent encore plus près et m'escortèrent jusqu'à la maison.

Ça commençait à devenir sérieux!

Pendant ce temps, à l'intérieur de la maison, la vie se faisait sereine. Hussein était un homme très gentil. Je ne l'ai jamais considéré comme un père, mais je l'aimais comme un bon ami. Je le trouvais un peu immature pour son âge. D'ailleurs, nous jouions au Nintendo

ensemble. Il était un peu gauche, mais cela ne l'empêchait pas d'aimer bricoler. Cependant, ses créations ne
fonctionnaient pas toujours! Je prenais plaisir à le
taquiner en le comparant à Gaston Lagaffe.

Hussein avait aussi un langage qui me faisait bien
rire. Il mêlait toujours des mots grossiers à ses propos.
Il réussissait à placer de gros mots dans les phrases
tendres. On s'amusait à lui faire une blague ou à lui
faire peur pour avoir droit à une triple dose de vulga-
rité! C'était vraiment drôle. Cependant, il m'impres-
sionnait à cause des armes qu'il portait. Je le trouvais
particulièrement cool quand il me montrait comment
les manier et atteindre une cible. Avec maman, il se
comportait toujours bien et c'était l'essentiel.

Un soir, en rentrant à la maison, je remarquai une
lettre sur le seuil de la porte. Comme elle n'était pas
cachetée, je l'ouvris. J'étais incapable de la déchiffrer
parce qu'elle était écrite en arabe et que ma connaissance de cette langue était insuffisante à ce moment-
là. Je demandai à ma voisine de la traduire.

«Es-tu sûre que ce n'est pas indiscret? Peut-être
s'agit-il d'une lettre d'amour que ton beau-père a écrite
à ta mère?

— Regarde dans quel état elle est et comment
l'écriture est formée. Un amoureux soigne la présenta-
tion de ses lettres! S'il te plaît?

— Je ne suis pas très bonne en arabe, mais je vais
essayer. Laisse-moi un peu de temps pour traduire.»

Quelques minutes plus tard, son expression changea
du tout au tout. Ses yeux s'agrandirent d'horreur et son
teint devint livide. Je voulus en savoir davantage, mais
elle me fit signe de me taire. Lentement, elle leva vers
moi ses yeux baignés de larmes. Je pouvais y lire toute la
peine du monde. Son silence me glaça jusqu'à la moelle.

«Norah, qui a écrit ça?

— Comment veux-tu que je le sache?

— Serait-il possible que ce soit ton père?

— Je n'en sais rien. Mais qu'attends-tu pour me dire ce qui est écrit?

— On dirait des commandements, des ordres à respecter, sinon des châtiments épouvantables risquent de vous arriver. Celui qui a écrit cette lettre vous en veut vraiment. J'ai peur pour toi, Norah.»

Elle me traduisit alors mot à mot le contenu de la lettre qui était de même nature que les menaces téléphoniques. Ce chantage, nouveau pour mon amie, l'intimidait beaucoup plus que moi qui m'y étais habituée.

«Je savais que ce n'était pas une lettre normale. Dire qu'on avait songé à une lettre d'amour.»

J'avais osé ce commentaire pour la détendre, mais elle conservait son air grave.

«Est-ce que Hussein a une arme?

— Il en laisse deux constamment à la maison. D'ailleurs, il m'a montré comment les utiliser.

— N'oublie pas leur cachette.

— Même si je sais qu'il s'agit de menaces, il m'arrive de penser qu'elles constituent une sorte de prémonition sur ce qui doit nous arriver, qu'un jour, nous mourrons!

— Je t'interdis de penser cela, protesta chaleureusement mon amie.

— J'ai parfois l'impression de servir d'appât dans un jeu de chasse à l'homme!»

Cette tension dans laquelle je baignais me rendait folle. La sonnerie du téléphone me réveillait en pleine nuit et j'avais peine à me rendormir. Quand il ne sonnait pas, je croyais l'entendre! Dans mon demi-sommeil, des voix nous menaçaient, puis se mélangeaient et résonnaient à nouveau dans ma tête. Je ne pouvais plus sortir sans penser qu'on me suivait, qu'on m'espionnait et que les voisins étaient complices de nos persécuteurs. Je devenais paranoïaque.

***

Pour fuir le climat d'insécurité qui prévalait tant dans notre maison que dans notre quartier, je séchais mes cours allégrement, car je ne me sentais bien qu'avec mes amis, dans un contexte que nous inventions selon nos humeurs. Certains amenaient leur guitare et nous chantions toute la journée. Il m'arrivait d'errer dans la ville, au hasard des rues, au gré des vents, jusqu'au jour où le danger me rattrapa.

Je n'ai jamais raconté cet événement à ma mère, car elle serait morte de peur. Comme vous, elle l'apprendra en lisant ce qui suit.

Le climat social d'Alger était devenu épouvantable. Chaque soir, le journal télévisé dénombrait les morts causées par les explosions et les attaques de la journée.

Ce jour-là, plutôt que d'assister aux cours, je descendis tranquillement à pied jusqu'au centre-ville. J'avais besoin de sortir de mon quartier et la journée était superbe. C'était la température que je préférais parce qu'il ne faisait ni trop humide ni trop chaud. L'air embaumait le printemps et les nouveaux couples d'amoureux se promenaient discrètement au milieu des arbres fleuris.

Je me retrouvai sur la place Audin, l'endroit le plus populaire d'Alger. Un parfum de miel s'échappait de la boulangerie. Profitant des quelques pièces que j'avais cachées au fond de ma poche, je me payai le luxe d'une pâtisserie algéroise : quel délice! Je léchai jusqu'à la dernière goutte le miel qui s'était répandu sur mes doigts. Une fois ma gourmandise satisfaite, je repris mon chemin.

Soudain, le souffle d'une explosion me projeta

cinq mètres plus loin. Puis, après le vacarme, ce fut le calme plat. Quelques secondes plus tard, du moins c'est ce que je crus, j'ouvris les yeux. Des millions de particules de toutes sortes virevoltaient dans les airs. Un sifflement strident transperçait l'intérieur de mon crâne. Je crus que j'étais devenue sourde.

Je tremblais de partout et mes mains noircies s'agitaient dans tous les sens. Une odeur de soufre et de sang brûlait mes poumons et j'eus envie de vomir. Le sifflement s'était maintenant estompé pour faire place à un silence de mort, un silence absolu sur toute la place Audin. Je n'entendais aucun son, mais je voyais! Peut-être que l'inverse eût été préférable... Puis ce fut l'agitation totale. Des personnes affolées couraient dans tous les sens en criant et en gémissant. D'autres, clouées au sol, saignaient abondamment et appelaient à l'aide.

Nous étions tous charbonneux de la tête aux pieds, ce qui nous rendait méconnaissables. L'immeuble de deux étages en face de moi avait été éventré et il n'en restait que la moitié. Un autobus brûlait. On avait dû y placer la bombe qui avait causé l'explosion. Je me levai péniblement. J'avais mal partout. Je secouai la poussière qui me recouvrait et pris le temps de m'orienter, car j'étais encore abasourdie.

J'aperçus alors des objets sombres qui jonchaient la rue. Je mis quelques minutes à comprendre que c'étaient des corps carbonisés ou plutôt des morceaux de corps arrachés et brûlés, des mains sur le trottoir, des jambes ailleurs. Je m'accroupis pour vomir la belle pâtisserie que j'avais dégustée avec tant de plaisir quelques minutes plus tôt. En me relevant, je réalisai que mes vêtements étaient couverts de sang coagulé et de lambeaux de chair. Je perdis mon sang-froid! Terrorisée par toute cette horreur et prise de panique, je hurlai sans m'arrêter. Sans réfléchir et sans trop m'en rendre compte, je me retrouvai au lycée.

Heureusement, quelques amies m'accueillirent. Comme elles avaient entendu le bruit de l'explosion, elles réalisèrent rapidement ce qui m'était arrivé sans que j'aie à prononcer un seul mot. Elles me conduisirent immédiatement chez l'infirmière de l'école.

« Norah? Tu m'entends? demanda-t-elle doucement.

— Oui...

— As-tu mal quelque part?

— J'ai mal à la tête et à la gorge... J'ai de la difficulté à avaler. J'aurais pu mourir. J'aurais pu mourir, répétai-je en réalisant la chance que j'avais eue.

— Norah, tout va bien maintenant. Je vais te laver. »

Je songeai à l'état épouvantable dans lequel se trouvaient mes vêtements. Je me levai précipitamment et les secouai avec frénésie.

« Ça va, ça va... Norah, calme-toi », ordonna l'infirmière sur un ton ferme.

Mes amies pleuraient.

« Je vais te laver et, après, je téléphonerai à ta mère.

— Non, pas question! Si elle apprend que j'ai séché mes cours encore une fois, elle me tuera, répondis-je en exagérant, comme seule une adolescente en est capable!

— Et si tu devais aller à l'hôpital?

— Non! Non, je vais bien! Promettez-moi de ne rien dire!

— Nous allons passer une entente. Tu restes ici tout l'après-midi pour te reposer et je te donne un cachet pour dormir. À ton réveil, si tu vas mieux, je te laisserai partir sans contacter ta mère. Dans le cas contraire, je lui téléphone. Est-ce clair?

— Merci! Je promets de me reposer tout l'après-midi. »

J'avalai ses comprimés et passai l'après-midi seule, à l'infirmerie. Comme j'étais encore sous le choc, je fus incapable de dormir, mais je fis semblant. À la fin de l'après-midi, l'infirmière jugea mon état satisfaisant et me retourna à la maison sans contacter ma mère. J'étais soulagée.

Je rentrai chez moi, mais j'étais encore traumatisée. Je sentais le savon, mais j'avais encore sur ma peau cette sensation de chair calcinée imprégnée de sang. C'était dégoûtant, j'étais dégoûtante!

Ma mère avait entendu le bruit de l'explosion et, à mon retour, elle suivait attentivement les informations à la télévision. J'étais contente qu'elle m'ignore, car d'un simple regard elle aurait deviné que quelque chose de grave m'était arrivé. Je m'isolai dans ma chambre toute la soirée. Et ce traumatisme alla grossir la montagne de mes souvenirs indésirables au fond de mon coffre-fort personnel.

Pardon, maman...

CHAPITRE XIII

La vérité, enfin!

Depuis quelque temps, je tenais un journal personnel. J'y notais mes idées noires et, régulièrement, je lui confiais ma peine, mes peurs et aussi la rage qui bouillait en moi. Quand j'écrivais, je parvenais à exprimer clairement ce que je ressentais et les émotions contradictoires que je choisissais de taire. Si je parlais de la colère qui m'habitait, je me mettais à pleurer. Or, je ne voulais surtout pas que les autres voient mes larmes! Je préférais l'écrire, car, alors, je ne pleurais pas!

Petit à petit, je perdis le goût de vivre cette vie impossible. Je devins une suicidaire ratée! J'utilisais mon corps comme un terrain d'expérimentation, un instrument privilégié à la recherche de nouvelles sensations. Je le poussais jusqu'à la limite permise. J'expérimentai, entre autres, les antidouleurs pour me soulager de l'angoisse perpétuelle qui m'oppressait. Je voulais échapper à mon désespoir, peu importe si je risquais d'en mourir. J'avalais toutes les pilules qui me tombaient sous la main. Quelquefois, je pris le dosage idéal pour planer et oublier à la fois mon passé, mon présent et mon avenir. Mais, la plupart du temps, complètement pétée, je tournoyais au milieu du salon en suivant du regard les points lumineux qui dansaient sur le sol. Les yeux rouges et le teint livide, je n'étais pas belle à voir.

Quand ma mère voyait sa grande partie, elle en était très affectée. Elle inspectait la maison et jetait tout ce qui pouvait ressembler à des médicaments.

Quand elle devait s'absenter, elle m'avertissait: «Je sors quelques minutes. N'en profite pas pour te gaver de pilules! De toute façon, il n'y en a plus.» Mais j'avais mes réserves, cachées sous mon matelas. Mon humeur était épouvantable. Je mentais, j'étais grossière ou je m'enfermais dans un mutisme absolu. Je me comportais en sauvage.

Je ne voulais pas peiner ma mère ni lui faire de mal, je voulais m'en faire à moi, voilà tout. Je ne suis pas fière de mon comportement d'alors, mais ce devait être un passage obligé. Somme toute, je ne réussis qu'à m'esquinter l'estomac, et mon désespoir demeura aussi intense.

Je me sentais complètement perdue. Je n'avais plus que deux choix: continuer de vivre mon calvaire ou mourir, en me suicidant ou en m'exposant aux terroristes. Je ne tolérais plus l'école, le fanatisme, la vie en général!

Comme il fallait s'y attendre, ma situation scolaire se corsa. L'après-midi du contrôle d'histoire, mon amie Shanez et moi décidâmes de nous absenter parce que notre préparation à l'examen risquait de faire chuter nos notes. Je crus que, cette fois encore, je réussirais à motiver mon absence et à déjouer les surveillantes. Nous passâmes l'après-midi dans les escaliers, l'endroit de rendez-vous des élèves en rébellion à environ cinquante mètres de l'école. Le lendemain matin, comme si de rien n'était, je présentai à la surveillante mon billet d'absence avec la fausse signature de ma mère. Mais la dame m'attendait de pied ferme, bras croisés et regard déterminé! En me fixant dans les yeux, elle m'adressa l'avertissement suivant:

«Norah, cette fois-ci, c'en est trop. Je n'accepte pas ton billet d'excuse! Tu es exclue pour un mois et une rencontre avec ta mère est obligatoire avant de réintégrer l'école.» Je jugeai bon de me taire et je quittai son local. Shanez sortait du bureau voisin, l'air lugubre.

Quand nous passâmes devant l'endroit de rendez-vous, les sécheurs invétérés se moquèrent gentiment de nous.

«Bienvenue au club, les filles!»

Shanez éclata de rire. Quant à moi, je demeurai silencieuse, car je trouvais la situation inquiétante. Comment réagirait ma mère en apprenant mes absences? Elle m'aurait pardonné une journée d'école buissonnière, mais quand la surveillante l'aurait informée de toutes mes absences et, quelle horreur, quand elle lui aurait montré les mots trafiqués! Il n'était pas question d'avouer quoi que ce soit et d'expliquer pourquoi! Si elle apprenait que c'était en partie pour veiller sur elle, elle m'en voudrait et se culpabiliserait davantage.

Après avoir analysé la situation sous tous les angles, je décidai de garder le secret et de chercher un subterfuge pour me sortir du pétrin. Mes cousins, qui éprouvaient des difficultés d'apprentissage, avaient un père assez riche pour les faire passer à une classe supérieure malgré leurs faibles résultats. Si j'avais de solides contacts, je pourrais...

Plus audacieuse que moi, Shanez me convainquit de squatter les escaliers en attendant de trouver une solution. Tous les jours, je prenais mon sac à dos comme si de rien n'était et j'allais rencontrer mes amis flâneurs dont certains étaient plus âgés. La lycéenne que j'étais était fière de côtoyer des universitaires! Je me sentais plus importante! Parmi nous se retrouvaient des *nerds*[7], des musiciens, des enfants de professionnels, bref des jeunes de tous genres. On m'acceptait telle que j'étais. J'affectionnais particulièrement la compagnie de Shanez et des musiciens, deux groupes de hard rock qui s'entendaient bien malgré leur style opposé.

Des jours passèrent, puis ce furent des semaines.

---

7. Surnom donné par les étudiants à un élève intellectuel sérieux.

Toujours pas de nouvelles de l'école. Je profitai intensément de ces bons moments en sachant qu'ils ne dureraient pas. Un mois s'était écoulé quand mon enseignante d'histoire nous contacta, Shanez et moi. Elle nous supplia de revenir à l'école. Elle avait appris que nous serions expulsées trois jours plus tard si nous ne donnions pas signe de vie. J'étais au pied du mur. Trois jours. Trois jours pour trouver LA solution.

J'implorai Hussein d'aller plaider ma cause auprès des surveillantes. Il n'aimait pas mentir à sa femme, mais, en voyant ma panique, il eut pitié de moi. Ce fut peine perdue, car on exigeait la présence de ma mère. Mon beau-père ne pouvait plus rien pour moi. J'étais coincée.

Il fallait que ma mère apprenne la vérité avant cette rencontre, sinon sa colère risquait d'être terrible. Trouver un moyen de la mettre au courant s'avérait primordial. Lequel?

Hussein pourrait lui raconter qu'il m'avait vue dans les rues d'Alger. Elle se mettrait sûrement en colère, mais je pourrais m'expliquer. C'était sa façon de réagir quand je me mettais dans le pétrin. Elle me disait alors, les yeux au ciel: «Tu t'es foutue dans la merde, à toi de t'en sortir!» J'étais habituée à cette façon de faire; je trouvais le moment pénible, mais je pouvais y faire face. Cependant, les choses prirent une tournure tout à fait imprévue.

Quand je demandai à Hussein son aide, il accepta ma proposition. Nous devions annoncer la vérité à maman le lendemain soir, lors de notre supposé retour de l'école. Le jour suivant, Hussein et moi revînmes ensemble à la maison. Ma mère prenait son café dans la cuisine en souriant aux anges dans sa bulle de bonheur. Mon histoire d'absences était sur le point de la ramener brutalement sur terre. Je me sentis mal.

Hussein commença le récit que nous avions mis au point. Comme il ne m'avait pas vue à la sortie de l'école, il s'était renseigné auprès de la direction. On lui avait appris que je m'absentais régulièrement sans motif valable. Il était parti à ma recherche dans les rues avoisinantes où il m'avait trouvée. Rouge de colère, ma mère explosa.

« Qu'est-ce qui t'a pris? Te rends-tu compte que tu mets ta vie en danger en courant dans les rues? Je prends le risque de t'envoyer à l'école et, de ton côté, tu agis en écervelée! Moi qui te croyais sérieuse et réfléchie! Est-ce que cela t'arrive souvent de sécher tes cours? Combien de jours t'es-tu absentée?

— Un mois», répondis-je, la tête basse.

Je n'avais jamais vu ma mère dans une telle fureur. Je tentai de lui faire comprendre mes motivations. Je m'empêtrais dans mes arguments et elle ne m'écoutait plus.

Elle se prit la tête à deux mains, ce qu'elle faisait toujours en situation de crise.

« Comment as-tu pu me faire ça, à moi? Qu'est-ce qui t'a pris? » se lamenta-t-elle.

Je me préparais à entendre un long sermon sur mes obligations d'étudiante, mais je me trompais royalement sur la nature du discours à venir.

« Moi qui te faisais confiance! Moi, l'idiote, je te demandais comment s'était passée ta journée et tu osais me répondre qu'elle s'était bien déroulée! J'avalais tes mensonges!

— Je ne voulais pas t'inquiéter, maman. Pardonne-moi. Je suis malheureuse à l'école et j'ai beaucoup de difficulté à me concentrer. Quand je m'absente, c'est pour rencontrer mes nouveaux amis algériens. Tu ne peux pas comprendre, toi, tu as un mari!» répliquai-je rageusement.

Des larmes de colère me montèrent aux yeux. Je devins incapable d'endiguer le flot de mes paroles.

« Et c'est ta faute si je suis coincée en Algérie et si je suis séparée de mes amies françaises! J'ai besoin de liberté et j'aime m'amuser. Tu m'étouffes avec ton anxiété et ta surprotection. »

C'était la première fois que je parlais sur ce ton à ma mère. Je ne me reconnaissais plus. C'est alors qu'éclata la bombe qui ravagea mes dernières défenses.

« Si tu es aussi malheureuse avec nous, je ferai des recherches pour retrouver ton père et tu iras le rejoindre! lança furieusement ma mère en dernier recours. Il saura te donner la correction que tu mérites! C'est ma faute, je n'ai pas su t'éduquer! »

Elle était loin de se douter de l'impact qu'auraient ses paroles.

Ma propre mère me trahissait en voulant m'envoyer chez ce malade, chez ce salaud! Ma mère songeait à me jeter dans cet enfer!

« Ah bon? Alors, c'est comme ça! Tu te débarrasses de moi au lieu d'essayer de parler! Tu ne veux même pas savoir pourquoi j'ai fait ça! »

En l'espace de deux minutes, un énorme fossé s'était creusé entre nous. Comme un tremblement de terre qui divise un village. Il y avait ma mère d'un côté et moi de l'autre.

Penser à cet individu abject me donnait la nausée! Comme quand j'étais petite! J'étais incapable de m'imaginer une seule minute en compagnie de cet homme que j'aurais voulu extraire totalement de ma mémoire.

J'éclatai en sanglots; j'étais prête à tout plutôt que de retourner vivre avec lui!

« Non, maman, s'il te plaît. Si tu m'obliges à retourner vivre avec lui, je t'avertis, je vais me suicider. Je ne veux plus endurer ce qu'il m'a fait subir pendant des années! »

Ma mère était encore sur la défensive. Sous l'emprise de la colère, elle ne comprenait pas le sens de mes révélations. De mon côté, j'aurais voulu revenir quelques instants en arrière et ravaler mes dernières paroles, mais c'était trop tard. Moi qui croyais que le monstre était sorti à tout jamais de ma vie, je me trompais. Voilà qu'il revenait me harceler. Non! Surtout pas cela! Je pleurais à fendre l'âme.

Devant l'ampleur de mon désarroi, ma mère se calma. Le sens de ma dernière phrase s'insinua dans son esprit et, petit à petit, jusqu'à son cœur. À travers mes larmes, je vis ses yeux s'agrandir d'horreur. Elle réalisait que cette vérité était possible, mais elle avait besoin d'en savoir plus. Elle voulut connaître toute la vérité. Les questions fusaient sans laisser place aux réponses.

Je lui décrivis les gestes. Je lui parlai de mes peurs et de mes dégoûts. Je lui expliquai ma honte et mon sentiment de culpabilité. Elle entendit mes cauchemars. Elle comprit les menaces qui me faisaient céder. Elle sut finalement que j'avais voulu la protéger.

La digue qui retenait mes souvenirs honteux avait lâché. Au début, mes paroles sortaient d'emblée sans que je puisse en contrôler le flot, puis, graduellement, je repris mon souffle. Tout en parlant, je surveillais attentivement ses réactions parce que – du moins, c'est ce que je crois aujourd'hui – je craignais son jugement. Me croirait-elle coupable? Je savais maintenant que mon père était le seul responsable de ces gestes, car c'était lui l'adulte. J'étais redevenue la petite fille qui avait besoin d'être approuvée par sa mère, qui ne voulait pas décevoir celle dont elle avait tant besoin.

Elle paraissait choquée et fâchée contre celui qui avait été son mari. Jamais, et je lui en sais gré encore aujourd'hui, elle ne douta de moi. D'aucune façon, elle ne tenta de l'excuser. Elle se remettait en question comme mère et se reprochait de ne pas avoir été suffisamment vigilante sur ce qui se passait dans sa maison, presque sous ses yeux.

«Pauvre petite, pourquoi ne m'en as-tu pas parlé avant?

— J'étais convaincue que tu ne me croirais pas!

— Au contraire! Cet homme est capable de tout! Pourtant, je savais qu'il était violent; j'aurais dû... J'étais trop prise par ce que je subissais moi-même. Mais je n'ai pas d'excuses; une mère doit protéger sa fille! Norah, je te demande pardon de n'avoir rien vu. »

Elle éclata en sanglots à son tour. J'étais extrêmement troublée. Sa peine et sa culpabilité me touchaient. Je m'étais débarrassée de ma lourde charge et elle acceptait de porter la part qui lui revenait. Tendrement, elle posa sa tête sur mes genoux et elle put sentir, par la main qui caressait ses cheveux, que je lui pardonnais.

«De toute façon, c'est du passé. Il ne réussira jamais à nous séparer! » répondis-je, le cœur plus léger que jamais.

Le soir même, je lui écrivis un poème où je lui confiais les gestes honteux et mes émotions de petite fille. Je libérais mes peines, ces cris que j'avais gardés durant trop d'années et ces secrets qui entravaient mes chevilles comme des boulets. Je lui avouai combien j'avais voulu la protéger et combien j'avais besoin d'elle et de son amour.

Dire mes secrets une première fois n'avait pas été suffisant. J'avais besoin de les écrire. Je rédigeai ma lettre au milieu des larmes qui ponctuèrent mon récit et qui m'apaisèrent au fil des mots. Je me dirigeai ensuite, à pas feutrés, vers la chambre de ma mère où je déposai affectueusement mon message sur son oreiller.

Le lendemain matin, elle vint me trouver. Elle me prit dans ses bras et me serra longuement, tendrement. Elle m'aimait quand même! Et elle ne me blâmait pas! Ce n'était pas ma faute. C'était donc vrai!

Après cet épisode, nos rapports furent moins tendus. Je retournai à l'école par obligation et la vie reprit son cours.

CHAPITRE XIV

Mes frères chéris

Je savais qu'Hussein désirait des enfants et que ma mère souhaitait combler son désir. Je ne fus guère étonnée quand j'appris qu'elle était enceinte. Je fus cependant très déçue : selon moi, un jeune enfant rendrait plus difficile notre départ de ce pays infernal. Au mieux, notre exode serait retardé. Je fus incapable de partager la joie des nouveaux époux. Au contraire, je leur fis part de mes récriminations. Selon maman, rien n'était changé et elle ne considérait pas son bébé comme un obstacle à notre départ! Difficile à croire!

Quand j'appris qu'elle portait des jumeaux, je mis une croix sur les minces espoirs qui me restaient. Cependant, jour après jour, je me fis à l'idée d'avoir des demi-frères ou des demi-sœurs et j'acceptai ce signe du destin. Le bonheur de ma mère et de son nouveau conjoint me faisait du bien. L'atmosphère de la maison avait changé. Ces naissances à venir nous unissaient à nouveau et rien en provenance du monde extérieur ne pouvait plus nous atteindre.

J'aimais poser ma main sur le ventre rebondi et sentir la présence des bébés. Ils me communiquaient un regain d'énergie et le sentiment qu'une nouvelle vie m'attendait. J'étais au creux de l'abîme, et un miracle s'était produit. Non! Plutôt deux miracles : deux petits êtres qui ont bouleversé à la fois mon quotidien et la perception que j'avais de moi et de l'existence en général.

Je suivais leur évolution étape par étape. J'avais

acheté des livres traitant de la grossesse, des soins aux nouveaux-nés, de l'éducation, et un disque compact pour apprendre de nouvelles berceuses! Les vêtements de poupon coûtaient très cher, mais ma mère et moi ne pouvions renoncer à acheter de petites grenouillères jaunes ou blanches. Comme nous ignorions encore le sexe des bébés qu'elle portait, il n'était pas question d'acheter un seul morceau rose! Je craquais pour les vêtements décorés de lapins et j'avais un faible pour ces minuscules chaussettes où il était difficile d'imaginer que des pieds puissent entrer!

***

Après avoir appris mon passé avec mon père, ma mère changea d'attitude envers moi. Elle dépassait l'image de jeune fille rebelle sans problème que je projetais et elle se souciait maintenant de ma sensibilité et de mes manques d'attention. Elle ne comprenait pas mon besoin de liberté, mais elle l'acceptait, même si mon absence pouvait la plonger dans l'angoisse.

Son amie pédiatre lui suggéra de nous inscrire au golf, Mélissa et moi. Maman en discuta avec nous. Le terrain de golf où son amie était membre était situé dans un quartier peu sécuritaire de la ville voisine. Cependant, la surveillance y était sans failles étant donné que des diplomates, des ambassadeurs et des étrangers le fréquentaient.

Je me souviens encore de ma réaction: sa proposition m'avait insultée.

«Maman, c'est pour les bourges et les vieux, ce sport-là!

— Tu n'as pas besoin de me répondre aujourd'hui. Prends le temps de réfléchir. Tu peux faire quelques essais et, si tu n'aimes pas ce sport, tu pourras toujours arrêter. Je respecterai ta décision, je t'assure.»

Une semaine plus tard, je décidai de tenter l'expérience. Après tout, je n'avais rien à perdre.

Je m'inscrivis à une semaine de cours. Au début, j'étais complètement nulle. J'avais beau frapper la balle, soit elle restait sur place à me narguer, soit elle prenait la direction opposée. Était-ce un jeu ou un sport? Si c'était un sport, que pouvait-il avoir d'attirant? Mes débuts furent pour moi une expérience frustrante jusqu'au moment où la médaillée d'or et la médaillée d'argent s'offrirent de superviser mon entraînement. Vers le milieu de la semaine, ma perception du golf bascula complètement.

Je m'exerçais ce jour-là sous un soleil de plomb depuis le début de l'après-midi. Mes entraîneures avaient aligné devant moi une série interminable de balles que je devais frapper en me concentrant sur chacun de mes mouvements. Je frappais et je frappais encore. J'étais frustrée, fatiguée et en sueur.

«À quoi rime tout ça? Je suis nulle et je ne comprends pas ce que je fais de travers.»

Mes deux entraîneures répondirent en chœur, mais comme elles étaient d'avis différent, le ton monta et la dispute éclata. Je les laissai à leurs arguments.

Je pris la position recommandée et me concentrai. Après avoir fixé la balle quelques instants, je frappai. La balle filait allègrement entre ciel et terre, en ligne droite vers le trou, et moi, j'étais au septième ciel. Comme une pro, je sifflai pour signaler qu'une balle tombait. Je faisais enfin le geste que j'espérais accomplir depuis le premier jour. J'étais fière de moi! Les deux médaillées avaient cessé de se chamailler pour suivre la trajectoire parfaite de ma balle qui se plaça à cinquante centimètres du trou.

Ce moment-là me donna la piqûre du golf. J'avais compris que ce sport était un art, l'art du mouvement. Chaque week-end, sans perdre une minute, j'allais frapper des balles ou jouer des parties pour améliorer ma performance. J'étais devenue complètement accro de ce sport!

Cette nouvelle passion m'aida à tolérer les longues journées d'école et la perte de contacts avec mes amis d'école buissonnière.

J'améliorais constamment ma technique et, par le fait même, ma confiance en moi. On croyait énormément en mes capacités. Je participai à plusieurs compétitions où je fis la connaissance des champions et des championnes en titre. À peine trois mois après le début de mon entraînement, on m'inscrivit au tournoi d'Algérie où je devais affronter deux nouvelles amies, Bahia, la médaillée d'or et Amel, la médaillée d'argent. C'était le tournoi le plus important auquel j'avais participé jusqu'alors. C'était aussi le plus exigeant par sa durée et par l'absence de pause pour le repas. Nous avions pris la précaution de nous préparer avant le tournoi des sandwichs aux spaghettis. Oui, oui! C'est très efficace!

Avant l'heure du départ, la température indiquait déjà trente-cinq degrés à l'ombre. Un monde fou s'agitait en attendant le coup d'envoi. Le ministre algérien des Sports était présent, car il devait remettre les médailles aux gagnants. J'avais un trac épouvantable! Mais, dès que je posai les pieds sur le terrain, la foule disparut à mes yeux. J'étais seule dans mon monde, avec mon bâton et ma balle.

On annonça le départ. Je ne visais ni la première ni la deuxième place. Le seul fait de participer à cette importante compétition me comblait. Je voulais jouer au meilleur de ma performance et y prendre le plus de plaisir possible! Et c'est ce que je fis. Je jouai avec concentration et attention pendant tout le parcours. Après le dix-huitième trou, j'étais crevée, mais j'étais satisfaite. Je vis alors Bahia courir vers moi.

«Norah! Tu es la deuxième! cria-t-elle en s'approchant.

— Quoi? Tu rigoles!

— Non, tu es à un point de moi, ajouta-t-elle, les yeux brillants.

— Cela signifie que...

— Félicitations! Tu es la nouvelle médaillée d'argent!»

Je lui sautai au cou! Amel s'approcha pour me féliciter. Elle pleurait. J'avais mal pour elle et je la serrai dans mes bras. Ce fut un moment très émouvant. J'étais fière de ma médaille, mais ma nouvelle amitié était aussi importante que le trophée.

Je montai sur le podium; la foule applaudissait à tout rompre. J'étais aux anges. Ensuite, ce fut la fête au restaurant du terrain. Mon professeur me proposa le tournoi d'Espagne et celui des Émirats arabes unis. Je n'en revenais pas! J'acceptai d'emblée!

Mais, finalement, je ne participai à aucune de ces compétitions.

La grossesse de ma mère tirait à sa fin. Elle se déplaçait difficilement et se sentait constamment fatiguée. Je dus lui prêter main-forte dans les travaux de la maison.

Comme le tournoi se déroulait une semaine avant la naissance de mes petits frères, je tirai un trait sur le golf. Mais je ne regrette rien! Ce fut difficile de renoncer à une passion et à une carrière éventuelle. Mais quelques jours plus tard naissaient, à la même heure et au même jour du même mois, mes petits frères chéris. Mes deux nouvelles passions!

Quand je les vis la première fois dans leur couveuse, je me sentis toute petite devant la Vie! À partir de ce moment-là, mon existence prit tout son sens. Elle avait dorénavant un but!

Ils dormaient tous les deux, l'un sur le ventre, l'autre sur le dos. Leurs différences me sautèrent aux yeux: la forme de leur corps, leur posture, leur tête, leur teint. Ils étaient deux opposés, deux polarités. De faux jumeaux, vraiment!

« Maman, ils sont magnifiques.

— Tu peux les prendre dans tes bras, si tu veux.

— J'attendrai qu'ils se réveillent. Ils semblent si fragiles. Leur peau est si transparente que je devine leurs os! »

L'un d'eux commença à s'agiter.

« On dirait qu'il t'a entendue. Qu'attends-tu? Prends-le! » m'encouragea-t-elle à nouveau.

Lentement, j'avançai mes mains tremblantes vers ce petit ange. Ce fut un moment de grâce. J'étais émue et un peu troublée. Ce corps que je soulevais semblait flotter et je sentis l'amour au creux de ma main. Je le collai sur ma poitrine et nos deux chaleurs se confondirent. Mon petit frère n'était pas plus long que mon avant-bras. Je n'en revenais pas qu'un être aussi minuscule ait pu, les yeux fermés, me mettre K.O. aussi brutalement.

***

Hier soir, Ryan est venu me trouver. Comme à son habitude, il a appuyé son front contre le mien. À mon tour, j'ai posé mes mains sur ses joues.

« Mon amour, savais-tu qu'à ta naissance tout ton corps n'était pas plus grand que cette tête que je tiens entre mes mains? »

Chaque fois que je lui pose cette question, ses yeux brillent. Il me répond en me faisant son petit sourire timide et en me prenant dans ses bras. Il craque, je craque, nous craquons.

***

Une semaine après son accouchement, ma mère

retourna à l'hôpital parce que la cicatrice de sa césa-
rienne s'était infectée. Comme Hussein la visitait
souvent, je pris un congé scolaire d'une semaine pour
jouer à la maman. Malheureusement, ce ne fut pas un
jeu. Jour et nuit, j'étais seule avec deux bébés et sans
expérience! Dieu merci, j'avais deux bras! Je connus
les nuits sans sommeil que les mamans vivent après un
accouchement. Avec des jumeaux, mes nuits furent
entièrement blanches. On aurait dit qu'ils se synchro-
nisaient pour se réveiller à tour de rôle. Pendant leurs
crises de pleurs, impuissante et démunie, je pleurais
en chœur avec eux. Heureusement, la plupart du
temps, chacun se rendormait facilement après son
biberon. Je les trouvais si beaux et si apaisants!

Un soir, Ryan ne se rendormit pas. Il pleurait doucement, sans raison apparente. La fatigue des jours et
des nuits précédentes se faisait sentir et j'étais à bout
de nerfs. Je le pris dans mes bras et m'allongeai sur le
lit. Je le plaçai sur moi, la tête appuyée sur ma poitrine.
La nuit était calme, son jumeau dormait. J'étais seule
au monde avec mon bébé. Je m'abandonnai au son de
sa respiration. Ainsi, il s'endormit tranquillement.
Une vie reposait sur mon sein, une vie pour laquelle
j'étais prête à me sacrifier des milliers de fois si c'était
nécessaire. Je sentais viscéralement combien cette
nouvelle présence m'était précieuse. J'avais conscience
des liens d'amour qui se tissaient déjà entre nous. Je
me découvrais de nouvelles facettes jusqu'alors
inconnues. J'avais seize ans et je jurai de veiller sur eux
afin qu'il ne leur arrive rien de mal.

Après une semaine à l'hôpital, ma mère revint à la
maison. Comme elle était encore très faible, je l'aidai en
lavant les couches, en préparant les biberons et en assu-
mant les tâches ménagères. J'étais devenue maman
numéro deux et nous formions maintenant une grande
famille de quatre enfants.

***

La routine reprit son cours et je dus retourner à l'école. Ma réussite m'importait peu et ma motivation était nulle. J'étais toujours fatiguée et inquiète. Mes résultats étaient catastrophiques. Je proposai à ma mère d'arrêter l'école pour la seconder auprès des jumeaux pendant quelque temps et, éventuellement, pour travailler et ramener un second salaire à la maison, car celui d'Hussein suffisait à peine, maintenant. Bien entendu, ma mère aurait préféré que je poursuive mes études, mais elle n'était pas sans savoir que prolonger ma fréquentation scolaire s'avérerait inutile. Comme elle était constamment épuisée, je serais plus utile à la maison.

Durant les mois qui suivirent, je passai mes journées à prendre soin d'Élias et de Ryan. Leur sourire et leur développement me comblaient et me faisaient oublier l'horreur qui se déroulait par-delà les murs de la maison.

Tous les jours, des bombes explosaient. On tirait à gauche et à droite. Il n'était pas rare de croiser des personnes en pleurs parce qu'elles avaient perdu récemment un être cher. Quand une voiture inconnue se garait près de notre porte – ce qui se produisait tous les jours –, nous téléphonions à la police parce qu'il aurait pu s'agir d'une bombe. Nous étions sur le qui-vive, constamment en état d'alerte.

Le pays plongeait dans le chaos le plus total. Des villages entiers étaient massacrés, non pas à coups de fusil, mais à coups de hache. Ces cruautés m'indignaient au plus haut point. Comment des humains en arrivaient-ils à commettre des actes aussi horribles en toute bonne foi? Le monde dans lequel je vivais reposait sur des bases fragiles. Il risquait de s'écrouler d'un moment à l'autre en m'anéantissant sous ses décombres.

Des femmes enceintes étaient tuées, égorgées. On

allait même parfois jusqu'à leur ouvrir le ventre pour en extirper le fœtus qu'on apprêtait ensuite comme de l'agneau. De nombreuses jeunes filles étaient enlevées, emmenées dans les montagnes et violées à répétition. Selon les témoignages de celles qui avaient survécu, elles étaient ensuite rejetées par leur famille parce qu'elles s'étaient fait violer! Ce n'était pas des cas isolés, hélas! On pouvait en compter plusieurs chaque jour. Comment une population peut-elle réussir à se sortir de l'horreur quand elle est constamment confrontée à des cadavres? Comment peut-elle évoluer vers la paix?

***

Ma mère tomba enceinte à nouveau, mais cette cinquième grossesse fut une surprise. Décidément, notre projet de quitter le pays s'enlisait encore plus profondément! Son humeur devint de plus en plus morose et l'atmosphère de la maison s'en ressentit. Comme je ne voyais plus d'issue possible, mon moral tomba au plus bas. Je pleurais souvent. M'occuper de mes petits frères devenait un fardeau. J'enviais Mélissa et Hussein qui sortaient de la maison. Quand ma sœur parlait de ses amies, j'éprouvais un pincement de jalousie. Le contact avec des jeunes de mon âge me manquait atrocement; j'avais l'impression d'être une machine fonctionnant au ralenti. Mon énergie était au plus bas et je vivais dans un état léthargique que je ne me connaissais pas.

Cette fois-ci, ma mère se rendit en France pour accoucher. Tout se déroula pour le mieux sans anesthésie et sans aucune infection. Ainsi naquit Zacharie, deux ans après les jumeaux. J'avais alors dix-huit ans.

J'avais hâte de faire la connaissance de ce nouveau petit homme. Il avait deux semaines de vie quand ma mère le ramena de Paris. Je fus fascinée par ses yeux immenses, noirs et aussi brillants qu'un concentré d'étoiles sur un ciel de minuit. Sa peau laiteuse me rappela les légendes des dieux grecs que j'avais entendues à l'école. C'était le plus beau bébé du monde. Encore aujourd'hui, il me suffit de le regarder pour retrouver l'inspiration qui veut fuir.

CHAPITRE XV

L'enlèvement

Malgré tout l'amour que j'éprouvais pour ce troisième petit frère, il fallait que je sorte de la maison pour retrouver mon énergie vitale, comme une fleur fanée a besoin d'eau pour survivre. Même si ma mère n'était pas d'accord, elle se résigna devant ma détermination.

En Algérie, se trouver du travail n'était pas chose facile. Il fallait des contacts. Comme on le disait si bien, il fallait avoir du piston. Ce n'était pas mon cas. J'espérais travailler au Hilton, un grand hôtel en banlieue d'Alger, mais je ne connaissais personne qui aurait pu m'y introduire. J'ignorais comment obtenir une entrevue d'emploi. Comme je n'avais rien à perdre, je me présentai sur place.

À la réception, les préposés me dévisagèrent. Je me sentais toute petite dans mes souliers. Je me dirigeai vers le concierge, un jeune homme à l'air engageant.

«Puis-je rencontrer le directeur de la restauration, s'il vous plaît?

— Avez-vous rendez-vous? me demanda-t-il poliment.

— Non, malheureusement.

— Je ne suis pas sûr qu'il pourra vous recevoir maintenant, mademoiselle.

— Si c'est impossible maintenant, pourriez-vous lui dire que je l'attendrai le temps qu'il faudra?

— Mais pourquoi mademoiselle veut-elle le rencontrer?

— Je cherche du travail et c'est ici que je veux travailler.

— Vous en êtes sûre?

— Oui! Pourquoi?

— Parce que les conditions de travail sont difficiles, ici!

— Je suis certaine que ce n'est pas aussi mal que vous le dites. »

Il prit un air désolé. Je crus qu'il exagérait et je pris sa remarque à la légère. Après avoir téléphoné au directeur, il m'informa que monsieur Schpeit descendrait bientôt.

J'étais arrivée vers dix heures du matin et je ressortis à dix-neuf heures sans avoir rencontré ce cher monsieur Schpeit! J'avais passé toute la journée assise sur le même sofa! Les employés de la réception étaient désolés. Je rentrai bredouille, mais toujours déterminée. Je comptais revenir le jour suivant!

À neuf heures, le lendemain, j'étais déjà au Hilton. Les employés me reconnurent immédiatement.

« Tu veux toujours voir Schpeit, n'est-ce pas? demanda le concierge de la veille.

— Pourriez-vous lui dire que je ne partirai pas avant de l'avoir vu? »

Le jeune homme sourit et téléphona à l'homme en question.

« Il ne tardera pas.

— Je reprends ma place d'hier si cela ne vous dérange pas.

— J'ai l'impression que tu fais déjà partie du personnel. Fais comme chez toi. »

Les heures passaient. Mal à l'aise, le jeune concierge rappela le directeur à plusieurs reprises, mais ce fut en vain, encore une fois. J'attendis donc aussi longtemps que la veille. Je m'étais fait quelques connaissances parmi le personnel et j'avais appris que le concierge se prénommait Reda.

Il m'en fallait beaucoup plus pour baisser les bras! Je revins à nouveau le lendemain et je repris ma place habituelle. Vers midi, je sortis la pomme que j'avais apportée ce jour-là, car les jours précédents j'avais attendu l'estomac dans les talons.

Au moment de la croquer, j'entendis une voix derrière moi :

«La pomme... le fruit défendu! »

Je me retournai. Un homme bien mis aux cheveux gris me scrutait attentivement.

«Et c'est mon déjeuner, répondis-je en le dévisageant.

— Vous êtes sérieuse! Laissez-moi vous inviter à déjeuner.

— Non, merci.

— Ça ne me dérange pas, vous savez.

— J'ai dit non, merci. Cette pomme me suffit.

— Comme il vous plaira! »

Reda me demanda d'approcher.

«Fais attention. Cet homme est sénateur, mais aussi coureur de jupons.

— Il n'est pas très subtil! »

Le sénateur interpella Reda :

«Serais-tu en train de parler de moi, par hasard?

— De qui d'autre pensez-vous que je parle? »

J'étais surprise de la façon dont Reda s'adressait à cet homme!

«Mademoiselle, n'écoutez pas ce qu'il dit, car il ne m'aime pas beaucoup.

— Je suis assez grande pour avoir mon propre jugement, monsieur.

— Je m'excuse si je vous ai offensée.

— Ça va. Ne vous inquiétez pas.

— Et que faites-vous ici depuis ce matin?

— Elle attend Schpeit, répondit Reda à ma place.

— Ce monsieur ose vous faire attendre tout ce temps!

— En fait, elle patiente depuis avant-hier matin!

— Mais c'est incroyable! Appelle-le et dis-lui que je veux lui parler. »

Monsieur Schpeit descendit deux minutes plus tard. Confus, il s'excusait sans cesse :

« J'ignorais que vous étiez la cousine de monsieur le sénateur. »

Je regardai le monsieur en question qui m'adressa un clin d'œil discret. Si je ne réagissais pas, ce sénateur demanderait peut-être quelque chose pour son service. On ne sait jamais!

« Nous ne sommes pas cousins. Je viens tout juste de rencontrer monsieur. »

Monsieur Schpeit nous regarda à tour de rôle sans trop comprendre. Je poursuivis :

« Même si je ne suis la cousine d'aucune de vos célébrités, j'estime que je ne mérite pas un tel traitement. Je vous attends depuis trois jours, monsieur Schpeit.

— Ah oui? Mais pourquoi?

— Je cherche du travail.

— Dans quel secteur? »

Je ne savais trop quoi répondre.

« La restauration peut-être?

— Avez-vous de l'expérience, au moins?

— Non, aucune. Mais j'apprends très vite!

— Vous êtes si menue. J'ai bien peur que ce soit trop dur pour vous.

— Prenez-moi à l'essai. Je suis sûre d'être à la hauteur!

— Laissez-moi réfléchir. Nous vous appellerons.

— Vous ne me ferez pas attendre trop longtemps, cette fois-ci?

— Non, je vous promets une réponse très prochainement. »

Je doutais qu'il me rappelle. Cependant, une semaine plus tard, un homme me téléphona :

« Norah, êtes-vous celle qui a attendu trois jours dans le hall?

— Les nouvelles vont vite! »

Il éclata de rire.

«Vous commencez samedi à treize heures. Mais avant, passez à mon bureau pour remplir les paperasses habituelles.

— À qui ai-je le plaisir de parler?

— Je suis le directeur de la restauration.

— Monsieur Schpeit?

— Non. Monsieur Schpeit est le directeur de l'hôtel.

— Vous voulez dire que...

— Vous aviez visé vraiment très haut en demandant à le rencontrer!

— Oh! mon Dieu! Je suis désolée, dis-je, confuse de mon erreur.

— Ne le soyez pas. C'était la première fois qu'il rencontrait quelqu'un d'aussi déterminé.

— Il a dû me prendre pour une effrontée, oui! »

À nouveau, son rire éclata. En déposant le combiné, je poussai un cri de joie qui retentit dans toute la maison.

Le samedi suivant, je me présentai au directeur de la restauration, le vrai cette fois-là. Il m'accueillit en souriant.

«La prochaine fois, assurez-vous de bien raccrocher votre téléphone.

— Comment ça?

— Votre cri a failli me faire tomber! On aurait cru que vous aviez gagné le million à un jeu télévisé! »

Je rougis de honte, mais au moins j'avais obtenu le travail que je désirais!

Comme l'hôtel était situé à une heure en banlieue d'Alger, un autobus assurait le transport à partir du centre-ville. Je finissais souvent tard, parfois à minuit, et on me déposait à la porte de la maison.

Je prenais des risques énormes. Les faux barrages érigés par les terroristes poussaient comme des champignons et je risquais d'être interceptée et emmenée dans les montagnes. Les hommes de mon quartier, militaires pour la plupart, jugeaient que je me précipitais dans la gueule du loup. Ma mère, toujours aussi anxieuse, s'empêchait de respirer tant que je n'étais pas rentrée. Si je tardais, je la retrouvais malade d'angoisse.

« Un jour, tu me tueras, disait-elle en guise de bonjour.

— Tu devrais plutôt essayer de dormir. Tu m'attends en inventant des scénarios d'horreur. C'est normal que ton angoisse augmente!

— Je te rappelle que ce ne sont pas des films de fiction que l'on montre aux informations!

— T'inquiète pas, maman. Il ne m'arrivera rien. Notre transport est sécuritaire et je descends devant les gendarmes.

— Oui, oui, c'est toi qui le dis, ajouta-t-elle, peu convaincue.

— J'ai besoin de sortir de la maison. J'étouffe ici. Tu crois que c'est une vie, à mon âge, de rester ici à ne rien faire d'autre que de prendre soin des bébés!

— Je suis d'accord avec toi, mais ce que tu fais est dangereux.

— Si nous étions restés en France, nous n'aurions pas à vivre cette situation, lui dis-je impatiemment. Maintenant que tu es mariée et que tu as de jeunes enfants, nous ne pouvons plus quitter ce pays. Alors, laisse-moi vivre ma vie comme je l'entends. Laisse-moi travailler!

— Puisque je n'ai pas le choix, ma fille... »

Cette conversation se répétait sans arrêt. J'essayais de rassurer ma mère, mais son stress demeurait entier. J'étais peinée pour elle. Pourtant, à dix-huit ans et avec mon caractère, il n'était pas question de rester assise à broyer du noir.

Mon tempérament me fut très utile dans ma relation avec les gendarmes. Un après-midi, à mon retour du travail, l'un deux, debout devant l'entrée de la présidence, me siffla quand je passai à sa hauteur. Je poursuivis mon chemin sans lui prêter attention. Il cria:

«Toi! Retourne-toi quand je te parle!»

Je fis demi-tour, mais je n'avais pas le goût de rire. Je me dirigeai vers lui.

«Vous ne parlez pas, vous sifflez! Même si vous êtes gendarme, vous n'avez pas le droit de me manquer de respect! Ce n'est pas une façon correcte d'interpeller une jeune fille.»

Un général s'approcha. Je lui racontai ce qui venait de se passer. Le gendarme, confus, n'arrêtait plus de s'excuser. Plusieurs de ses confrères s'agglutinèrent autour de nous. Je poursuivis sur ma lancée.

«Je travaille aussi dur que vous pour nourrir ma famille. Je me réveille à trois heures du matin tous les jours et je travaille parfois jusqu'à minuit. Alors, ne vous avisez plus de me manquer de respect!»

J'étais fière de moi! Je tremblais de nervosité, mais je ne m'étais pas laissé marcher sur les pieds. Surtout pas par un homme! Et, le lendemain matin, j'entendis comme j'en avais l'habitude le régiment descendre à pas cadencés pour le changement de garde. Il était quatre heures trente et un épais brouillard m'empêchait de voir à plus de cinq mètres. Ils s'arrêtèrent près de moi et tous m'adressèrent le salut militaire. Je rougis de fierté.

Je dois reconnaître que le métier de gendarme n'était pas de tout repos. Un soir, alors que l'autobus était sur le point de terminer son trajet – il ne restait que le nouveau cuisinier et moi-même à reconduire –, le chauffeur refusa d'abord de pénétrer dans le quartier où résidait mon nouveau confrère. Celui-ci le supplia tant et si bien qu'il céda. Il prenait des risques énormes, surtout avec une fille à bord. Il fonça à toute vitesse sans ralentir aux dos-d'âne. Nous levions sur notre siège, mais nous demeurions silencieux tant sa peur était communicative. Au bout de la rue du jeune homme trônait un lampadaire sous lequel se tenait un militaire à l'allure bizarre. Le nouveau descendit et le chauffeur en profita pour parler au militaire.

« Que fais-tu là, tout seul ? »

Le gendarme tenait à la main une bouteille de vin; il était ivre.

« Je fais mon travail, répondit-il, la bouche pâteuse.

— Pourquoi bois-tu alors?

— Pour ne pas voir la mort arriver. File, mon frère, file et ne t'arrête pas! »

Ça se passe de commentaire...

***

Malgré le climat de violence qui sévissait, ma mère et Hussein respectaient le mois du ramadan. Durant le neuvième mois du calendrier islamique, les pratiquants se privent de nourriture entre le lever et le coucher du soleil. Ce jeûne permet de nous rapprocher de Dieu et de faire la paix avec soi et avec la famille.

Pour ma part, j'adorais l'esprit de fête qui régnait durant tout le mois. Pendant plusieurs heures, nous préparions le repas plantureux de la nuit. Même s'il y avait beaucoup à faire, nous partagions avec joie cette corvée. Avant la tombée de la nuit, la radio et la télévision diffusaient la prière dont la fin indiquait l'heure de manger. Après le repas, nous buvions du thé et nous écoutions de la musique jusqu'au matin.

Ce soir-là, nous célébrions le ramadan chez la voisine qui avait sorti pour l'occasion sa plus belle nappe et sa vaisselle d'apparat. Assis autour d'une table bien garnie, nous étions là, impatients et affamés, à attendre la fin de la prière. Au moment de l'amen, une puissante déflagration secoua les vitres et le sol environnant. Une bombe avait fauché un immeuble d'une vingtaine d'étages dans le quartier voisin. Fini le ramadan! Coupé l'appétit! L'impressionnant vacarme de l'explosion résonna encore longtemps dans nos oreilles et dans nos têtes. Combien de familles avaient été ensevelies ce soir-là? Combien d'enfants? Combien de mères? Comment expliquer que la violence des massacres s'était accrue pendant le ramadan, pendant ce mois réservé à la paix et imprégné de rites religieux? Je n'étais pas fière de la race humaine!

**

Le restaurant de l'hôtel était immense : deux à trois cents convives à satisfaire en même temps! La pression était forte. Il fallait exceller et répondre le plus vite possible aux demandes. Jamais le temps de flâner!

Le travail était exigeant et les heures se prolongeaient souvent. Exceptionnellement, elles allaient de six heures du matin jusqu'à minuit. À quelques reprises, je dormis sur place pour récupérer quelques heures de sommeil supplémentaires. Malgré ces conditions difficiles, je conserve un bon souvenir de cette expérience, car je fis durant cette période la connaissance de mes meilleurs amis.

À l'exception de la caissière et d'*une* maître d'hôtel, j'étais la seule fille de mon équipe. Je m'entendais bien avec tous et je n'étais jamais victime de sexisme. Les garçons me traitaient sur un pied d'égalité comme je le leur avais demandé en arrivant. Et j'avais prouvé que j'étais aussi capable et aussi résistante qu'eux.

Notre esprit d'équipe était extraordinaire : nous nous entraidions dans l'harmonie et la complicité. C'était notre façon de nous donner du courage. Les autres membres du personnel auraient bien voulu faire partie du groupe!

À cette époque-là, mon travail occupait la première

place, sinon toute la place. Je faisais le plus d'heures possible et je fournissais le meilleur service possible. Je voyais peu ma famille et je limitais au minimum le temps que je consacrais à mon apparence. J'étais centrée sur mes clients qui me le rendaient bien d'ailleurs! Ceux-ci m'appelaient par mon prénom et exigeaient que ce soit moi leur serveuse! J'étais flattée!

La clientèle était constituée de professionnels algériens relativement riches, dont plusieurs sénateurs. Malgré leur statut, jamais ils n'étaient condescendants avec ceux qui étaient plus pauvres qu'eux. Au contraire, ils se montraient généreux. Un sénateur et sa femme proposèrent à ma famille un séjour d'une semaine dans leur chalet au bord de la mer. Une autre fois, alors que je me rendais à un rendez-vous galant, j'ai croisé trois sénateurs dans le parking de l'hôtel. Ils mettaient à ma disposition un chauffeur, une Mercedes et de l'argent liquide pour que tout se passe bien! J'étais touchée, mais jamais je n'acceptai leurs offres.

J'adorais ce métier. Pourquoi? Parce que je me défonçais littéralement? Parce que j'étais utile? Parce que j'avais le contrôle sur ce que je faisais? Ou tout simplement parce que c'était le seul moyen d'être avec mes amis et de me valoriser?

Un jour, à l'occasion d'un grand défilé de mode, plusieurs mannequins étrangers résidèrent à l'hôtel. Quand elles se déplaçaient du buffet à leur table, j'admirais leur démarche gracieuse et leur port de tête altier. J'enviais leur grandeur. Avec mon mètre soixante-six, j'aurais voulu disparaître. Ce fut plus fort que moi, je soupirai à voix basse: «Ce que je me sens moche!» Les quatre sénateurs de la table voisine m'avaient entendue. L'un d'eux s'exclama: «Qu'est-ce que tu racontes? Tu es très jolie et, en plus, tu es une fille de notre pays! Aucune d'elles ne t'arrive à la cheville! Nous sommes fiers de toi! Ne te rabaisse plus jamais de la sorte!»

J'étais abasourdie; ils avaient toujours été distants avec moi et voilà qu'ils avaient perçu mon désespoir et qu'ils amélioraient mon estime personnelle! Oui, mes clients me faisaient du bien!

En plus de travailler fort, je m'amusais. Entre deux services, il nous arrivait de prendre un petit répit. En vitesse, nous refaisions notre mise en place pour nous entasser ensuite dans les voitures, direction la plage où nous admirions le coucher du soleil. En groupe de dix ou douze, quand le temps nous était favorable, nous prenions cinq minutes pour faire des plongeons dans l'eau et revenir à l'hôtel, les pieds piqués d'oursins. Certains clients, nos habitués, nous taquinaient quand nous rentrions en boitillant!

Nous avions chacun nos problèmes, mais tacitement nous évitions d'en parler. L'Algérie n'était pas faite pour nous ou nous n'étions pas faits pour l'Algérie.

Je ne m'ennuyais pas dans ce milieu masculin, mais quelque chose manquait à mon bonheur. Je ressentais le besoin d'avoir une grande amie qui me ressemblât pour partager et me confier.

Une fois les employés stagiaires partis, il fallut embaucher un nouveau serveur. J'espérais fortement qu'une fille soit choisie! L'équipe redoutait que le nouveau ne nous ressemble pas, qu'il soit trop sérieux. Nous étions trop impatients de le connaître pour attendre d'être présentés. Le premier jour de travail du nouveau, nous avons terminé rapidement nos mises en place pour l'espionner derrière le bar. J'entrai par la porte arrière et je retrouvai mes comparses déjà aux aguets. Mon ami pâtissier m'offrit un opéra[8] pour me redonner des forces et peut-être aussi pour me faire plaisir.

---

8. Pâtisserie absolument délicieuse où alternent chocolat et biscuits.

Le bar offrait une vue directe sur la salle du restaurant. Aucun client! On entendait à peine quelques
couverts qui s'entrechoquaient délicatement. Quelqu'un
manipulait la vaisselle avec beaucoup de minutie! Je me
frayai un chemin jusqu'à l'avant pour mieux voir.

Elle était là, debout à la grande table. Elle déposait
délicatement chaque couvert, comme s'ils étaient de
porcelaine. La douce lumière qui entrait par la baie
vitrée dévoilait la grâce de ses gestes. Mes amis chu-
chotèrent: «Elle est très jolie, la nouvelle!» Et c'était
vrai! Cette jeune femme brune aux cheveux d'ébène,
longs jusqu'aux hanches, me rappela quelqu'un, une
chanteuse! Je murmurai: «... Mya!» Les autres me
regardèrent sans comprendre. Plutôt que de leur
répondre, je passai à l'action.

Je soulevai le rideau derrière le comptoir et elle se
retourna vers moi. Je la saluai:

«Bonjour! Comment t'appelles-tu?

— Fahima. Et toi? demanda-t-elle en s'approchant.

— Norah. Enchantée. Savais-tu que tu ressemblais à
la chanteuse Mya? La connais-tu?

— Non, dommage.

— Tu es son portrait tout craché. Viens, il faut que
tu connaisses les autres.»

Je la présentai à tout le personnel, y compris celui
de la cuisine. Comme j'avais du mal à me souvenir de
son nom, je l'appelais Mya. Avec le temps, les autres
firent de même, y compris sa famille et la mienne.

Rapidement, nous devînmes inséparables. Nous
montions ensemble travailler, nous descendions nous
changer en même temps. Nous partagions toutes les
tâches et, surtout, nous parlions sans arrêt. De vraies
pipelettes! Une seule fois, une seule et unique fois,
nous montâmes à cinq minutes d'intervalle. Chacun
nous taquina en nous demandant où était passée la
seconde chaussure! Elle était devenue mon miroir, la

seule qui me disait les choses en face et qui n'avait pas peur de mon jugement.

Elle habitait Bab El Oued, le quartier le plus populaire d'Alger. C'était un secteur tout en hauteur, riche par son histoire et sa vue panoramique sur la côte. Ses murs de pierres et ses ruelles étroites en pavé racontaient à eux seuls toute la beauté d'une Algérie profonde, malheureusement passée. L'Homme, au nom de l'intégrisme, en avait fait un lieu où régnaient le danger et la peur. Le père de Mya travaillait chez un médecin de notre quartier.

Un jour que nous nous changions au vestiaire, je remarquai un bleu très foncé à la hauteur de ses côtes. Je fus surprise. J'espérais qu'il avait été causé par une chute dans l'escalier, mais j'étais sceptique. Le plus doucement possible, je pris son bras et retournai Mya vers moi. Ce simple mouvement de rotation lui arracha une grimace de douleur.

Je tremblais à l'idée d'apprendre la vérité. Je reconnaissais ce regard, ces larmes retenues, cette façon de courber le dos et de replier les bras pour cacher l'injustifiable. Je percevais les gestes révélateurs. Ma mère les avait faits si souvent, trop souvent, hélas.

Je la regardais, bouche bée, comme je le faisais, petite, et que j'entrais dans la pièce après le drame. Quelle question poser? Connaissez-vous des mots qui font du bien? Vraiment du bien? Pour ma part, je n'en connaissais aucun qui permettait d'oublier la douleur causée à l'amour-propre. J'aurais voulu la prendre et m'envoler avec elle loin des coupables!

Non! Pas Mya. Pas cette boule de douceur!

« Ce n'est pas la première fois, tu sais. Il me bat très souvent.

— Qui?

— Mon père.

— Mya, tu as vingt-trois ans et il te bat?

— Il ne veut pas que je travaille. Il me bat quand je rentre le soir. Je suis une vraie putain à ses yeux.

— Quelle mentalité! Il devrait t'être reconnaissant pour le salaire que tu apportes à la maison, pour la nourriture que tu leur offres!

— Il préférerait mourir de faim plutôt que d'entendre les commentaires des voisins à mon sujet!»

Elle éclata en sanglots et je me sentis de plus en plus impuissante devant ses larmes.

«Chérie, dorénavant, tu viendras dormir chez moi quand on travaillera le soir. Je n'ai qu'un lit simple, mais cela t'évitera les coups.

— Mais que dira ta mère?

— Tu fais partie de la famille, maintenant. Savais-tu que maman t'aime comme sa fille? Elle sera très heureuse de t'héberger, j'en suis sûre. Et puis, tu m'aideras avec les petits.»

Comme je m'y attendais, ma mère accepta spontanément d'héberger mon amie. J'en discutai également avec la mère de Mya qui donna son accord, car elle voulait qu'arrêtent ces querelles inutiles. Mes petits frères connaissaient Mya et ils l'aimaient beaucoup; ils la traitaient déjà comme une sœur.

Je souhaitais que jamais plus quelqu'un fasse de mal à celle que j'avais baptisée: «Mon âme sœur au féminin».

***

À l'époque, mes collègues du Hilton étaient mes seuls véritables amis. Dans mon quartier, les filles de mon âge étaient soit mariées, soit en voie de l'être. Elles ne parlaient que de mariage et, à ma grande surprise, elles s'étaient mises à porter le voile.

Quand elles m'invitaient, elles ne rataient jamais l'occasion de m'inciter à suivre les préceptes religieux et à assister aux offices. Karima, que je surnommais en privé la reine de l'hypocrisie, était la première à me sermonner. Un jour, alors que nous étions assises dans l'escalier de son jardin, elle aborda la question de Dieu.

« Comment ça va avec Dieu? osa-t-elle me demander.

— Pour l'instant, on se réconcilie, répondis-je brièvement.

— Porter le voile est la meilleure façon de te rapprocher de Lui. Tu le sais, n'est-ce pas?

— Je crois que je n'ai pas besoin de voile pour ça. J'essaie de ne rien faire de mal, de dire la vérité et de tenir compte des autres. Je ne joue pas l'hypocrite. J'agis avec Lui de façon claire et transparente comme noir sur blanc.

— Regarde-moi... » insista-t-elle.

Cette conversation commençait sérieusement à m'irriter et je coupai court.

« Justement, Karima. Je te regarde et je n'ai pas envie de te ressembler. Tout le monde est au courant de tes petites aventures avec Malik. J'étais encore toute nouvelle dans le quartier et je savais déjà comment tu avais conservé ta virginité! »

Elle devint verte de peur.

« Qu'est-ce que tu racontes?

— Écoute-moi bien. Je ne suis pas là pour te juger, mais ne prétends pas être différente de ce que tu es en réalité. Pour se rapprocher de Dieu, il faut avoir la conscience tranquille.

— En as-tu parlé aux autres?

— Je n'ai pas eu à le faire, ce sont elles qui me l'ont dit! »

Telles étaient mes relations avec mes voisines. Après cette conversation, les filles de mon quartier m'ignorèrent, Karima y étant sûrement pour quelque chose. Tant mieux, je n'aurais plus à supporter leur compagnie.

***

Grâce à mon salaire, aux pourboires que je recevais et aussi aux petites combines de plusieurs serveurs (il nous arrivait de détourner l'argent des factures payées comptant), la famille équilibrait son budget. Je n'étais pas fière des petites fraudes que cela impliquait, mais je considère que nous n'avions guère le choix.

Les jours passaient, les bébés grandissaient. Hussein adorait jouer avec ses enfants. C'était un excellent père même s'il était algérien! Une seule fois, il avait failli frapper les enfants. Il avait préparé sa ceinture. À l'instant même où il avait descendu son bras, je m'étais jetée devant lui et j'avais reçu le coup à la place du coupable. Figé de stupeur, il avait gardé les yeux rivés sur sa ceinture. Je l'avertis: «Si tu refais cela, tu le paieras!» Je n'avais pas besoin d'en faire autant, car il regrettait amèrement son geste.

La famille survivait... avec deux salaires, en subissant des menaces, en rêvant d'un ailleurs et en mangeant des pommes de terre, beaucoup de pommes de terre. Nous vivions sans but précis, sauf celui de survivre. Mais, quand on survit, on ne vit pas. Chaque jour ressemblait au précédent, monotone et sans lumière à l'horizon. Cela aurait pu durer des années, mais un jour l'alarme se déclencha.

***

Quand je travaillais en soirée, l'autobus me ramenait à la maison après vingt-trois heures. J'étais parfaitement consciente du danger qui me guettait sur le chemin du retour. Les terroristes se déguisaient en militaires et formaient de faux barrages sur les routes. Après avoir intercepté les voitures, ils demandaient à voir les papiers et, selon leur bon plaisir, ils tiraient sans scrupules. Ces opérations terroristes étaient plus fréquentes le soir, mais elles se déroulaient aussi en plein jour!

Le journal télévisé avait rapporté qu'un cortège d'invités à un mariage avait été entièrement intercepté et exécuté. Les conducteurs étaient devenus méfiants. Quand quelqu'un repérait un faux barrage, il faisait demi-tour pour prévenir ceux qui le suivaient. Ceux-ci faisaient de même, mais, sous l'effet de la panique, plusieurs voitures se retrouvaient coincées dans un chaos indescriptible. Incapables d'avancer ou de reculer, les passagers entendaient le bruit des balles se rapprocher. Attendre sa mort... Quelle horreur!

Comme je l'ai déjà mentionné, les terroristes érigeaient ces barrages pour enlever les jeunes filles. Ils interceptaient les autos et s'appropriaient celles qu'ils désiraient. Ils ne s'en prenaient pas aux autres passagers si ceux-ci n'intervenaient pas. Ainsi, de nombreux parents ont assisté, impuissants, à l'enlèvement de leur fille! Ils entendaient ses cris déchirants diminuer en s'éloignant dans le noir vers la montagne. Que faire d'autre que de s'incliner devant une telle violence?

Je préférais mourir plutôt que de finir comme ces jeunes filles! Dès que je montais dans l'autobus, la peur me tenaillait parce que chaque soir pouvait être mon dernier. Malgré tout, je tenais à travailler. J'en avais besoin pour survivre sur le plan émotif. Mon travail à l'hôtel était mon échappatoire. Et puis, quand on est jeune, on ne se rend compte de la réalité du danger seulement lorsqu'on se retrouve face à face avec lui.

Un certain soir, aux environs de minuit, durant notre trajet de retour, le danger était au rendez-vous. Comme j'étais la seule fille à travailler aussi tard le soir, il n'y avait que des garçons – plusieurs amis cuisiniers – dans l'autobus avec moi. Le chauffeur faisait jouer du raï à plein volume pour nous changer les idées.

Nous suivions l'itinéraire habituel. Au milieu du

parcours, la route devenait rectiligne sur plusieurs kilomètres. Malgré le faible éclairage, la visibilité était excellente.

Notre autobus était le seul véhicule à circuler à cette heure tardive. Sans nous avertir au préalable, le chauffeur ralentit brusquement et éteignit la musique. Tout le monde protesta, bien entendu. Le chauffeur coupa court à nos arguments en rétorquant, d'un ton sec : « Les gars, y a un faux barrage. »

Mon sang se glaça et un silence de mort s'installa. J'entendis quelqu'un, probablement le chauffeur, prononcer ces mots : « Cachez Norah. » Ce fut le signal pour passer à l'action.

Mon voisin, un ami pâtissier, proposa de me dissimuler sous son siège. Les deux cuisiniers d'en avant ne partageaient pas son avis :

« Non! Il y aura une place de vide. Si quelqu'un entre, il verra ses jambes! Norah, place-toi ici, nos jambes te cacheront. »

J'étais trop paniquée pour réfléchir. Je ne bougeais pas, je regardais tour à tour le pâtissier et les cuisiniers.

« Allez! Dépêche-toi! Viens! »

Dieu merci, je n'étais pas très grande. Je me glissai facilement sous leur siège où je m'immobilisai, paralysée par la peur. S'ils tiraient sur tous les garçons? Et s'ils brûlaient l'autobus ensuite? Comment m'enfuir, alors? Nous étions tous en danger! Devant mes yeux, deux jambes tremblaient. Je n'étais pas seule à avoir peur!

L'autobus s'immobilisa en même temps que ma respiration. On frappa des coups sur la portière. Un homme ordonna : « Ouvre! » Notre chauffeur s'exécuta. Des sueurs glacées coulaient entre mes omoplates. Un homme barbu au teint sombre monta à bord.

« Est-ce qu'il y a des filles? cria-t-il en pointant son fusil dans notre direction.

— Aucune fille ne travaille le soir. Il n'y a que des hommes dans mon autobus», répondit le chauffeur sur un ton calme.

L'homme avança lentement dans l'allée.

«Des hommes... Ce sont plutôt des enfants qui se pissent dessus parce qu'ils ont peur!» poursuivit-il, provocateur.

Il était à ma hauteur. Je ne voyais pas le visage du terroriste car j'étais cachée. Quand il s'est approché de notre siège, j'ai alors aperçu ses chaussures et le canon de son arme. Je n'en pouvais plus, c'était trop! Je fermai les yeux.

«Fais demi-tour», ordonna-t-il au chauffeur en sortant du bus.

Était-ce bon signe? Quand les voitures rebroussaient chemin, on les criblait de balles. Mais, comme l'ordre avait été donné par un terroriste, peut-être serions-nous épargnés?

Le chauffeur embraya la marche arrière et fit demi-tour. Chacun retenait sa respiration, tout danger n'étant pas écarté. Après avoir franchi quelques mètres, notre conducteur accéléra enfin. Personne n'osait bouger. Nous avions eu la peur de notre vie.

Quatre mains se glissèrent vers moi pour m'extirper de ma cachette. J'étais livide et extrêmement tendue. Je repris ma place près de mon ami. Quand il me serra dans ses bras, j'éclatai en sanglots.

Jamais je n'avais été aussi contente d'arriver à la maison. Quand je vis ma mère, je fondis en larmes à nouveau. Je lui racontai l'événement, mais dans une version légèrement modifiée afin d'atténuer son anxiété. Si elle avait su, elle m'aurait interdit de sortir à tout jamais!

Le lendemain, comme j'étais encore sous le choc, je pris une journée de congé.

***

Mais je n'étais pas au bout de mes peines. Un certain jeudi, je terminai plus tôt. Pendant l'absence du maître d'hôtel de jour, mon patron avait jugé que j'étais la seule capable de le remplacer dans la prise en charge de l'équipe du petit-déjeuner. Conscience professionnelle oblige, j'avais accepté. Je devais me coucher tôt, car le chauffeur passait me prendre à cinq heures du matin à l'arrêt situé à cinq cents mètres de la maison.

Donc, à quatre heures quarante-cinq, un vendredi matin, jour de congé en Algérie, j'attendais mon transport. J'étais la seule présence dans toute la rue. L'humidité me transperçait et les réverbères éclairaient mal. La voiture n'allait sûrement pas tarder!

Quinze minutes s'étaient écoulées. Je frissonnais. Je me reprochais d'être sortie trop tôt, mais je n'avais plus assez de temps avant l'arrivée de l'automobile pour retourner me réchauffer. J'entendis alors le bruit d'un moteur qui se rapprochait. Il s'agissait d'un véhicule dont les phares étaient éteints.

Ce n'était pas mon occasion, mais une voiture inconnue, une Volkswagen noire, avec deux hommes à l'intérieur. L'auto s'immobilisa devant moi et un individu en sortit. Son t-shirt était sale et couvert de sang. Danger! Mon cœur voulait sortir de ma poitrine.

«Tu veux qu'on te dépose quelque part?

— Non, ça va. Mon chauffeur arrive bientôt.

— Où vas-tu comme ça?

— Je vais travailler.»

Il se rapprochait lentement vers moi et je reculais à son rythme, en évitant qu'il le remarque.

«Travailler! Un vendredi à cinq heures du matin!

— Oui...

— Où ça? demanda-t-il d'une voix forte en cherchant à m'impressionner. Tu mens!

— Les hôpitaux, les postes de police, les hôtels, tous ces endroits sont ouverts le vendredi, à cinq heures du matin!»

Il pencha son visage à quelques centimètres du mien. Son haleine empestait l'alcool.

«Je sais lire l'avenir, tu sais. Tu veux connaître le tien?»

C'était inutile, j'en avais déjà une petite idée. Du moins dans l'immédiat. Il me tendit une main couverte de taches de sang coagulé.

«Seul Dieu connaît mon avenir.

— Mais tu ne saisis pas! poursuivit-il d'une voix forte. Aujourd'hui, c'est moi, ton Dieu!»

Il s'élança vers moi, comme un loup sur sa proie. Il m'agrippa les cheveux. Il me tirait en direction de la voiture pendant que je criais à pleins poumons. Je me défendais bec et ongles avec l'énergie du désespoir: ma vie en dépendait, je le sentais. Le conducteur avait le pied posé sur l'accélérateur, fin prêt à s'éloigner le plus rapidement possible. Mes jambes étaient devenues molles comme des chiffons. Je tombai par terre. Il me traîna encore plus près de la voiture, mais je me débattais vigoureusement. Si j'abandonnais, ils m'emmèneraient dans les montagnes où je serais violée par une cinquantaine d'hommes puis égorgée. J'étais en danger de mort!

En l'espace d'un éclair, ma vie défila devant moi. Je vis ma pauvre mère et j'eus de la peine pour elle. En ne me voyant pas rentrer le soir, elle téléphonerait à l'hôtel. Elle saurait seulement à la fin de la journée qu'un malheur m'était arrivé. Elle ignorerait toujours comment les choses se seraient déroulées et, quelques années plus tard, mes petits frères m'auraient oubliée... NON!

Mes forces diminuaient quand, soudain, j'entendis crisser des pneus un peu plus loin. Un homme cria: «Norah!» Je sortis de la torpeur dans laquelle je sombrais petit à petit. Mon agresseur s'immobilisa, me relâcha et prit la fuite avec son acolyte.

Je me retrouvai allongée sur le sol, face contre terre. Une voiture avait fait demi-tour pour se placer à ma hauteur. J'étais encore tout abasourdie et ma vue était brouillée. Des bras me soulevaient délicatement tandis qu'une voix rassurante murmurait à mes oreilles : « On te ramène chez toi, n'aie pas peur. »

On m'installa confortablement dans une nouvelle voiture.

Je distinguai la présence de deux hommes, mais leur visage baignait dans un brouillard imprécis.

« Me reconnais-tu? demanda le conducteur.

— Non... »

Encore troublée par l'enlèvement auquel j'avais échappé par miracle, je fixais le plafond beige en me laissant bercer par le son du moteur.

« Je suis un ami de ton grand frère Amir avec qui j'ai fait le lycée. Tu ne te souviens pas de moi? »

Comment le reconnaître? Je ne voyais que son profil, si flou encore.

« Je ne crois pas, pardonnez-moi. »

La voiture s'immobilisa.

« Norah, nous sommes arrivés chez toi. Mais pourquoi cet homme t'a-t-il attaquée?

— Je ne sais pas.

— Je te torture avec mes questions alors que tu as besoin de te reposer. Attends, je vais t'aider à sortir de l'auto. »

Après m'avoir reconduite jusqu'à la maison, il reprit son chemin. Un jeune homme m'avait secourue en revenant par hasard d'une boîte de nuit. J'avais à peine entrevu son visage. Je pourrais le croiser dans la rue sans le reconnaître. Mais sa voix, la voix de mon sauveur, s'est gravée à jamais dans ma mémoire.

Deux anges descendus du ciel m'avaient sauvé la

vie. Était-ce un miracle? Était-ce Dieu qui les avait placés sur ma route?

Après leur départ, j'ouvris la porte à la façon d'un somnambule. Ma mère me raconta par la suite qu'elle m'avait accueillie et que j'avais beaucoup pleuré en lui racontant mon aventure. Je ne me souvenais que de ses bras rassurants qui me berçaient affectueusement.

Cette agression m'a gravement perturbée. Par la suite, j'eus peur de sortir de la maison. Je quittai donc mon emploi sur-le-champ. Je me réfugiais pendant des heures dans ma chambre. Mon moral se dégradait de jour en jour.

Je dormais mal, car mon sommeil était entrecoupé de terribles cauchemars. Je rêvais souvent qu'on me poursuivait à travers la maison pour me tuer. Je me cachais dans des placards dépourvus de portes. Des bras me saisissaient et je me réveillais en sueur, sur le point de défaillir. Ou bien je me retrouvais devant le peloton d'exécution, adossée au mur, sans possibilité d'échapper au danger. Une autre variante: j'étais étendue, ligotée, sur le sol d'une grotte humide au milieu de roches recouvertes de mousse verte. Quand je distinguais des visages, ils ressemblaient tous à celui de mon agresseur, le teint foncé, les cheveux frisés et les vêtements dégoûtants. En décrivant ces cauchemars, je retrouve l'intensité des émotions qu'ils me faisaient vivre chaque nuit. À l'époque, j'en étais arrivée à avoir peur de dormir à cause de ces horribles cauchemars.

Le choc que j'avais éprouvé ainsi que mon manque de sommeil avaient affaibli ma résistance nerveuse. Je réagissais souvent avec impatience, voire agressivement, à la moindre frustration. Personne ne m'approchait sans risquer de se faire tomber dessus. Jusqu'à mes petits frères qui étaient impuissants à changer mon humeur! Parfois, l'un d'eux prenait son courage à deux mains et se risquait jusqu'à ma porte. Je l'entendais murmurer craintivement : « Tu me manques. » Moi qui avais l'habitude de jouer avec eux, de leur raconter des histoires, de leur chanter des chansons, moi qui avais voulu les placer dans une bulle à l'abri du danger, je perdais pied.

Je sursautais au moindre petit bruit. Étais-je en train de devenir folle ? J'avais perdu l'appétit et je mangeais peu, ce qui ne m'aidait pas. J'avais perdu tout espoir.

Mais un nouvel événement devait m'extirper de ma torpeur !

**

Quand je sortis de ma chambre ce soir-là, la famille semblait en état d'alerte. Ma mère serrait tendrement Élias sur sa poitrine tandis que Ryan s'agrippait à sa jambe. Je remarquai ses yeux rougis par les larmes. Debout dans le corridor, mon beau-père fumait comme une cheminée pendant que Mélissa se recroquevillait par terre comme elle le faisait quand elle avait peur. Élias regardait on ne sait où, perdu dans son brouillard. Je m'inquiétai immédiatement pour celui qui était absent.

« Où est Zach ? Que lui est-il arrivé ? demandai-je, redoutant un malheur.

— Il dort, ne t'en fais pas.

— Mais alors, que se passe-t-il ?

— Élias a été attaqué. On l'a menacé avec un couteau sur la gorge. »

Je poussai un cri. Malgré mon vertige, je m'approchai de lui.

« Montre-moi ce qu'ils lui ont fait.

— On ne voit qu'une égratignure.

— Qui donc a pu lui faire peur de cette façon ?

— Un barbu, répondit Élias, d'une voix à peine audible.

— Un homme s'est approché de lui, poursuivit maman. Il lui a demandé de nous faire le message suivant: "Tu diras à ta mère et à ton père que la prochaine fois je t'égorgerai comme un petit mouton." Lorsqu'il a vu son frère pris au piège, Ryan est venu nous prévenir en courant. L'homme était parti quand nous sommes arrivés. Ceux qui ont assisté à la scène ne l'ont pas reconnu. Il a touché à mon fils. Ce salaud a touché à mon fils! »

Et elle éclata en sanglots.

Après ce grave incident commencèrent les cauchemars d'Élias où il se faisait attaquer par des barbus au long couteau. Je bouillais de colère contre ce monstre qui avait osé s'en prendre à un enfant. J'aurais voulu l'étrangler de mes propres mains. Finalement, cette colère que je ne pouvais diriger contre une personne précise, je la retournai contre moi. Je me reprochais de ne pas l'avoir protégé et défendu, de ne pas avoir été là... J'aurais dû le surveiller davantage.

***

Cette deuxième agression eut cependant un effet positif dont je fus la première à me réjouir. Hussein et maman réalisaient l'urgence de fuir ce pays où le danger était omniprésent. On s'en était pris à un jeune enfant sans défense. Quelle cruauté inadmissible! Telle une louve voulant protéger ses petits, ma mère était prête à partir avec nous. Et, maintenant qu'un de ses fils avait été attaqué, Hussein comprenait et appuyait la décision de sa femme. Cependant, parce qu'il était militaire, mon beau-père ne pouvait quitter le pays.

Notre situation était compliquée!

Nous avions besoin de visas et de passeports. Comme j'avais atteint ma majorité, ma situation était relativement simple. Parce que Mélissa était mineure, l'autorisation paternelle était obligatoire. Nous ignorions où vivait notre père et, de toute façon, il aurait refusé d'accorder son autorisation pour se venger ou par pure méchanceté. En Algérie, les délais sont longs lorsqu'il s'agit de paperasse administrative. Encore là, mieux vaut connaître quelqu'un. Hussein avait quelques connaissances haut placées dans l'armée. Un colonel de ses amis accepta de préparer une fausse autorisation pour ma sœur.

Quelques semaines après l'agression d'Élias, tous les documents nécessaires avaient été rassemblés. Nous étions prêts pour le grand départ. Était-ce possible? J'allais enfin quitter ce fichu pays!

Quelques jours nous séparaient encore de la date qui avait été fixée. Je tenais à rencontrer ma grand-mère une dernière fois avant de partir, car je voulais remettre les pendules à l'heure, mais sans que ma mère soit au courant. J'avais grandi, je n'étais plus l'enfant qui avait peur d'elle. C'était le moment idéal!

À ma grande surprise, elle était devenue une vieille femme acariâtre, minée par ses remords, mais encore capable d'adresser des reproches à son entourage. Elle choisissait cette rancune comme bouclier plutôt que de se repentir de ses actions passées. Peut-être était-elle incapable de pardonner à sa fille parce qu'elle ne se pardonnait pas à elle-même?

Je ne désirais pas lui parler de pardon. Je voulais qu'elle entende mon histoire, toute mon histoire. Cependant, elle attaqua la première.

«Vous avez osé me bousculer pour vous enfuir. Vous m'avez fait tomber comme un vulgaire animal qu'on tasse dans le coin.

— Vous ne pensez qu'à vous! Mettez-vous à notre place. Pensez à Mélissa qui était encore toute petite! Vous nous avez enfermées dans cette horrible chambre froide pendant plus d'un mois! Est-ce normal? C'est vous qui nous avez traitées comme des animaux, ne croyez-vous pas? Vous nous avez rationnées comme des prisonniers! Une assiette à se partager, l'auriez-vous oublié?

— C'était le seul moyen pour que ta mère accepte de retourner chez ton père.

— Je n'ai pas de père et je n'ai plus de grands-parents à présent!

— Nous avons fait ça pour votre bien!

— Était-ce aussi pour le bien de maman que vous l'avez mariée à seize ans à un homme pervers et violent? Tout cela n'aurait jamais dû arriver! Quand elle vous parlait de l'enfer qu'elle devait endurer, vous n'avez même pas levé le petit doigt! Était-ce pour son bien à elle ou pour le vôtre?

— Tout cela est la faute de Samia. Elle ne méritait pas d'être bien traitée par son mari. Elle avait cherché ce qui lui est arrivé!

— Étiez-vous sur place pour voir ce qui se passait chez nous?»

Comme elle restait bouche bée, je repris de plus belle.

«Figurez-vous que moi, j'y étais! Et j'ai tout vu! J'ai été témoin des violences que ma mère a subies à cause de votre cher gendre. Pensez-vous que Samia a été sa seule victime? Là, vous vous trompez! Il faut que vous le sachiez. Il a aussi abusé de moi. Pas physiquement comme Samia, mais sexuellement et pendant six ans. Abdel est vicieux et pervers! Ce n'est pas mon père!»

Elle était complètement secouée par mes révélations.

«Pourquoi ta mère ne m'a-t-elle rien dit de tout cela?

— Pourtant, ce n'est pas faute d'avoir essayé! Toutes les fois qu'elle vous téléphonait en pleurant, vous répondiez: "Fais grandir tes filles." Quand c'était moi qui vous appelais en pleurant pour vous dire qu'il allait la tuer, n'était-ce pas suffisant? Qu'aurait-il fallu que je vous dise pour que vous compreniez? M'auriez-vous crue si je vous avais parlé des gestes qu'il posait sur moi?»

Je pris un temps d'arrêt pour retrouver mon sang-froid. Ma grand-mère avait les larmes aux yeux. Je repris:

«M'auriez-vous crue, à l'époque? Je n'aurais jamais osé vous en parler! Me croyez-vous, maintenant?

— Oui, je te crois, maintenant. Quand toi et ta sœur étiez plus jeunes, je ne voulais que votre bien. Je voulais que vous grandissiez près de votre père!

— Et vous avez réussi. C'est ce qui s'est passé. J'ai grandi près de lui. Si près que j'ai grandi tordue!

— Tordue? Explique-moi!

— Tordue comme une plante dont on bloque la croissance et qui doit contourner l'obstacle pour grandir, pour survivre. Elle ne pousse pas en ligne droite; elle se tord, elle se déforme. J'ai été cette plante et j'ai dû affronter celui qui m'a empêchée de grandir comme les filles de mon âge. J'ai dû le contourner mille fois pour survivre. Cependant, j'en porte des séquelles que je dois accepter. Me rendront-elles plus forte? Je l'espère! Et vous, vous n'étiez pas là quand j'ai eu besoin de vous!»

Elle demeura figée, le regard fixe. Mes aveux la poignardaient. Un long frisson parcourut ses membres. Elle baissa les yeux et, pour la première fois, je la vis pleurer. Peut-être réalisait-elle enfin la portée de ses décisions d'alors!

Attendrie par ses remords visibles, je la serrai dans mes bras pendant de longues minutes.

***

En rassemblant les quelques effets que je voulais emporter en France, je tombai par hasard sur le carnet dans lequel j'avais écrit mes états d'âme quelques années auparavant. Je relus des passages ici et là. Instantanément, la douleur et le désespoir de mon adolescence me submergèrent à nouveau. Je m'arrêtai! Il valait mieux détruire ce journal. En le brûlant, je croyais bien candidement transformer ma peine en cendres, mais, malheureusement, ce rituel guérisseur n'atténua en rien ma tristesse et n'effaça aucun de mes souvenirs!

Les derniers jours s'étiraient à n'en plus finir tant j'avais hâte de retourner en France. Je visualisai les images qui me faisaient du bien, notamment notre grande maison parisienne avec son immense jardin et ses arbres fruitiers remplis d'oiseaux. Je grimpai en pensée jusqu'à la cime de mon arbre en humant cette odeur d'abricot que j'aimais tant.

Je reléguai les moments difficiles en arrière-plan pour me centrer sur les meilleurs souvenirs que j'avais idéalisés avec le temps. Les paysages de France étaient plus verdoyants qu'avant, la température, plus douce. J'avais hâte de revoir mon quartier, mon école, les endroits où j'allais jouer, la boucherie, l'épicerie, et Tonton! Même si des années s'étaient écoulées, sept ans exactement, je redevenais une enfant excitée à la perspective de faire un beau voyage.

J'eus une dernière pensée pour mes amis algériens. J'avais remarqué qu'ici tout le monde connaissait tout le monde avant même de se parler! À mon arrivée, les femmes de mon âge que je croisais à l'épicerie, au restaurant ou au magasin me jugeaient mal. Parce que j'aimais sourire, parler et regarder mon interlocuteur dans les yeux, elles croyaient que je ne cherchais qu'à séduire. Après s'être rendu compte que ce n'était pas mon intention, elles avaient accepté ma façon d'être. Somme toute, la jeunesse algérienne m'avait plu. Les garçons étaient sympathiques et je trouvais leur façon de draguer tout à fait craquante. Avec humour et subtilité!

Avant de quitter l'Algérie, je voulais revivre une dernière fois l'appel à la prière du matin. C'était un moment magique pour moi. Dès les premières lueurs de l'aube, on peut entendre l'appel à la prière faite par les muezzins[9] de chacune des mosquées de la ville. Leurs voix proviennent de tous les points cardinaux et leur ensemble me donne toujours des frissons. Imaginez toutes ces tonalités réunies au moment où le soleil se lève. On dirait une invitation à partager la Paix universelle!

Le matin de notre départ, le 30 juillet 2000, je me levai très tôt et je ressentis une dernière fois cet enchantement collectif incomparable. Cet appel à la prière ferait partie des rares souvenirs heureux de ma vie en Algérie.

---

9. Muezzin : celui qui fait l'appel à la prière. Il utilise des formules précises et invite les musulmans à participer à la prière qui leur assurera la félicité ici-bas et dans l'au-delà.

CHAPITRE XVI

La survie en France

Au moment du départ, j'étais excitée, mais j'avais quelques papillons dans l'estomac en songeant à l'aventure qui nous attendait. J'avais tant désiré cet instant!

Les formalités à l'aéroport d'Alger se déroulèrent facilement et nous prîmes l'avion vers onze heures. À peine quelques heures plus tard, nous débarquions en France avec une poignée de vêtements dans nos valises, un peu d'argent et les rares bijoux qui restaient encore à ma mère. Enfin la liberté! J'embrassai le sol français en guise de reconnaissance.

Nous avions planifié le départ, mais rien n'avait été prévu pour la suite. En premier lieu, il nous fallait dénicher un hôtel pour nous reposer. Ma mère en trouva un à quelques kilomètres de la ville où nous avions grandi, ce qui rendrait plus facile la visite que je comptais faire dans notre ancien quartier. En second lieu, nous devions nous renseigner sur les démarches à faire pour nous installer à nouveau dans l'hexagone.

En explorant les alentours de l'hôtel à la recherche d'un endroit où manger, nous découvrîmes au coin de la rue un petit restaurant chinois. C'était notre cuisine préférée et nous en avions été privés en Algérie! Ce soir-là, notre repas chinois fut pour nous un véritable festin! Tous les six assis par terre à l'hôtel, autour du poulet au curry et des samosas, nous nous regardions à tour de rôle, en silence. On aurait dit une prière ou une cérémonie rituelle! Ma mère brisa le silence.

«Voilà, les filles! Nous sommes en France.

— Ouais...

— Comment te sens-tu, Norah?

— Un peu bizarre, j'ai l'impression de rêver. J'ai tellement attendu ce moment que j'ai peine à croire que c'est vrai, que je suis enfin de retour en France. Demain, j'aimerais revisiter notre ancien quartier. J'ai tant de souvenirs à rattraper!

— C'est une excellente idée. Je souhaiterais que nous puissions y habiter. Mais avant, il faut compléter les démarches administratives. Demain matin à la première heure, nous irons au bureau d'aide sociale.

— Pourquoi, maman?

— Nous avons besoin d'une assistante sociale pour nous trouver un appartement. C'est la façon de faire ici, tu sais!

— Une assistante sociale? Est-ce vraiment nécessaire? Nous sommes capables de trouver un appartement par nous-mêmes, déclara judicieusement Mélissa.

— Tu as raison, Mélissa, nous en sommes capables. Nous pourrions nous débrouiller seules si, financièrement, nous étions capables de le payer ensuite. Malheureusement, ce n'est pas le cas. Nous n'avons pas d'argent. L'assistante sociale demandera l'aide financière pour nous loger et peut-être réussirons-nous à demeurer dans une HLM[10].»

En France, recourir à une assistante sociale s'avérait honteux. Comme j'étais très fière à l'époque, mon amour-propre en prit un coup. Le lendemain matin, quand je dus attendre debout devant la porte du bureau d'aide sociale, je me sentis très humiliée. J'au-

---

10. Habitation à loyer modéré, subventionnée en grande partie par le pays.

rais voulu disparaître. Notre avenir s'annonçait mal. Un mauvais pressentiment me tenaillait l'estomac.

L'assistante sociale, une femme à peine plus âgée que moi, nous accueillit froidement. Cependant, après avoir écouté attentivement le récit de ma mère, elle sembla plus sensible à notre situation.

Après s'être informée de mon âge, elle me proposa un foyer pour jeunes en difficulté. J'étais au bord des larmes. On voulait me séparer de ma famille! J'étais incapable d'envisager un avenir quelconque si j'étais éloignée de mes chers petits frères. J'avais besoin d'eux et je sentais qu'ils avaient besoin de moi. Je protestai vigoureusement et ma mère m'appuya. Devant ma réaction, l'assistante sociale fit marche arrière.

«J'ignorais que vous teniez à ce point à votre famille. En général, les jeunes filles préfèrent les foyers pour jeunes de leur âge. Heureusement que vous avez insisté!»

Après quelques appels, elle découvrit, en banlieue plus éloignée, un hôtel qui pouvait nous accueillir durant trois jours.

L'extérieur de l'hôtel paraissait convenable. Une ancienne construction blanche située tout près du métro. Cet aspect pratique représentait un grand avantage étant donné les nombreux déplacements que nous aurions à faire dans les jours à venir.

Une fois à l'intérieur, il nous suffit de voir le concierge pour changer d'avis. Si les chambres lui ressemblaient... Les cheveux sales, des tatouages couvrant ses deux bras, le ventre adipeux débordant de son t-shirt, bref, son apparence était plus que négligée!

«Si j'étais vous, je verrouillerais bien les portes avant de dormir. Et je n'ouvrirais ma porte à personne. Ici, m'dame, y a toutes sortes de gens qui circulent. Ça m'étonne que les services sociaux vous aient dirigés ici!»

Ma mère avala sa salive et je fis de même.

Au même moment, un clochard sortit en titubant du bar, trop ivre pour nous prêter attention. Mélissa, la figure crispée de dégoût, tirait désespérément maman par la manche pour s'éloigner.

« Maman, viens. On ne reste pas ici. J'ai trop peur », lui chuchota-t-elle à l'oreille.

Quant à moi, beaucoup moins discrète que ma sœur, je fis part de mes commentaires à haute voix.

« Ça pue la clope ! Regarde l'escalier comme il est sale ! J'ai peur d'y mettre les pieds ! Dans quelle condition doivent être les chambres !

— Les filles, s'il vous plaît, soyez raisonnables. Je ne vous demande que trois jours. Essayez au moins de ne pas inquiéter les garçons ! »

Les garçons... les pauvres ! Comme nous, ils ne voulaient pas monter. Ils étaient jeunes, mais pas aveugles ! J'avais oublié l'influence que je pouvais avoir sur eux. Mélissa et moi avons échangé un regard de connivence, après quoi nous avons dédramatisé la situation et, main dans la main, nous sommes montés jusqu'à nos deux chambres.

Ma mère ouvrit la première porte sur deux grands lits dont l'un penchait, possiblement à cause d'un pied brisé. Les draps tachés – je préférais ne pas penser à l'origine de ces taches – étaient répugnants, le lavabo en céramique blanche était brun de rouille et les fenêtres étaient si sales que la lumière pénétrait à peine. Ma mère referma rapidement la porte pendant que nous attendions en silence.

« C'est pas grave, il y en a une deuxième. Allons voir à quoi elle ressemble. »

La seconde chambre était plus malpropre que la première. Située à l'étage supérieur, elle comportait deux lits à une place, très crasseux.

Ne paniquons pas...

Il n'était pas question de nous séparer! Surtout pas dans un endroit pareil! Nous décidâmes de dormir tous dans la première chambre. Mais, comble de malheur, nous devions partager la salle de bain avec nos voisins! Avions-nous le choix?

Mes petits frères baptisèrent ce lieu l'*hôtel Caca*. Bien mérité!

Trois jours et trois nuits, ce n'était pas la fin du monde. Je me disais que cet inconvénient était infime quand on le comparait à ce que nous avions déjà vécu et que le meilleur était à venir. Nous n'avions qu'à sortir pendant la journée en allant au centre commercial et dans les parcs d'attractions. Ainsi, nous pourrions à la fois divertir les garçons qui réclamaient déjà leur père et abréger le temps passé dans ce lieu insalubre.

Quand je songe à cet épisode de notre vie, je revois une succession de malheurs. Chaque fois que l'on se croyait sortis du pétrin, nous replongions de plus belle. Depuis combien d'années n'avions-nous pas eu une seule minute de répit? Le bonheur nous avait-il oubliés?

Ce moment d'arrêt et de réflexion me permet de réaliser à quel point je suis chanceuse d'habiter maintenant un appartement confortable et propre à Montréal.

Après une première nuit à l'*hôtel Caca*, je persuadai Mélissa de m'accompagner dans notre ancien quartier. J'avais hâte de revoir ma maison, les environs, mes anciens amis peut-être et surtout Tonton. J'avais tellement besoin de lui et tant de choses à lui raconter!

Pendant le trajet, je racontai quelques-uns de mes souvenirs les plus chers à ma sœur qui n'avait que sept ans à l'époque de notre départ. Que peut-on se rappeler à cet âge? En replongeant dans le passé, j'espérais qu'elle retrouverait sa mémoire d'alors.

«Nous irons à la cité pour voir si nos anciens amis y demeurent toujours.

— Quels anciens amis?

— Bien, ceux avec qui nous jouions : Rachel, Leila... Tu voulais toujours me suivre et maman m'obligeait à t'emmener. T'en souviens-tu?

— J'me rappelle pas. Que faisions-nous ensemble?

— On s'amusait à inventer des concours, des courses avec des cadeaux à gagner. Est-ce que cela te dit quelque chose?

— Ah! Je pense que oui.

— Tu gagnais très souvent!

— Ah bon!

— Tu as oublié, n'est-ce pas?

— Je crois. J'ai quelques images un peu floues.

— T'étais jeune, c'est normal.

— Crois-tu que nous aurons bientôt un appartement? demanda-t-elle, abordant le sujet qui l'inquiétait.

— Bien sûr, ne t'en fais pas, répondis-je pour la rassurer, sans vraiment croire à cette éventualité.

— On dirait qu'ils ne peuvent pas faire grand-chose pour nous aider.

— Ce n'est pas facile, de loger une famille de six personnes. Ils ont besoin de plus de temps pour trouver un endroit adapté à nos besoins.

— J'aimerais retourner à l'école!

— Je sais. »

J'avais mal pour elle parce que je comprenais son désarroi. Mélissa, qui avait toujours été une enfant sensible et anxieuse, se retrouvait au centre d'une tourmente qu'elle ne comprenait pas et qu'elle ne pouvait pas accepter. Elle n'avait pas choisi de vivre ces difficultés et elle n'avait rien fait pour mériter son sort.

Naître dans une famille donnée trace déjà une partie du destin de l'enfant. Dès son jeune âge, il sera soumis aux choix de ses parents sans droit de parole. Plusieurs parents tiennent compte de leurs enfants quand il s'agit de prendre des décisions qui touchent la famille, mais d'autres ne peuvent ou ne veulent pas le faire. L'enfant qui naît dans une famille où il aura sa place à part entière sera choyé des dieux. Si ce n'est pas le cas, l'enfant subira sa vie comme une punition non méritée et connaîtra un profond sentiment d'injustice. Je parle d'expérience, car j'ai cru jusqu'à tout récemment que tous mes malheurs m'étaient imposés comme une punition à laquelle je ne pouvais rien changer. Ma mère a subi les choix de ses parents et de son mari et, à mon tour, j'ai subi aussi. J'espère que je saurai tenir compte de mes enfants quand j'en aurai!

Dans le métro, les usagers affichaient un air sérieux et préoccupé. Avant notre départ en Algérie, les gens étaient plus souriants et plus détendus. Plusieurs groupes de jeunes à l'allure peu recommandable et à l'air menaçant rôdaient ici et là, prêts à l'attaque. C'était la première fois que j'éprouvais un tel sentiment d'insécurité dans le métro parisien. Comme ils parlaient fort, je notai que l'accent de la banlieue s'était modifié et que la moitié de leur vocabulaire m'était incompréhensible! On aurait dit qu'ils tournaient un clip de hip-hop!

«J'espère que mes anciens amis ne leur ressemblent pas, sinon je n'oserai jamais leur parler, confiai-je à Mélissa. C'est vrai qu'ils ont mon âge maintenant. Ils ont vingt ans alors que ces jeunes ne sont que des gamins qui jouent aux grands!»

Je fus toutefois soulagée quand vint le temps de quitter le métro! Avant, je n'avais pas peur de me promener dans la rue et de croiser des groupes de jeunes. J'avais quelques amis rebelles, mais jamais ils n'ont fait du mal à qui que ce soit. Je me sentais étrangère dans mon ancien pays et apeurée par cette violence latente que je percevais. J'avais d'ailleurs remarqué la nouvelle vitre qui isolait le chauffeur d'autobus de ses passagers!

Je retrouvai avec bonheur la rue piétonnière où j'aimais vagabonder. Elle n'avait pas changé! Quel soulagement! Ces fleurs invitantes à la porte des magasins, ces volets roulants rayés blanc et rouge ou blanc et vert, ces bruits de terrasses de café et ces passants aussi nombreux qu'autrefois déambulant au son de la musique du marché! Je retrouvais un coin familier d'antan.

De reconnaître mon ancien quartier me rassura énormément. Restait le grand boulevard à descendre et j'atteignais ma rue. Je n'avais noté que peu de modifications jusqu'à maintenant, mais, plus nous avancions, plus je prenais conscience des changements qui s'étaient produits durant notre absence. Le boulevard avait perdu son charme de jadis parce que tous les arbres qui le bordaient avaient été abattus. Il paraissait plus large, mais malheureusement plus gris et plus maussade. On n'y voyait plus que murs, pierres et gravier. Quelques-uns seulement des magasins de jadis étaient encore en activité!

Comme j'avais hâte de rendre visite à Tonton, j'accélérai le pas en traînant ma sœur qui s'essoufflait à mes côtés. À destination, une grande déception m'attendait: l'épicerie était fermée, les portes et les fenêtres, condamnées. Je restai un long moment, immobile et songeuse devant le magasin. Mélissa attendit en silence à mes côtés de façon à me laisser le temps de faire mon deuil. Quelle délicatesse de sa part! Tonton n'avait laissé aucune note, aucune adresse. Il avait habité juste là, dans l'arrière-boutique du magasin. Tonton n'était plus là! J'étais affreusement triste!

Je ne te reverrai plus jamais...

«Norah, ça va? demanda timidement Mélissa, me forçant à sortir de ma tristesse.

— Non.

— Viens maintenant. Il est temps d'aller voir la maison.

— Je ne sais pas si nous faisons bien d'y aller. J'ai un mauvais pressentiment.

— Par contre, je te connais. Si on n'y va pas, tu vas le regretter. Allons-y!»

Sept ans auparavant, deux arbres gigantesques s'érigeaient en gardiens à l'intersection qui donnait accès à notre rue, deux arbres plusieurs fois séculaires qui soulignaient de façon remarquable chaque changement de saison. Ils n'étaient plus là; comme Tonton, ils avaient disparu.

Est-ce que je faisais bien de poursuivre mon pèlerinage? Je n'en étais plus convaincue. Le grand portail du jardin était devenu vieux et tout rouillé. Sa peinture noire se craquelait de partout. Une affiche «À vendre» oscillait doucement au gré du vent. Mais il y avait pire. La maison semblait abandonnée. De vieilles ronces séchées couraient le long des murs. Aucune fleur! Pas de gazon! Mon arbre, mon magnifique abricotier, avait été coupé! Tous les rosiers étaient morts. Quel désastre! Ma maison pleurait, j'étais déchirée.

Pour conserver mon image de fille forte aux yeux de ma sœur, je ne voulais absolument pas lui montrer ma peine. Je la croyais incapable de me comprendre. Combien j'avais été naïve de croire que tout aurait été comme avant! J'aurais dû m'en douter un peu!

Un chocolat chaud dans le café d'à-côté en guise de consolation, quelle bonne idée! À peine étions-nous entrées qu'une délicieuse odeur de croissant au beurre et de chocolat nous rappela instantanément mille autres odeurs auxquelles nous songions avec amertume en Algérie. Pendant que nous savourions notre collation, je reconnus à la table du fond un ancien camarade de l'école primaire, Adrien.

« Va le voir », m'encouragea Mélissa.

J'étais complètement paralysée.

« Non, j'en suis incapable.

— Pourquoi donc ?

— Je ne peux pas t'expliquer. Je n'ai rien à lui dire. Comment réagirait-il si je lui disais : "Salut, Adrien ! On revient d'Algérie et on est dans la merde !" ?

— Tu n'es pas obligée d'y aller, tu sais.

— D'accord, j'ai pas envie. »

J'avais honte de moi, honte de nous, honte de notre situation. J'avais l'impression qu'il ne me reconnaîtrait pas. Que j'étais devenue une autre personne ! Une étrangère pour ceux qui m'avaient connue avant, et pour moi-même peut-être ! Je n'avais plus ma place !

Après avoir ramassé toutes nos déceptions, nous reprîmes le chemin du retour. Il était clair que je n'étais plus chez moi. Nous avions fait l'erreur de revenir en France sans nous préparer, sans planifier notre arrivée. J'avais honte et j'étais plongée dans un état d'anxiété, du fait de ne pas avoir de logement convenable. Sans mon chez-moi, je me percevais comme une intruse en terre étrangère.

À la fin des trois jours à l'*hôtel Caca,* ma mère téléphona à l'assistante sociale. Quelle ne fut pas sa surprise d'apprendre qu'elle était absente ! Partie en congé ! Ma mère dut raconter encore une fois toute notre histoire à une nouvelle personne qui l'encouragea à contacter le SAMU[11] !

Le SAMU, l'urgence sociale ! Je n'en revenais pas ! Comment ces gens-là nous aideraient-ils ? Nous placer en foyer d'urgence ! J'étais très inquiète encore une fois.

Ma mère composa le quinze sans savoir où cette

---

11. Service d'aide médicale d'urgence.

démarche nous mènerait. On nous donna rendez-vous à vingt heures, à l'arrêt d'autobus en face du restaurant McDonald's. Quelques heures nous séparaient du moment de notre rendez-vous. Mais, comme il ne nous restait plus de billets alimentaires, nous avons rassemblé nos bagages pour nous diriger tranquillement vers l'endroit convenu. Comme les jumeaux s'amusaient ferme dans les jeux du McDonald's, ils oublièrent leur faim. Tant mieux pour eux et pour nous!

Vingt heures, enfin! Le transport du SAMU se présenta au rendez-vous. Les gens à l'arrêt d'autobus de même que les infirmiers du SAMU étaient surpris de nous voir monter dans la camionnette. J'imagine qu'une famille nombreuse avec de tout jeunes enfants ne ressemblait en rien à leurs clients habituels.

L'infirmier assis à l'arrière prit la température des garçons pendant que ma mère lui expliquait pourquoi nous avions fui l'Algérie. Visiblement très ému, il l'écoutait en posant le regard sympathique de ses grands yeux bleus sur chacun de nous.

«Je suis conscient, madame, que l'endroit où je vous emmène n'est pas idéal pour une famille! C'est pourquoi je vous donne un numéro spécial d'urgence à faire en cas de besoin. Quand vous le faites, quelqu'un vient vous chercher dans les moments qui suivent. Vous pourrez rester une semaine dans le foyer où je vous emmène, et je dois vous dire que les règles y sont très strictes. Je suis vraiment désolé de ne pas pouvoir vous emmener ailleurs.

— Ce n'est pas grave pourvu que mes enfants se reposent et que l'endroit soit propre!»

Le centre d'hébergement était aménagé dans une grande villa toute blanche située dans un quartier relativement cossu. Un jeune homme nous accueillit et nous fit monter à l'étage. Il confirma que notre séjour se limitait à une semaine. Je jugeai sa remarque pertinente. Je préférais la réalité à l'illusion déçue! En observant la propreté des lieux, je fus soulagée! Toute une semaine dans cet endroit m'apparut alors comme un privilège; je respirais mieux. Peut-être que ce délai nous permettrait de régulariser notre situation!

Les petits étaient excités et fatigués, comme nous tous d'ailleurs. Et nous étions affamés! Après nous avoir indiqué l'endroit où déposer les bagages, le jeune homme tapa des mains pour obtenir notre attention.

«Avez-vous faim? Il y a des haricots au menu», dit-il en scrutant les réactions des garçons.

Nous aurions mangé n'importe quoi tant nous étions affamés! On nous apporta des assiettes remplies à ras bord. Pendant que Mélissa et moi faisions manger les plus jeunes, ma mère discuta avec l'intervenant.

Je tournai la tête lentement en direction des gens assis sur les canapés du salon contigu à la salle à manger. Plutôt que de regarder la télévision, ils avaient les yeux rivés sur nous!

Quelques vieux sans-abri barbus et mal habillés, de jeunes femmes avec leur bébé, de jeunes hommes presque gamins, et nous maintenant. Il y avait vraiment toutes sortes de monde dans le tableau de famille des SDF[12]...

L'entretien terminé, ma mère nous rejoignit. Elle nous expliqua que nous devrions nous lever à sept heures, partir à huit et ne rentrer le soir qu'après vingt heures.

«Quoi? Si je comprends bien, nous devrons passer toute la journée dehors! Et s'il pleut, que ferons-nous? protestai-je vivement en pensant aux plus jeunes.

— C'est le règlement, il n'y a rien à faire.

12. Personnes sans domicile fixe; les itinérants.

— Mais, maman, as-tu pensé aux garçons?

— J'ai vraiment plaidé leur cause, je t'assure. Nous devrons les trimballer avec nous. Nous irons dans les parcs, au McDo, et nous trouverons des coins où passer le temps. J'ai des tickets-restaurant. Nous passerons à travers si vous m'aidez; nous sommes trois grandes pour trois petits.

— Nous aurions mieux fait de rester en Algérie! Au moins, là-bas, nous avions un appartement, protesta Mélissa.

— Allons dormir. Les enfants sont fatigués et moi aussi», trancha maman.

La chambre était immense et très propre. Chacun avait son lit et Zach, son berceau. Toute la pièce dégageait un chic inattendu. Ses murs beige clair, son plafond triangulaire percé de deux fenêtres et ses poutres apparentes lui conféraient une élégance surprenante et réussissaient à nous faire oublier notre nouvelle condition de sans-abri. Telle une chatte sur son coussin, je me lovai dans mon lit. Quel bien-être! Je levai les yeux pour contempler le ciel où brillaient une multitude d'étoiles. Dieu était là, tout près; je me sentis moins seule, tout à coup. Après lui avoir parlé pendant de longues minutes, je m'endormis entre ses bras, calmement.

Se lever à sept heures pour partir à huit fut très éprouvant pour chacun de nous. Nous avions de la difficulté à nous réveiller et les garçons se levaient de mauvaise humeur. Les matinées étaient longues et pénibles. Les jumeaux réclamaient à répétition leur maison en Algérie, et l'absence de leur père se faisait sentir.

Quand la température s'en mêlait, nos conditions de survie empiraient. Par temps froid et pluvieux, nous nous réfugiions dans les centres commerciaux, les magasins ou les restaurants. Nos déplacements nous causaient problème, car nous n'avions qu'une poussette. Chacun des garçons en profitait à son tour et nos bras suppléaient au besoin. Après ces longues et interminables promenades, nous rentrions épuisés au centre et nous dormions à poings fermés.

Ce n'était pas des conditions de vie convenables pour de jeunes enfants. De jour en jour, leur humeur devenait plus maussade. Comme ils ne pouvaient pas faire de sieste en après-midi, ils s'épuisaient progressivement. Leur fatigue me faisait mal, d'autant plus que je ne pouvais rien y faire.

Une nuit, Ryan se mit à tousser à n'en plus finir. Sa fièvre monta à tel point qu'on conseilla à ma mère d'appeler les pompiers pour l'amener à l'hôpital. J'étais inquiète; le pire malheur qui aurait pu m'arriver aurait été de perdre mon frère. J'étais prête à mourir à sa place.

Ma mère partit donc avec les pompiers pour l'hôpital. J'étais trop anxieuse pour me rendormir. Je descendis au salon où s'attardaient un intervenant marocain et une femme qui logeait au centre depuis deux jours avec son bébé.

« Veux-tu une cigarette? me proposa l'intervenant.

— Merci, je ne fume pas.

— Tu devrais! Cela pourrait t'aider à t'endormir, insista-t-il.

— D'accord, si vous le dites! »

Je m'étouffai à la première taffe.

« C'est dégueulasse!

— Prends-en une autre... »

J'inhalai une seconde bouffée et ma tête valsa. Je me sentais légère, c'est vrai, mais j'avais plus envie de vomir que de dormir! Je m'arrêtai donc. Ce fut ma seule et unique expérience de la cigarette et je suis contente de ne pas éprouver cette dépendance aujourd'hui.

Quelques heures plus tard, ma mère revint de l'hôpital avec Ryan. Pauvre amour! Ses poumons étaient enfin dégagés. Mon anxiété disparue, je dormis profondément durant les quelques heures qui restaient avant le lever du jour.

Comme le médecin avait recommandé que Ryan ne sorte pas, ma mère espérait que le centre assouplirait ses règles. Elle demanda l'avis d'un intervenant. Selon lui, il y avait peu d'espoir, mais nous devions en discuter avec l'assistante sociale, madame Tanguy.

Cette dame fit son entrée comme un tank dans une place publique. Elle se dirigea d'un pas ferme vers son bureau, sans aucun bonjour, sans même un sourire. Ma mère entra courageusement. Je ne pouvais comprendre ce qu'elle disait à l'intervenante, mais j'entendais le ton de sa voix. Elle avait tout essayé: imploré, supplié, insisté, affirmé. Mais tous ses efforts furent vains. Il n'y avait rien à faire; elle était inflexible!

Madame Tanguy... puissiez-vous un jour vous retrouver dans le même besoin pour comprendre à votre tour!

Ma mère sortit du local en contrôlant difficilement sa fureur. Elle ramassa nos affaires en deux temps, trois mouvements.

« Allez, les enfants. Préparez-vous. Nous partons. »

Après avoir emmitouflé Ryan dans la poussette de façon à le protéger du moindre courant d'air, elle sortit sur le trottoir, suivie de près par le reste de la famille comme une maman cane avec ses canetons en arrière d'elle.

Une jeune mère qui fréquentait le centre avec son bébé nous avait remis les coordonnées d'un restaurant africain où la nourriture était bonne et peu dispendieuse. La majorité des clients était constituée de travailleurs à faible salaire comme les éboueurs et les nettoyeurs de rue. L'endroit était accueillant et chaleureux, et il était toujours possible d'avoir une place. Derrière de longues tables utilisées comme comptoirs, trois femmes en robes africaines apprêtaient dans d'immenses marmites des plats typiques du pays. Un vieil homme édenté, assis près de la boîte qui lui servait de caisse, nous accueillait toujours avec un sourire radieux. Pour trois francs, nous mangions à notre faim, au rythme du tam-tam. Mon mets préféré était le *tchep* dont l'odeur à elle seule me faisait saliver.

Ce midi-là, l'ambiance chaleureuse du restaurant nous fit du bien!

Mais, le repas terminé, il fallait quitter cet endroit magique et meubler quelques heures encore. Ma mère était écrasée par le poids de ses idées noires. Je devinais les sentiments qui l'habitaient. Maman a toujours été et demeure encore une mère poule toujours prête à protéger ses enfants. Or, Mélissa et ses petits souffraient. Ils se plaignaient constamment et voulaient retourner en Algérie.

Elle était au bout du rouleau! Elle n'avait pas besoin de parler. Je savais! Elle devait se reprocher les contretemps que nous subissions. Comme elle, je m'en voulais de ne pouvoir rien faire. Mais il fallait tenir le coup! Nous devions continuer et nous battre, sinon tous les efforts faits jusqu'à maintenant s'avéreraient inutiles.

Après quelque temps passé au dispensaire, nous avons terminé l'après-midi au McDo de la rue Jean-Jaurès. Les petits jouaient dans l'aire de jeux pendant que nous trois étions assises à proximité. C'est alors que maman éclata en sanglots.

Je l'ai si souvent vue pleurer! Mais l'on ne s'habitue pas à voir pleurer sa mère!

Elle s'excusait encore et encore. Elle se sentait responsable de tout ce qui nous arrivait. Très émues par sa détresse, Mélissa et moi avons réussi à trouver les mots et les gestes pour la calmer. Même si j'appréhendais la suite des événements, j'essayai de lui communiquer un peu de ma détermination et de mes convictions.

« T'en fais pas, maman, ça va passer. Tout rentrera dans l'ordre bientôt. L'important, c'est d'être ensemble et en sécurité, n'est-ce pas? »

Ces deux petits mots, *sécurité et ensemble*, parvinrent à la calmer, deux mots tout simples, mais si importants!

***

Le lendemain, comme Ryan toussait encore, ma mère décida de réitérer sa demande auprès de cette chère madame Tanguy. À peine avait-elle pénétré dans le bureau que Ryan vint la retrouver. Quelques secondes plus tard, il vomit sur le sol dont la peinture venait d'être refaite.

Madame Tanguy était furieuse! Tout le monde présent dans la salle put l'entendre crier par la porte entrouverte.

« Il a sali le sol fraîchement repeint! Oh! le cochon! Nettoyez cela tout de suite! » exigea-t-elle.

Ryan pleurait devant cette furie. Maman me demanda de venir le chercher.

« Vous n'avez sûrement pas d'enfant, ça se voit tout de suite! Vous n'êtes qu'une hystérique! cria maman à son tour. Bienheureux l'enfant qui ne vous a pas eue comme mère!

— Vous osez m'insulter maintenant!

— Vous avez traité mon fils de cochon! Je défends mon fils et j'irais jusqu'à vous bouffer tout cru s'il le fallait!

— Je ne veux plus vous voir dans ce centre! Ni aujourd'hui, ni non plus ce soir!

— Ce n'est pas votre centre, Dieu merci! Et je reviendrai ce soir, j'en ai le droit.

— C'est ce qu'on verra!

— Oui, c'est ce qu'on verra! »

Après avoir ramassé nos affaires, nous quittâmes le

centre pour la journée. Ma mère communiqua le plus rapidement possible avec notre assistante sociale, mais celle-ci avait déjà été contactée par madame Tanguy qui n'avait pas perdu de temps pour donner sa version déformée des faits. Heureusement, de nombreux témoins pouvaient corroborer nos dires. Notre assistante sociale avait convenu avec ma mère qu'elle ferait sa petite enquête et qu'entre-temps, nous pourrions retourner au centre le soir même. Ce que nous fîmes avec soulagement.

Après le repas, le directeur du centre convoqua ma mère. Il s'excusa pour le comportement de son intervenante et lui recommanda de porter plainte.

Cette histoire nous avait secoués. Ryan, pour sa part, en sortit traumatisé. Il alla jusqu'à s'excuser d'avoir vomi. Pauvre petit! Je lui répétai à plusieurs reprises durant la soirée que ce n'était pas sa faute, que vomir était normal quand on était malade, que c'était la dame qui n'était pas correcte et qu'elle n'avait pas le droit de se choquer pour cela.

Je fus particulièrement fière de ma mère durant cet affrontement avec madame Tanguy. Quelle femme! Toute petite et frêle, mais capable de sortir ses griffes quand il s'agit de défendre ses enfants! Une vraie louve! J'ai toujours admiré sa façon de réagir quand il était question de nous.

Après la semaine passée dans le centre d'hébergement, nous fûmes relogés dans un hôtel à l'autre bout de la ville. L'aide sociale paierait le montant du loyer jusqu'à ce que nous ayons trouvé une meilleure solution, peut-être plusieurs mois plus tard. Les jumeaux entreprendraient leur maternelle et Mélissa retournerait à l'école avec plaisir. Fini le vagabondage! Enfin une vie un peu plus normale pour eux! J'étais soulagée. Avec un peu de chance, peut-être trouverais-je du travail!

Nos deux chambres étaient voisines. Quoique minus-

cules, elles offraient la douche et la télévision. Quel luxe!
Deux cadeaux du ciel! Un grand lit, une armoire, une
petite table, et quelques mètres pour circuler! La vie
nous avait rendus beaucoup moins capricieux!

Dans chacune d'elles, nous avions disposé par
terre, entre le lit et la porte de la salle de bain, deux
couvertures qui servaient de lit provisoire. Je devais
occuper cette place dans la première chambre tandis
que Mélissa partagerait le lit avec Élias. Dans la
seconde, Zach avait été désigné pour le matelas de sol
alors que maman dormirait dans le lit avec Ryan.

Je protestai devant l'impossibilité de cuisiner sur
une plaque chauffante. Nous étions encore con-
damnés à prendre nos repas à l'extérieur.

Maman nous fit part des règles à suivre édictées
par le patron de l'hôtel.

«Nous pouvons rester dans cet hôtel aussi longtemps que l'aide sociale paiera, commença-t-elle.

— Mais nous ne pouvons pas préparer nos repas,
revendiquai-je en l'interrompant. C'est loin d'être la
solution idéale: une famille de six personnes entassées
dans deux chambres minuscules. C'est vrai que
l'endroit est propre, mais une HLM nous conviendrait
beaucoup mieux. Pourquoi n'y avons-nous pas accès?

— D'autant plus que résider à l'hôtel coûte cher,
ajouta Mélissa. Je suis de ton avis, Norah!

— Combien, maman?

— Mille six cents francs la chambre pour le mois!

— Que c'est cher! À ce prix-là, nous pourrions
loger dans un endroit plus huppé qu'une HLM!

— Peut-être cela nous arrivera-t-il!

— Ouais! Peut-être qu'ils nous donneront une
maison, ajouta malicieusement Mélissa.

— Peut-être, une villa, ironisai-je à mon tour.

— Non, un château», renchérit maman.

Toute la famille riait maintenant aux éclats.

«J'ai vu une école près d'ici où j'irai inscrire les jumeaux demain. Toi, Mélissa, aurais-tu le goût de chercher un collège?

— Oui», cria-t-elle en sautant de joie.

J'en avais les larmes aux yeux. Devant la vie qui reprenait son cours, j'étais fortement émue. Chacun se relevait après la chute et essayait de se reconstruire. Peut-on parler d'instinct de survie ou de force de vie?

Où trouvions-nous l'énergie pour aller de l'avant? Je l'ignore. Quand l'une d'entre nous perdait courage, une autre l'encourageait. Dans les épreuves qui nous avaient amenées à dépasser nos limites, nous avions appris à nous entraider. J'avais découvert à quel point ma mère, ma sœur et moi nous ressemblions.

«Norah, quels sont tes projets?» demanda ma mère.

Elle me ramenait à la réalité de tous les jours.

«Bien, j'sais pas, répondis-je pour me donner le temps de réfléchir. Je vais essayer de me trouver du travail.

— C'est bien, ma fille.

— Mais, j'y pense. Je n'ai pas de papiers. Qui embauchera une inconnue pour du travail au noir?

— Tu devrais donner ton nom dans les restaurants, ou pour faire du gardiennage!

— Tu penses?

— Certainement, tu aimes les enfants et les enfants te le rendent bien!

— Oui, je les aime, mais j'adorais travailler comme serveuse à l'hôtel d'Alger...

— Tant que tu seras sans-papiers, il sera plus facile pour toi de trouver un travail auprès des enfants. Nous ferons le plus tôt possible les démarches nécessaires pour obtenir tes papiers. Quand tu les recevras, tu choisiras le travail que tu voudras.»

Inch'Allah...

Les jumeaux commencèrent leur vie scolaire dans la petite école du quartier. Leurs enseignantes étaient chaleureuses et compréhensives, et ils se firent rapidement des amis. Le matin, ils avaient hâte de partir et, quand maman et moi allions les chercher avec Zach le soir, nous les laissions jouer dans le parc jusqu'au moment de rentrer à la *maison*. Ils dépensaient ainsi leur surplus d'énergie et s'endormaient plus rapidement le soir.

Quant à moi, je fréquentais à l'occasion un centre d'aide pour les jeunes en difficulté dont j'avais entendu parler durant notre séjour au centre d'hébergement. Les deux intervenantes, Nadjet et Mélanie, étaient adorables et attentionnées. Je revenais à la maison les bras chargés de cahiers et de crayons de toutes sortes qu'elles avaient réussi à nous procurer. Je participais aux différents ateliers et, ce qui n'était pas négligeable, je bénéficiais d'une petite allocation. Elles écoutaient mes confidences comme des amies de longue date. Chers anges, j'ignore ce que vous êtes devenues, mais je vous remercie d'avoir été là au bon moment.

Deux mois s'étaient écoulés et notre quotidien reprenait ses habitudes. Les larmes me montent aux yeux en écrivant ces lignes. Mes frères grandissaient dans un contexte familial très spécial, dans un hôtel et en bouffant régulièrement du McDo. Ce mode de vie me chagrinait. Pour grandir sainement, les enfants ont besoin d'une cuisine avec une table pour manger et faire leurs devoirs, et surtout d'un minimum d'espace sécuritaire pour jouer à l'intérieur comme à l'extérieur. La vie imposait à mes frères un hôtel pour dormir – à tour de rôle par terre! – sans place allouée aux repas et aux jeux. Je les observais. Ils ne se plaignaient pas et, malgré tout, ils semblaient heureux. Est-ce par instinct de survie que l'être humain, dès son jeune âge, s'habitue à toutes les situations? Cet instinct fait en sorte que nous nous adaptons sans nous en rendre compte. Encore une fois, je ne pouvais rien changer.

Durant cette période, nous acceptions la vie comme elle se présentait. Nous avancions sans décider quoi que ce soit.

Cette époque fut l'une des pires de mon existence. Je ressentais un intense désarroi que je ne comprenais pas. J'associais mon sentiment d'impuissance à mes frères. En fait, il reflétait mon propre sentiment d'échec. Les autres s'en sortaient et reprenaient vie tandis que moi, je traînais à l'arrière.

Je cherchais du travail, mais, comme je n'avais pas reçu mes papiers, personne ne m'embauchait. Je n'avais repris contact avec aucun ami, ni algérien ni français. Je n'avais pas renoué avec Sekouba, mon meilleur ami d'enfance.

J'avais honte de moi! Sans papiers, j'étais moins qu'un numéro. Quand je marchais dehors, on aurait dit une ombre, une ombre réelle mais invisible. Mon identité s'estompait petit à petit.

Sekouba ne m'avait jamais connue sous cet angle. En France, je lui avais montré uniquement mon côté joyeux. En Algérie, je ne m'étais jamais plainte quand je lui écrivais ou lui téléphonais. Je préférais lui parler de mon amitié et de mon amour. J'ose croire qu'il avait deviné mes difficultés, mais j'avais été gênée de lui en parler.

Il me manquait tellement qu'un beau jour je lui téléphonai. Je perdis tous mes moyens quand j'entendis sa voix après toutes ces années. J'étais sous anesthésie générale, paralysée par l'émotion et j'avais les jambes molles. Une fois assise, je retrouvai mes esprits.

« ... Sekou?

— Oui?

— Devine qui c'est...

— La dernière fois que j'ai entendu cette phrase, c'était il y a longtemps! Norah!»

Il poussa un long soupir.

«Comment vas-tu, Sekou?

— Ça va! Et toi? Où es-tu?

— Pas loin de chez toi. Pour le moment, nous demeurons à l'hôtel.

— Tu es là! Je n'arrive pas à le croire. Il faut qu'on se voie.»

Nous convînmes de nous rencontrer à la gare. J'arrivai une heure à l'avance pour me donner le temps de me ressaisir avant qu'il me voie. Et s'il ne venait pas? Et si je ne le reconnaissais pas? Sept ans plus tôt, nous n'étions encore que des enfants! Et ce qu'on écrit dans les lettres s'oublie si facilement!

J'étais là à douter de lui, à douter de nous, quand tout à coup je le vis. J'en eus le souffle coupé. Il s'avançait vers moi. Son sourire tremblait, il était nerveux. Je n'étais pas seule à être stressée! On aurait dit que le temps avait suspendu son vol. Je vois encore ce bel homme s'approcher de moi. Quelle allure avec son mètre quatre-vingt-six minimum! J'étais trop nerveuse pour le toucher ou l'embrasser. Je l'accueillis de façon très originale: «Ce que tu as grandi!» Quelle tirade! Et, pour couronner le tout, je rougis jusqu'aux oreilles.

Nous passâmes toute la journée ensemble; c'était merveilleux. Il avait plu et je ne portais qu'une légère veste en daim, mais je ne sentais ni la pluie ni le froid. Je n'étais ni fatiguée ni essoufflée, je n'avais ni faim ni soif. J'étais comblée. Ce moment fut pour moi comme une journée de soleil après des semaines de pluie, une oasis au milieu du désert!

Nous avons fait quelques mises au point: il me demanda pourquoi je ne l'avais pas contacté dès mon arrivée et je lui reprochai d'avoir attendu mon départ pour m'écrire qu'il m'aimait. Même si je lui avais avoué mon amour par retour du courrier, des milliers de kilomètres nous séparaient. J'ignorais alors que je le reverrais un jour. Il était là, devant moi! Quel bonheur! Je n'avais pas été aussi comblée depuis longtemps!

Nous avons parlé toute la journée en essayant de rattraper le temps perdu. Il me donna des nouvelles de nos anciens camarades de classe. J'appris que l'un d'eux, que j'aimais beaucoup, était en prison pour vol à main armée. Mais mon ami avait changé; notre relation n'était plus comme avant. Il avait réalisé le projet dont il me parlait déjà à onze ans, celui de devenir expert-comptable. Pour ma part, je n'avais rien réalisé du tout. Au contraire, la vie m'avait forcée à tuer tous mes rêves pour ne plus en souffrir.

Avant de reprendre le train, il m'embrassa au coin des lèvres. Je restai sur le quai à le regarder partir, les doigts posés à l'endroit où il avait laissé son empreinte. Je sus que je ne le reverrais jamais. La boucle était bouclée. J'étais nostalgique en pensant à ce qui avait été et qui n'était plus!

***

Je poursuivais très activement ma recherche d'emploi. Tous les jours, je passais au moins une entrevue. La distance m'importait peu; ça m'était égal de perdre quelques heures si, en retour, j'obtenais du travail. J'avais besoin de m'occuper et de gagner un peu d'argent. J'essayais de faire bonne impression, mais, parce que je n'avais pas d'assurance maladie, je repartais bredouille. Chaque échec me rendait un peu plus déprimée chaque jour.

Je me souviens d'une journée où j'ai eu trois rendez-vous, dont le dernier à l'autre bout de la ville. À vingt et une heures trente précises, quand je levai les yeux devant la maison, je sus que c'était peine perdue.

Un seul regard m'avait suffi. «Merde, trois étages. Oublie ça, Norah, me suis-je dit. S'il y a des escaliers, il n'y a pas de travail pour toi!»

Par souci de politesse, je me présentai. Je ne fus pas surprise quand la dame me répondit, d'un air navré :

«J'aimerais bien t'engager parce que tu me fais bonne impression et les enfants t'aiment déjà. Mais, à cause des assurances, je ne peux pas. Si tu tombes dans les escaliers et que tu te retrouves à l'hôpital, on découvrira que tu n'as pas de papiers, et les conséquences pourraient être fâcheuses pour toi.»

C'était toujours la même réponse!

Je sentis un poids s'abattre sur mes épaules. J'en avais ras le bol de ce discours et j'étais fatiguée de marcher. J'avais faim, pas un sou en poche, et la perspective de mon trajet de retour me pesait. Il faisait maintenant nuit noire et les lampadaires se faisaient rares. Je m'assis sur un coin de trottoir. Devant moi s'offrait une magnifique vue panoramique de Paris. La tour Eiffel scintillait de ses mille feux. Elle ressemblait à un diamant brut, un superbe solitaire. Solitaire... comme je l'étais moi-même. Curieusement, sa présence silencieuse et fière m'apporta réconfort et compassion. J'éclatai en sanglots. Impossible de retenir ces larmes accumulées depuis tant de temps, ces larmes de stress, de découragement, de solitude.

Je devais me rendre à l'évidence : j'avais besoin de mes papiers pour décrocher un emploi. Je complétai ma demande le plus rapidement possible. Je rassemblai toutes les preuves de mon séjour antérieur en France : acte de naissance et certificats scolaires classés dans les archives de mes écoles, à partir du primaire jusqu'au collège. Je présentai mon dossier à la préfecture et, quelques jours plus tard, j'obtins mon permis de résidence temporaire que je devais renouveler tous les trois mois.

Pourquoi n'avais-je pas fait ces démarches plus tôt? Peu importe, le résultat était devant moi. Je me sentais revivre! Je pouvais travailler dans la restauration, ce qui avait toujours été mon premier choix. J'étais sûre de me dénicher un emploi rapidement parce que j'avais de l'expérience comme serveuse.

J'avais remarqué près de l'hôtel un joli restaurant à la devanture pittoresque. Par les grandes fenêtres, j'avais noté que les serveurs travaillaient le sourire aux lèvres. Peut-être y retrouverais-je la merveilleuse ambiance que j'avais connue à l'hôtel Hilton d'Alger?

Par un beau matin ensoleillé, je me présentai à la gérante. Elle dut avoir pitié de moi, avec mes lambeaux et ma tête de déterrée! Bref, j'obtins la place et je commençai le lendemain.

Graduellement, mon moral s'améliora et je remontai la pente. Travailler me faisait du bien et je me sentais acceptée par mon équipe de travail.

Ce fut une période fort occupée pour chacun de nous. Ma mère travaillait à temps partiel comme préposée aux patients dans une maison de retraite près de chez nous. Ses horaires variaient d'une semaine à l'autre et même d'un jour à l'autre quand elle était sur appel.

Récemment, quand Ryan est revenu de l'école en mentionnant qu'il n'avait pas besoin de se faire vacciner à nouveau, je me suis souvenu de l'épisode dramatique qu'il avait vécu à l'époque de l'hôtel et que ma mère et moi avions complètement oublié. Le voici.

Au moment de la douche, j'avais remarqué la présence de bleus un peu partout sur son corps et j'en avais discuté avec maman.

« Maman, qu'est-ce que t'en penses?

— Peut-être qu'il est tombé. Tu peux le lui demander.

— Je trouve bizarre qu'il ait autant de bleus et qu'ils

apparaissent à des endroits où, généralement, on ne tombe pas. Selon moi, quelqu'un le frappe à l'école.

— Crois-tu? Qui pourrait lui faire du mal? réagit vivement ma mère, prête à défendre son petit.

— Un élève peut-être!

— Ryan, est-ce qu'il y a un enfant qui te frappe à l'école?

— Non, maman, personne. On joue à se battre, c'est un jeu. »

Ryan n'avait pas peur des autres enfants. Il aurait avoué s'il s'était agi d'un élève. Nous cachait-il quelque chose? Je craignais tellement que quelqu'un l'agresse ou le menace! Je me mettais à sa place! Était-il victime d'un adulte?

« Est-ce ton enseignante alors? questionnait toujours ma mère.

— Non, maman », répondit Ryan sur un ton de plus en plus exaspéré.

Il valait mieux arrêter l'enquête! Après le départ de Ryan, j'exprimai mon avis.

« Il faut être très vigilantes et l'observer de près. Si jamais un adulte abuse de lui, nous le saurons. C'est la rencontre de parents après-demain; tu pourras en toucher un mot à son enseignante et vérifier sa réaction. »

L'école la devança en convoquant ma mère le lendemain. Comme moi, l'infirmière avait noté la présence de marques inquiétantes sur le corps de Ryan. Après avoir éliminé rapidement l'hypothèse de la violence familiale, on nous conseilla de lui faire subir des tests sanguins.

Le même jour, tout en veillant sur Zach, j'accompagnai ma mère et Ryan à l'hôpital. Je jouais avec Zach dans la salle d'attente depuis un certain temps déjà quand ma mère revint en compagnie du médecin.

« Ryan doit rester à l'hôpital pour subir des tests plus poussés. »

J'étais anéantie. Mon frère n'avait pas besoin de cela! Il avait déjà eu sa part de difficultés dans la vie! Je sanglotai doucement.

« Tu sais, la situation aurait pu être catastrophique. Le médecin a éliminé l'hypothèse de la leucémie, ajouta maman pour me rassurer.

— J'aimerais le voir avant de quitter l'hôpital. S'il te plaît, maman?

— Nous reviendrons lui porter ses jouets préférés et des vêtements.

— Quoi? Tu veux dire qu'on le laisse seul!

— Norah! Nous ne pouvons rester avec lui, car il demeurera ici pendant plusieurs jours. »

Mon petit frère ne rentrait pas avec nous. J'avais la douloureuse impression qu'on m'amputait d'une partie de mon corps.

On diagnostiqua un problème relativement sérieux au niveau des plaquettes sanguines. Ma mère et moi le visitions à tour de rôle. J'y allais le matin tandis qu'elle assurait le quart de soir.

Je devais prendre mon courage à deux mains avant de franchir sa porte. Voir un enfant alité, mon petit frère de surcroît, m'angoissait terriblement. N'est-ce pas que la vie est injuste quand elle s'acharne sur un garçonnet sans moyens de défense! Et si sa maladie empirait? Si les médecins avaient caché leur diagnostic de leucémie? Ces visites me furent très pénibles! Cependant, Ryan, ce cher trésor, essayait de me faire sourire. Il ne se lamentait jamais; il subissait des prises de sang toutes les trois heures sans dire un mot, vaillamment. Mais il s'ennuyait et, de cela, il se plaignait.

Un matin, je restai plus longtemps que d'habitude auprès de lui. Au moment du départ, ses yeux se remplirent de larmes. J'en fus toute retournée.

« Bébé, ne pleure pas. Bientôt, tu pourras revenir à

la maison. C'est très difficile pour toi, mais tu es si courageux! Quand je partirai, dis-toi que je reviendrai, cela t'aidera à ne pas pleurer. Essaieras-tu mon truc?

— Oui, je te le promets et je te dirai, quand tu reviendras, si j'ai réussi. Tu peux aller travailler. »

Ce fut à mon tour d'avoir les yeux dans l'eau! Je le serrai très fort dans mes bras.

« À demain, mon amour. »

Il me sourit de toutes ses dents – il lui manquait une incisive à l'avant, ce qui le rendait mignon comme tout. Je sortis le plus rapidement possible, mais, par la porte entrouverte, je vis qu'il avait baissé la tête et qu'il s'essuyait les yeux. Ce n'était pas un petit garçon qui pleurait, c'était un homme!

Deux garçons lisaient une bande dessinée dans la chambre voisine. Une idée me traversa l'esprit. Tout sourire, je m'approchai de leurs lits.

« Excusez-moi! J'ai une demande spéciale à vous faire. Mon petit frère Ryan est dans la chambre d'en face. Celle-là, vous voyez? Il est tout seul et il s'ennuie beaucoup. Il a toujours rêvé d'avoir un grand frère pour jouer avec lui. Pouvez-vous lui rendre visite de temps en temps? »

Ils acceptèrent spontanément. Je partis, l'âme en paix.

Le séjour de Ryan à l'hôpital dura une dizaine de jours et son traitement se prolongea trois longs mois à raison d'une prise de sang tous les trois jours.

Il se croit vacciné pour la vie, c'est normal! Il se souviendra certainement de cet épisode pendant longtemps.

Honnêtement, je dois avouer que je n'aime pas ressasser le passé, seule ou avec mes frères. Toutes les fois qu'un souvenir se réveille, il engendre des cauchemars et des angoisses. Je prie pour qu'ils oublient, même si moi je n'y parviens pas.

***

Quelque temps plus tard, ma mère dut renouveler ses billets alimentaires. Pour ce faire, il lui fallait rencontrer notre assistante sociale dont le bureau était situé dans notre ancien quartier. Comme j'étais en congé, je sautai sur l'occasion pour l'accompagner.

Après notre rencontre, nous avons décidé de flâner dans les galeries marchandes en souvenir du bon vieux temps. Faire du lèche-vitrine est un art, un art qui a besoin de temps. Même si nous n'avions pas un sou à dépenser, nous prenions plaisir à nous torturer!

À petits pas, nous descendîmes le boulevard pour nous arrêter tout près de la cafétéria où Mélissa et moi avions bu notre chocolat de consolation. Avant de reprendre l'autobus, ma mère me demanda d'informer Mélissa de l'heure de notre retour afin qu'elle ne s'inquiète pas inutilement.

Dans la cabine téléphonique à côté de la mienne, un homme me regardait. Je me tournai discrètement vers lui. Son visage m'était vaguement familier. Si c'était quelqu'un lancé à notre recherche... S'il me voulait du mal... Nous serions dans un sale pétrin! Mais son profil, sa façon de porter sa casquette... Mais c'était impossible... Ça ne pouvait être lui! Je raccrochai et murmurai à ma mère:

« Est-ce que ce visage te dit quelque chose?

— Non.

— Maman, je crois que c'est... »

L'homme s'était approché:

« Mais je connais cette petite fille! »

J'éclatai en sanglots et je me jetai dans ses bras en criant son nom: « Tonton! »

J'avais peine à réaliser ce qui m'arrivait. J'étais aux anges. Je voulais tout lui raconter, mais je ne savais par où commencer. Et je pleurais toujours, de joie évidemment. J'étais retombée en enfance.

Il habitait tout près, en face de mon école primaire. Il nous fit visiter la HLM qu'il avait obtenue après quinze ans d'attente! Je regardai maman à la dérobée. Aurions-nous à vivre dans un hôtel pendant quinze ans? Voire davantage, car nous étions considérés comme *nouveaux arrivants*, maintenant.

En buvant un thé marocain, je racontai à mon grand ami toutes les péripéties que nous avions connues depuis notre départ de Paris.

« Samia, dit-il, pourquoi n'as-tu pas divorcé en France? Tu aurais été à l'abri des représailles. »

Cette question revenait souvent sur les lèvres de ceux qui ne connaissaient pas la famille Shariff, car ils ignoraient une des lois immuables de grand-père: « On ne divorce pas chez les Shariff! »

J'eus beaucoup de mal à quitter mon Tonton adoré que j'avais enfin retrouvé. Sa présence me faisait rattraper mon enfance, mon passé, ma vie! Il avait joué un rôle essentiel dans mon existence de petite fille. Il avait été ma bouée de sauvetage!

Je quittai Tonton en lui promettant de le contacter aussi souvent que possible.

Cette rencontre m'avait donné le goût de faire un pèlerinage dans mon passé. Quelques jours plus tard, je récupérai les petits bouts de moi que j'avais enterrés entre le sixième et le septième sapin du rond-point. J'y retrouvai la bille que j'avais gagnée à l'école, un dé à coudre, une pièce de un franc et d'autres trésors qui étaient demeurés enfouis pendant plus de dix ans. Je recollais mes morceaux, petit à petit.

***

Depuis quelques semaines, un projet me trottait dans la tête. Je savais que mon grand frère Amir fréquentait l'université de Nanterre depuis deux ans déjà. Or, celle-ci était située dans le département voisin du nôtre. Depuis la séquestration dont nous avions fait l'objet, nous avions gardé le contact, mais nous ne communiquions que de façon très irrégulière. Nos conversations téléphoniques étaient brèves et relativement futiles. Jamais nous n'avions reparlé de cet épisode troublant; je n'osais pas aborder la question, car je devinais ses regrets et sa honte. Je choisissais de me taire. J'évitais de ressasser ce qui aurait pu nuire à notre relation : j'essayais tout simplement d'en sauver les parcelles encore intactes. J'avais tellement besoin d'un grand frère que je mettais de côté mes rancunes, même si cela s'avérait très difficile! Mais j'étais déterminée à recoller les pièces de mon passé, les pièces de ma vie! Or, mon frère Amir faisait partie de ma vie.

Pourquoi ne pas lui fixer un rendez-vous? C'était l'occasion rêvée! Nous vivions à proximité l'un de l'autre, loin de la famille Shariff. Dans un recoin de mon cœur, je conservais le secret espoir d'éclaircir le brouillard dans lequel s'enlisaient nos échanges. À force de vouloir préserver notre lien, nous finissions par ne plus pouvoir établir que des contacts insipides et superficiels.

Je téléphonai donc à l'université. Quand Amir reconnut ma voix, il parut agréablement surpris, ce qui me combla de joie. D'emblée, il accepta le rendez-vous que je lui proposai : le lendemain matin, sur les Champs-Élysées.

Arrivée avant l'heure de notre rencontre, je profitai du temps magnifique pour déambuler à pas lents sur la célèbre artère en faisant du lèche-vitrine. J'imitais les touristes qui arpentaient les trottoirs en profitant de la vie. Mais le jeu tourna vite au drame. J'enviais à mourir tous ces gens en vacances qui se payaient du bon temps, qui flânaient en cherchant la gâterie qu'ils se payeraient en souvenir de leur voyage. Combien d'argent dépenseraient-ils cette journée-là? L'aisance des autres me mettait en rogne, je dois le reconnaître.

L'heure approchait. Comment se déroulerait notre matinée? De quoi parlerions-nous? De la pluie et du beau temps? De sa complicité avec les Shariff, ceux-là même qui nous avaient séquestrées? Je décidai de ne pas aborder la question moi-même. Je le laisserais choisir les sujets de conversation. J'avais hâte de découvrir ce qu'il aurait à me dire...

Nos modes de vie étaient diamétralement opposés. Lui, citoyen français bardé de diplômes et jouissant d'un studio d'étudiant. Moi, sa sœur, une femme sans diplômes, logeant temporairement à l'hôtel! Saurait-il me comprendre, lui qui avait eu le privilège d'être un garçon – un garçon choyé en plus –, tandis que j'avais connu la peur, la faim et le froid? Peu importaient la température et ma fatigue, je devais errer dans les rues comme une chatte de gouttière. Nous appartenions à deux mondes totalement différents même si nous avions les mêmes parents biologiques!

Amir se présenta enfin. On se fit la bise comme si de rien n'était. Faire semblant était un art où nous excellions lui et moi. Les silences des mois précédents étaient oubliés, les mois de séparation étaient effacés et le bourreau de la chambre froide avait disparu: nous nous sommes comportés comme si les choses s'étaient toujours déroulées à merveille entre nous.

Nous avons causé de tout et de rien en sirotant un café. Je l'entendais parler et rire aux éclats, je le regardais faire l'enfant. Je profitais de la moindre seconde passée en sa compagnie. Quelques heures s'étaient déjà écoulées et rien n'avait été dit... Valait mieux renoncer à l'espoir qu'il aborde la question des regrets ou des excuses.

Son cellulaire sonna; c'était sa copine. Il répondait par monosyllabes en détournant les yeux. Il ne mentionna mon nom qu'à une seule reprise. Cherchait-il à lui cacher mon existence? Je voulus en savoir davantage.

«Comment va ton amie? J'aimerais la connaître. Quand vais-je la rencontrer?

— Ouais... bientôt.

— Tu sais, je suis libre lundi prochain. Nous pourrions sortir ensemble.

— D'accord, mais...

— Mais quoi?

— Promets-moi de ne pas lui dire que vous logez à l'hôtel.»

Ces mots m'allèrent droit au cœur. Mon frère avait honte de nous!

«Oh! Je vois. Et... où habitons-nous, alors?

— Dans une maison.»

Je demeurai silencieuse un long moment. Sa remarque m'avait mise dans une telle fureur que je devais me contrôler pour ne pas exploser comme une bombe. Mais, petit à petit, le doute s'immisça en moi. Peut-être devrions-nous avoir honte de notre situation lamentable! Dans un éclair, mes trois petits frères me traversèrent l'esprit. Ils étaient prisonniers dans ces chambres minuscules, dans cet enfer, à attendre des jours meilleurs. La honte n'avait rien à voir! Ma rage et ma douleur avaient réapparu, aussi fortes qu'avant. Mon frère me trahissait une seconde fois.

«Tu as honte de nous, c'est ça?

— Non, tu te trompes. Je ne veux pas qu'elle sache que vous vivez dans un hôtel, c'est tout.

— Il ne faut pas que ta petite amie découvre que ta mère est sans le sou! Parce que ce n'est pas à la hauteur de ton image et ta dulcinée pourrait s'inquiéter au sujet de son avenir avec toi! Par contre, tu n'as sûrement pas hésité à lui dire que tes grands-parents sont riches à craquer!

— Arrête! Tu délires.

— Non, Amir. C'est toi qui délires avec tes fabulations! Tu t'inventes une famille, là! Nous, tu vois, on est dans un putain d'hôtel, pas dans une maison. Et si tu n'es pas capable de me présenter telle que je suis, sans mentir, c'est que tu as honte de moi.

— ...

— Bien, peut-être qu'on se reverra quand nous aurons déménagé dans une maison! »

Notre rencontre se termina ainsi. Je bouillonnais d'une rage trop longtemps contenue. Je marchai pendant de longues heures. Une immense tristesse remplaça ma colère. Je me sentais de plus en plus petite, de moins en moins visible, de plus en plus seule. Mon propre frère...

Je revins à la maison – ou plutôt à l'hôtel –, le cœur gros, avec le sentiment d'avoir tout gâché. Il n'était pas question de m'épancher sur l'épaule de ma mère. Elle m'aurait sûrement reproché d'avoir risqué d'alerter la famille Shariff. Heureusement, il n'y eut pour nous aucune conséquence dramatique à cette rencontre. Cette fois-ci, Amir n'avait pas été leur complice!

Notre réalité quotidienne m'était de plus en plus intolérable. Chaque fois que je grimpais l'escalier de l'hôtel, je suffoquais et je manquais d'air. On aurait dit une petite crise de panique. Mes frères souffraient terriblement du manque d'espace qui les empêchait de courir et de jouer comme ils en avaient besoin. Mélissa était très affectée par nos conditions de vie. Peut-être était-ce celle qui en souffrait le plus. Le jour, elle fréquentait l'école et, le soir, elle devait faire ses devoirs sur une petite table au milieu des bruits et des mouvements occasionnés par le reste de la famille. Heureusement qu'elle aimait l'école!

Pour fuir ce quotidien déprimant, je restais au restaurant le plus tard possible après mon service qui se terminait à vingt-deux heures. Avec mes amis, je pouvais rire, m'amuser et parler jusqu'à trois ou quatre heures du matin. Je n'étais peut-être pas la seule à fuir une réalité que nous n'avions pas choisie!

À cette heure tardive, un ou deux amis me raccompagnaient jusqu'à l'hôtel. Sur le chemin du retour, j'ouvrais mon téléphone portable et, ensemble, nous écoutions les trente-six – j'exagère à peine – messages de ma mère. On riait pendant tout le trajet. Tous ses messages étaient du même style: «Où es-tu? Pourquoi ne réponds-tu pas?» Comme si j'allais lui répondre sur-le-champ! Ou bien: «À quelle heure rentreras-tu?»

J'avais beau lui dire que mon téléphone était fermé pendant le travail, elle m'appelait inlassablement. Je la taquinais en l'imitant. Elle riait et elle recommençait le lendemain. C'était plus fort qu'elle.

Et quand j'arrivais à l'hôtel, elle était là, à m'attendre.

***

Notre hôtel était sécuritaire, mais plutôt mal fréquenté. Des hommes y amenaient des prostituées. La réciproque était aussi vraie: des filles y offraient leurs services.

Nos voisins – un homme, une femme et une fillette d'environ neuf ans – avaient une allure bizarre. Il m'arrivait de croiser la mère et sa fille dans l'ascenseur. Celle-ci ne souriait jamais et fixait le sol. D'allure fragile, le teint pâle, les yeux cernés, les épaules ramassées, on aurait dit un zombie. Elle aurait pu être jolie, mais je devinais que la vie avait fait d'elle une victime.

Ma mère parla d'elle le lendemain matin en me réveillant.

«Je ne sais que faire! Si tu savais ce que cette enfant subit la nuit, commença maman, bouleversée.

— Qu'as-tu entendu? Je me doutais qu'elle était malheureuse!

— Elle supplie son beau-père de la laisser tranquille, mais sa mère lui répète de faire ce qu'il exige.»

J'étais sur le point de vomir. J'aurais voulu défoncer ce mur pour arracher cette enfant à sa famille de fous.

«Es-tu sûre de ce que tu as entendu?

— Malheureusement oui. Ensuite, j'ai perçu des pleurs étouffés. Il a dû l'obliger à lui faire une fellation. J'ai été incapable de me rendormir.

— C'est dégoûtant! Il faut faire quelque chose! m'exclamai-je.

— Mais quoi? On ne peut rien faire!

— Si! Un appel anonyme à la protection de l'enfance en leur donnant le numéro de leur chambre. C'est aussi simple que cela!

— Tu crois?

— Si nous ne réagissons pas, nous devenons complices!

— Tu as raison, il faut l'aider.»

Et ma mère téléphona. Deux jours plus tard, l'homme avait disparu et j'ignore ce qu'il advint de la femme et de sa fille. Aurions-nous pu aider cette enfant d'une meilleure façon? Instinctivement, j'aurais cassé la figure de cet homme méprisable! Je lui aurais fait payer ce que j'avais moi-même enduré tout en vengeant la fillette. Cette histoire avait ravivé ma colère. Je me calmai en pensant qu'au moins nous n'avions pas été complices!

L'hôtel, c'était une boîte à baises, une boîte à secrets, à tabous, à cauchemars où les larmes coulaient à flots! Et nous vivions là!

***

Malgré nos conditions de vie exécrables, notre

séjour en France comportait un aspect positif. Personne n'étant au courant de notre présence ici, nous n'avions reçu aucune menace depuis notre arrivée. Quelle tranquillité d'esprit! Enfin, un peu de paix!

Les mois passaient. Plusieurs associations d'aide aux femmes immigrantes nous approvisionnaient en nourriture et en fournitures scolaires. À l'occasion, elles nous donnaient un peu d'argent. Ma mère poursuivait ses démarches en vue de trouver un logement, tout en travaillant et en s'occupant de la famille. Sur les conseils d'une amie, elle se présentait tous les deux jours devant la mairie pour plaider la cause de ses enfants. Cette persévérance me touchait!

Nous n'étions que des marionnettes! Il est arrivé qu'on se moquât de nos demandes et qu'on nous regardât avec mépris comme si nous étions des déchets à tasser du pied. Cette humiliation inutile épuisait ma mère. Elle se reprochait déjà les conditions de vie que sa décision nous imposait. Elle avait voulu échapper à l'invivable, à la violence et à la peur en croyant sincèrement améliorer le sort de ses enfants. Je lui répétais sans cesse qu'elle avait réussi à nous sortir de la peur et qu'elle n'était pas responsable du sort réservé aux *nouveaux arrivants*. Mais m'écoutait-elle?

Son travail était de plus en plus exigeant. Manipuler des poids trois fois plus lourds que le sien drainait ses réserves d'énergie.

Et je ne pouvais rien faire...

CHAPITRE XVII

Maman, ne m'abandonne pas!

Se sentant épuisée, ma mère consulta un médecin qui lui recommanda une hystérectomie dans les plus brefs délais. L'intervention comportait un certain risque en raison de son extrême fatigue.

Le matin de son entrée à l'hôpital, j'étais déjà inquiète. Si elle était victime d'une erreur médicale! S'il lui arrivait quelque chose! Si elle ne guérissait pas! Comme elle était mon unique parent, j'avais énormément besoin d'elle et j'étais incapable de la remplacer auprès de mes frères! Je ne voulais pas devenir orpheline!

Heureusement, le quotidien me ramena à des considérations beaucoup plus pragmatiques. Pendant son absence, je devais organiser mon horaire pour travailler et prendre soin des enfants, des repas et du ménage. Comment y parvenir? Je réalisai rapidement que je devais cesser de travailler si je voulais survivre.

Maman était hospitalisée depuis trois jours seulement et ma vie ressemblait déjà à celle d'un robot programmé: je me levais, réveillais les petits, les lavais, les nourrissais, les emmenais à l'école. Une courte visite à l'hôpital, et j'allais chercher les jeunes à l'école, je les nourrissais, les lavais, les couchais. Le lendemain ressemblait à la veille. Jusqu'au jour de l'opération où tout bascula.

Quand j'arrivai à l'hôpital quelques heures après l'intervention, le médecin insista pour me rencontrer. L'air grave, il me montra la chaise près de la sienne. Je m'assis.

« Bonjour, Norah. Je dois te parler.

— Bonjour, docteur. Est-ce que ça va ? » demandai-je, très inquiète tout à coup.

L'air fatigué et tendu, le médecin s'épongea le front à l'aide d'un mouchoir. Il était sûrement arrivé quelque chose à maman !

« Ta mère ne s'est pas réveillée après l'opération, elle a sombré dans le coma », m'annonça-t-il tout d'une traite, sans respirer.

Les murs blancs se mirent à valser autour de moi, je perdais pied, je chavirais. Le médecin posa sa main chaleureuse sur mon épaule.

« Attendez ! Heu... elle va se réveiller, n'est-ce pas ?

— Nous l'ignorons. Cela peut prendre beaucoup de temps et il y a une possibilité qu'elle ne se réveille jamais. Pour être franc, Norah, je te conseille de prévenir la famille.

— Mais comment cela se fait-il ? Ce n'était qu'une opération de routine. Pourquoi se retrouve-t-elle dans cet état ?

— Ta mère était très faible et...

— Arrêtez ! Vous n'avez pas le droit de parler d'elle à l'imparfait, déclarai-je avec colère, encore sous le choc de la nouvelle.

— Je parlais du préopératoire.

— J'ignore ce que signifie "préopératoire", mais je suis sûre, docteur, que ma mère va s'en sortir ! C'est une battante ! Elle a connu des moments bien pires que celui-là. Je la connais, elle va s'en sortir ! »

Je pleurais et je hurlais sans me soucier de l'entourage. Je pleurais parce que j'avais peur. Elle n'allait tout de même pas m'abandonner comme ça ! Pas maintenant ! Pas ici ! Les garçons seraient obligés de retourner chez leur père en Algérie et moi, je les accompagnerais parce que je ne pouvais envisager la vie sans eux. Retourner à la case départ ! Non, pas question ! Maman, tu devais t'accrocher !

J'étais terrifiée avant d'ouvrir la porte de sa chambre. Je pris mon courage à deux mains. La chambre baignait dans une lumière blafarde malgré le soleil de midi. Un silence mortuaire régnait. Elle était allongée, immobile et les yeux fermés, au milieu du lit tout blanc. On aurait dit une morte. Je frissonnai en reconnaissant l'odeur de l'hôpital, une odeur de détresse.

Je m'agenouillai près du lit. Doucement, je pris sa main en faisant attention aux nombreux fils enchevêtrés qui la reliaient aux moniteurs. Je priai Dieu de nous venir en aide.

«Maman, je suis là. Ne lâche surtout pas! dis-je à voix haute, car je voulais qu'elle m'entende. Je dirai aux petits que tu vas bien. Tu dois revenir! Tu ne peux pas me laisser, tu ne peux pas. Je n'aurai pas la force, je ne suis pas comme toi!»

C'était l'heure d'aller chercher les petits à l'école. J'arrivai à temps pour la sortie, mais je souffrais de crampes d'estomac. Je conservai mon calme malgré la peur qui m'habitait.

À l'hôtel, je préparai le repas tout en cherchant les bons mots pour annoncer cette terrible nouvelle à ma sœur. Mais y avait-il des mots meilleurs que les autres? J'en doute. Mélissa revint à l'heure habituelle. Après avoir déposé son sac dans l'entrée, elle retira lentement ses chaussures.

«Tu as vu maman? Comment va-t-elle?»

J'hésitai avant de répondre. Les larmes précédèrent les mots. C'était plus fort que moi!

«Oh! Mon Dieu. Qu'y a-t-il, Norah? Parle!

— Elle est dans le coma et le médecin ignore si elle se réveillera.»

Mélissa pleurait doucement. Je revoyais la petite fille qu'hier encore j'essayais de protéger.

«Le médecin m'a conseillé de prévenir la famille.

— Jamais! T'es folle! réagit vivement Mélissa.

— Et si elle mourait.

— Ne dis pas ça!

— Écoute. Peut-être que ce serait un moyen de rétablir la paix entre eux. Si grand-mère demandait pardon à sa fille, ce geste ramènerait peut-être maman à la vie. Si elle mourait, que ferions-nous toutes les deux? Les garçons ont leur père, mais nous?

— J'ai peur.

— Moi aussi, j'ai peur.»

Je la serrai dans mes bras. Il n'était plus question de la protéger. Maintenant, nous étions deux sœurs solidaires, deux filles en détresse devant la perte éventuelle de leur mère.

Après avoir longtemps tergiversé, je téléphonai à grand-mère. Je le faisais par devoir filial en espérant un effet positif.

«Grand-mère, c'est Norah.

— Norah? Je ne connais pas de Norah», répondit-elle sur un ton sec.

Grand-mère n'avait pas changé, toujours aussi sympathique!

«Norah! Votre petite-fille, la fille de votre fille.

— Je n'ai pas de fille ni de petite-fille.

— N'essayez pas! Maman est dans le coma, à l'hôpital. Et il est possible qu'elle meure! Si cela se produit, nous demeurerons coincés à l'hôtel. Comment pouvez-vous demeurer indifférente à ce qui nous arrive?»

Devant la froideur de ses réactions, j'étais chavirée. Elle aussi m'abandonnait. Des larmes coulèrent silencieusement sur mes joues.

«Que lui est-il arrivé?» demanda-t-elle sur un ton plus doux.

Je la mis au courant des événements en lui mentionnant que le médecin m'avait conseillé de l'appeler.

« Ne t'inquiète pas, tu peux compter sur nous. »

Je n'en croyais pas mes oreilles.

« Vous viendrez la voir ? Votre visite pourrait sûrement l'aider à se réveiller.

— Donne-moi ton adresse et le nom de l'hôpital. Je prendrai le premier avion. »

Sa voix était devenue mielleuse et douce comme je souhaitais l'entendre depuis bien longtemps. J'hésitai, mais je chassai rapidement ce doute. Je lui donnai nos coordonnées.

Pardonne-moi, maman...

La journée du lendemain se déroula selon l'horaire déjà établi. Après l'hôpital, je me dirigeai vers l'école avec la désagréable impression d'être observée, voire suivie. Je jetai un bref coup d'œil par-dessus mon épaule et ne remarquai rien d'anormal. Malgré tout, j'accélérai le pas. Mes doutes avaient-ils pris le contrôle de ma pensée ? Je me forçai à ralentir. Après une profonde inspiration, je retrouvai mes esprits.

En attendant la sortie des garçons, je rassemblai minutieusement les pièces de mon puzzle. Depuis toujours, cette façon de faire me permettait de mieux comprendre certaines de mes réactions. Je fis défiler à nouveau la bande de mes dernières impressions.

Je m'étais sentie suivie. Je m'étais retournée. J'avais balayé du regard les personnes qui me suivaient. Parmi ces visages, peut-être y en avait-il un que j'aurais dû reconnaître ? Je scrutai discrètement les alentours. Je ne reconnus que les visages familiers de parents qui venaient à la rencontre de leurs enfants. J'entendis une petite voix qui chassa immédiatement mes préoccupations.

« Tu m'as ramené un goûter ? demanda Élias en guise de bonjour.

— Tiens, voici un croissant. Où est ton frère ?

— Il arrive. Regarde, il parle avec David. »

Je lui fis signe de venir immédiatement. Il n'était pas question de s'attarder.

***

À peine avions-nous mis les pieds dans l'hôtel, que Mélissa s'exclamait nerveusement, au bord des larmes :
« Ils nous ont retrouvés, ils nous ont retrouvés.
— Merde, j'en étais sûre ! C'est ma faute ! Je n'aurais pas dû. »
Notre ton anxieux avait alerté les jeunes.
« Qui donc ? De qui parlez-vous ? Des barbus ? »
Il était urgent de les rassurer.
« Non, les barbus sont restés en Algérie, ne vous inquiétez pas. »
En lançant un coup d'œil soutenu à ma sœur, je lui fis comprendre qu'il valait mieux reporter notre conversation à plus tard, après le coucher des garçons. Pour ajouter à la tension générale, le téléphone se mit à sonner. J'ouvris la télévision pour distraire les petits et je me précipitai sur le combiné que j'enlevai des mains de Mélissa. Il n'était pas question qu'elle subisse un second appel de menaces. Quelqu'un chuchota :
« Salut. On se reparle enfin ! »
Cette voix me donnait des frissons.
« Qui êtes-vous ? attaquai-je pour mieux nous défendre.
— Quoi ! Tu ne me reconnais pas ? insistait la voix maintenant doucereuse.
— Laissez-nous tranquilles ! Nous ne vous avons rien fait !
— C'est la grande qui parle, n'est-ce pas ?
— Fichez-nous la paix ou je préviens la police !
— Trop tard... Tu vas bientôt suivre ta putain de mère, menaça-t-il sur un ton mordant.
— La putain, c'est plutôt ta mère », répliquai-je, furieuse.

Je raccrochai d'un mouvement vif. Le téléphone sonna à nouveau. La voix imitait le cri d'un porc qu'on égorge.

J'étais troublée par ces menaces et je tremblais maintenant de tous mes membres. En l'espace de quelques minutes, en plein Paris, j'avais été replongée dans l'horreur d'Alger. Je me culpabilisai : *Qu'est-ce que j'ai fait? À quoi ai-je pensé? Comment ont-ils obtenu notre numéro de téléphone?*

Par grand-mère? Leur avait-elle donné consciemment nos coordonnées? Je ne l'ai pas cru à l'époque et je ne le crois pas encore maintenant. Elle a dû en discuter avec la famille, avec ses enfants. Je soupçonne le plus jeune de mes oncles d'avoir informé soit mon père, soit d'autres personnes qui auraient pu nous en vouloir. Connaîtrons-nous un jour la vérité?

Un nouveau plongeon dans l'abîme! On prenait un malin plaisir à triturer nos blessures à peine refermées. Comme les enfants avaient besoin de moi, je repris mon sang-froid. Sans eux, en aurais-je été capable?

La soirée s'annonçait orageuse. Avant de fermer les volets pour la nuit, j'examinai les environs. Aucun personnage louche! Je pouvais respirer! Les promeneurs accéléraient le pas, car le vent s'était mis de la partie. En sécurité à l'intérieur, je rêvassais quand, brusquement, l'explosion d'un pot d'échappement me fit sursauter. Instantanément, je fus téléportée en Algérie au moment de l'explosion un soir de ramadan. Sans attendre, je refermai les volets.

Encore sous le choc, je me forçai à revenir au moment présent. Mes petits frères mangeaient leur sandwich comme des oisillons innocents et ma sœur semblait perdue dans ses rêveries.

Je songeai à ma mère, endormie dans son monde, à l'abri. Je l'enviais d'avoir pu s'échapper et fuir les problèmes. Malgré mon inquiétude, j'étais contente qu'elle puisse se reposer et oublier nos difficultés pendant un certain temps. Elle me manquait. J'entendais sa voix chaude et douce aux accents mélodieux. Des mots se formèrent inconsciemment dans ma tête et je chantonnai la berceuse qu'elle me fredonnait dans la cuisine en caressant mes cheveux. J'aurais voulu dormir à sa place.

Les jours passaient. Nous recevions des appels de menaces de deux ou trois hommes dont le vocabulaire se ressemblait étrangement. Des menaces pour nous faire peur, évidemment! Mais, malgré moi, je croyais qu'elles pouvaient être fondées, du moins en partie. Comment garder l'esprit serein en se sachant surveillé constamment?

Mes petits frères ressentirent l'atmosphère trouble. Avaient-ils perçu ma nervosité et ma méfiance? Fort probable. Comme j'avais interdit les sorties dans les parcs, ils ne pouvaient ignorer qu'un danger nous menaçait. Leurs dessins reflétaient l'ambiance dans laquelle ils vivaient. Élias représentait des barbus ensanglantés brandissant des couteaux. J'en avais le cœur brisé. Leurs cauchemars reprirent de plus belle. Tout le chemin parcouru depuis notre arrivée en France était réduit à néant!

J'avais mal pour eux et mal pour nous!

La vie ne nous faisait aucun cadeau. Nous ne demandions pourtant que la paix!

Un après-midi, après notre retour à l'hôtel, Mélissa répondit au téléphone. Elle se figea instantanément. Son teint devint livide et des larmes perlèrent au coin de ses paupières. Je saisis le combiné et raccrochai le plus vite possible.

« Chut! Ne bouge pas! dit-elle en plaçant son index en travers de ses lèvres.

— Mais qu'est-ce que tu as? demandai-je en voulant comprendre son comportement étrange.

— Tais-toi, je te dis! Il nous regarde d'en bas. Il est dans la boulangerie!»

En temps normal, j'aurais regardé par la fenêtre et je serais peut-être descendue l'affronter. Mais la présence de mes petits frères m'en empêcha. Il ne s'agissait pas de prouver quoi que ce soit, mais de les protéger en leur évitant un affrontement qui aurait pu les marquer à vie. D'autant plus que je devais calmer ma sœur!

«Voyons, Mélissa, il ment, c'est sûr! Il ne prendrait pas un tel risque. Nous pourrions appeler la police!»

Comme mes paroles tombaient à plat, je pris mon courage à deux mains. Cachant ma peur, je jetai un coup d'œil par la fenêtre. Dieu merci, il n'y avait personne! J'étais soulagée.

«Mélissa, il faut que tu m'aides. Tu dois absolument conserver ton sang-froid devant les petits. J'essaie de les rassurer, mais si tu t'affoles mes efforts ne serviront à rien et ils paniqueront à leur tour.

— Norah, je n'en peux plus! dit-elle en pleurant.

— Je sais, mais tu dois te contrôler devant eux. J'ai besoin de ton aide.

— Je vais essayer. Et si maman se réveille, elle devra revivre tout cela! Je la plains!

— Pourvu qu'elle se réveille, c'est tout ce que je demande!»

Reviens, maman, je t'en prie...

Le quatrième jour après son opération, ma mère ouvrit les yeux. Mélissa et moi étions heureuses parce qu'elle ressuscitait, mais nous craignions sa réaction devant la reprise des menaces.

Une maman possède sûrement de puissants radars capables de percer l'inconscient de son enfant. Elle devine ce que lui-même ignore encore. On ne peut rien lui cacher! Et elle a tout deviné! Je me sentais terriblement fautive de ce qui nous arrivait, mais elle m'accorda son pardon. Quel soulagement!

« Tu vas téléphoner à ma famille. Tu leur annonceras que je suis rétablie, que je vais beaucoup mieux et que je sortirai bientôt de l'hôpital. Cela les calmera peut-être. Enfin, je l'espère!

— Quand sortiras-tu de l'hôpital, maman? demanda Mélissa.

— Je ne sais pas. Le médecin veut que je reste quelques jours sous observation. Comment vont mes amours de garçons?

— Ils vont bien, ne t'en fais pas. Ils sont plus grands qu'on ne le croit, tu sais.

— Tout comme vous, mes chéries! Qu'aurais-je fait sans vous? » rajouta-t-elle en nous serrant dans ses bras.

Je revins à l'hôtel, plus légère. Même si les appels téléphoniques devaient continuer, je pouvais les oublier maintenant que ma mère était là, bien vivante!

Sa convalescence terminée, après quinze jours qui m'avaient paru des siècles, elle revint à la maison. Elle porta plainte auprès de plusieurs organismes au sujet des menaces. La police ne pouvait rien faire, étant donné l'absence de preuve et notre incapacité à fournir des noms. On ne pouvait pas nous protéger de l'inconnu! Quelle excuse! Ma mère demanda le statut de réfugiés pour elle ou pour ses enfants. On lui répondit qu'elle devait être de nationalité étrangère pour avoir droit à la protection française! Comme elle était de nationalité française, elle devait se débrouiller seule! Après avoir tout essayé, nous nous retrouvions dans un cul-de-sac. Nous ignorions alors qu'une autre solution s'offrirait à nous...

***

Un soir, à notre retour à l'hôtel après notre passage à l'école et à la garderie de Zach, l'hôtelier nous apostropha devant la réception. L'homme, en furie, brandissait une enveloppe.

«Votre chèque a été coupé de moitié. Moi, mes tarifs sont clairs!» cria-t-il dans le hall d'entrée.

Les clients présents se retournèrent pour surveiller la scène. L'hôtelier poursuivit :

«Si je n'ai pas la somme complète avant la fin du mois, je serai dans l'obligation de vous mettre dehors», trancha-t-il, sans nous donner aucun droit de réplique.

Il ne pensait qu'à l'argent, qu'à ses profits. Il tenait superbement le rôle de l'avare de Molière. Il caressait son chèque en nous humiliant! Cet homme qui se préparait à jeter des enfants à la rue avait-il vraiment conscience de son geste?

«Samia, je vous aime bien, vos enfants aussi. Ça me fait mal de vous dire ça!» dit-il pour dorer la pilule ou pour se montrer moins cruel.

Après le rôle d'Harpagon, voilà qu'il endossait celui de Tartuffe.

Nous étions dans de beaux draps, à deux pas de la porte et sans ressources. Deux adultes auraient pu faire face à cette situation, deux adultes et une adolescente de l'âge de Mélissa, peut-être, mais en faisant des concessions. Cependant, se retrouver à la rue avec trois jeunes enfants, c'était invivable et non envisageable. Nous risquions que la DDAS[13] les prenne en charge ou que le gouvernement exige leur rapatriement. Cette fois, nous touchions le fond du gouffre.

Un après-midi, ma mère nous emmena prendre un café, ma sœur et moi. Elle semblait triste et perdue dans

---

13. Direction départementale des affaires sanitaires et sociales.

ses pensées. Nous entendait-elle? Il m'arrive d'introduire une histoire ridicule au milieu de mes propos pour vérifier si mon interlocuteur m'écoute. C'est ce que je fis ce jour-là!

« Si nous organisions une manifestation avec tous les organismes qu'on connaît. »

Ma mère fixait toujours le même point à l'horizon. Je poursuivis donc mon expérience.

« Hier, j'ai vu un vaisseau extraterrestre atterrir devant moi. Il était auréolé de lumière... »

Elle ne broncha pas alors que Mélissa était morte de rire.

« Maman, l'interpellai-je plus directement cette fois.

— Oui? répondit-elle en tournant lentement la tête vers moi.

— Qu'est-ce que tu as? On dirait que tu es sur une autre planète!

— Il faut qu'on parte!

— Oui, je sais. Ce n'est pas la première fois que tu en parles, ajoutai-je, doutant de son projet.

— Écoutez bien. Je connais un pays où nous serons bien traités. »

Mélissa me dévisagea, des points d'interrogation dans les yeux.

« Explique-nous, maman. Nous t'écoutons, ajouta Mélissa, déjà anxieuse à l'idée d'un changement possible.

— Il faut commencer par le commencement. Hier, au McDo, un homme, un Algérien, est venu me parler.

— Un de ceux qui nous menacent? demanda Mélissa.

— Non! Laisse-moi t'expliquer. C'est un sans-papiers. Il m'a suggéré de partir au Canada.

— Chiche alors! »

Cette idée m'excitait; j'étais au septième ciel! J'avais peine à contrôler mes cris de joie. Par contre, Mélissa exprima son désaccord en éclatant en sanglots.

« Non! Je ne suis pas d'accord! Nous avons fui

l'Algérie en croyant tout régler, et... Je commence à peine à me sentir chez moi ici et vous voulez tout abandonner encore!

— Te sentir chez toi! Quand on te prend en pitié et qu'on t'offre gratuitement ton déjeuner! argumentai-je. Quand tes frères dorment par terre à tour de rôle! Quand nous devons prendre tous nos repas à l'extérieur!

— ...

— Nous devons passer nos longues journées, entassés les uns sur les autres, entre deux grands lits. Est-ce ainsi que tu veux vivre?

— Mon école, alors?»

Maman vint à ma rescousse:

«Imagine que nous puissions repartir à neuf, loin de ceux qui nous harcèlent! On m'a assurée que la vie était plus facile là-bas. Nous nous en bâtirons une nouvelle, dans un monde mieux organisé qu'ici.»

Mélissa était à court d'arguments. Petit à petit, elle s'ouvrait à cette nouvelle idée, à cette nouvelle expérience.

Maman nous ramena ensuite à des considérations plus terre à terre: visas, papiers officiels, coûts. J'écoutais d'une oreille distraite, car je faisais confiance au destin. Mettre fin à cet enfer était la seule chose qui m'importait.

Jusqu'à maintenant, ma vie n'avait été qu'une succession d'enfers, le suivant était toujours différent du précédent, mais jamais meilleur. En réfléchissant, je réalisai que l'existence même de l'enfer présupposait celle du ciel. À nous de le découvrir. Quelle pensée réconfortante!

Cette nuit-là, j'étais trop excitée pour dormir. J'imaginais ce grand voyage, cette possibilité de repartir sur des bases solides, incognito, dans un pays aux mille possibilités. Toutes ces pensées me redonnaient l'espoir. Sentir l'adrénaline dans mes veines, c'était me sentir à nouveau vivante. J'étais prête à escalader l'Everest.

CHAPITRE XVIII

La solution

Le lendemain, c'était le 11 septembre 2001. Ma mère et moi prenions plaisir, à la table d'un restaurant près de l'hôtel, à planifier notre départ. Combien coûterait le voyage? Comment se procurer les visas? Et, bien entendu, quand partirions-nous?

Maman tournait le dos à la télévision tandis que j'y faisais face. Elle me parlait de l'Amérique au moment où je vis, horrifiée, un avion exploser sur l'une des tours jumelles de New York. Je reconnus la ville, car les Américains adorent y tourner des films de science-fiction remplis de catastrophes. Voilà que la réalité, encore une fois, dépassait la fiction!

« Maman, regarde! Un avion a foncé sur les tours jumelles du World Trade Center!

— De quoi parles-tu? Ce n'est qu'un film! C'est impossible! »

La chaîne passait et repassait ces images apocalyptiques qui resteraient gravées à jamais dans nos souvenirs.

« Mais c'est vrai! Quelle horreur! »

Impossible de retenir mes larmes! Un silence solennel s'imposa dans tout le restaurant. Le temps s'immobilisa. Tout le monde avait les yeux rivés sur l'écran comme pour se donner le temps d'intégrer l'atroce réalité. Chacune des images se grava profondément en moi. J'étais triste pour l'humanité entière. Que les terroristes en soient rendus à commettre ces crimes irréparables, c'était inconcevable.

Au fur et à mesure des analyses faites par les commentateurs, il devint évident que ces gestes avaient été accomplis par des terroristes du monde arabe. Or, nous étions des Arabes! Un jour prochain, on nous associerait aux responsables de cette abomination. Les tours jumelles s'écroulaient en emportant avec elles nos espoirs en un avenir meilleur.

Pourquoi cet événement se produisait-il maintenant? Encore une fois, je trouvais le destin injuste et je devins amère. Nous ressemblions au prisonnier qui, après avoir rêvé de collines verdoyantes, de chants d'oiseaux et de rayons de soleil, se réveille dans sa cellule sombre et triste.

Je redevenais prisonnière dans l'hôtel.

On opposa à nos démarches pour obtenir nos visas une fin de non-recevoir. Les ambassades bloquèrent systématiquement les demandes des Arabes. Nous n'avions pas le choix, nous devions nous faire une raison et accepter cet état de fait. Quelle injustice!

Mais c'était sans connaître la ténacité de ma mère! Nous n'avions rien à perdre. D'ailleurs n'est-il pas vrai qu'on fournit tous les efforts possibles pour conserver la tête hors de l'eau quand on est en train de se noyer?

Quelque temps après le 11 septembre, ma mère rencontra à nouveau Redwane, l'Algérien qui connaissait le Canada. Elle revint avec une idée encore plus audacieuse que la précédente.

«Les filles, il y a une autre solution.»

Elle se tut pendant quelques secondes, le temps d'observer notre réaction. Mais rien ne m'étonnait plus de sa part.

«Nous rassemblerons tout l'argent dont nous pouvons disposer, poursuivit-elle sur un ton déterminé. Et, tenez-vous bien: nous achèterons de faux passeports!

— Quoi? Es-tu sérieuse? Et si on se fait prendre? s'exclama Mélissa en haussant la voix.

— Moi, je suis partante! indiquai-je, décidée à affronter tous les périls. Tu as parlé de faux passeports. Peux-tu nous en dire plus à ce sujet?

— Il s'agit de passeports français qui ont été "empruntés" à des personnes réelles. Ils nous permettront de passer la douane. Une fois au Canada, nous demanderons l'asile.

— Tu n'as pas peur de prendre tous ces risques?

— Qu'est-ce que tu crois? Oui, j'ai peur! Mais avons-nous vraiment le choix? Moi qui vous ai promis une vie meilleure, j'ai l'impression qu'on s'enlise davantage de jour en jour. De toute façon, si nous restons en France, nous devrons quitter l'hôtel, mais pour aller où, je vous le demande?

— Tu as raison, maman. Nous n'avons plus rien à perdre, ça passe ou ça casse! Au pire, on nous ramènera ici.

— Alors, tentons le tout pour le tout! »

Cette aventure me plaisait d'autant plus qu'elle était hors du commun! J'accompagnai ma mère quand il s'agit de marchander le prix des passeports auprès de Redwane. J'obtins une réduction en demandant un prix de groupe! Redwane comprenait notre situation; nous étions de la même famille, des frères de misère.

J'ajoutai mes maigres économies à l'argent que nous rapporta la vente des quelques bijoux encore en notre possession, dont une bague somptueuse achetée à La Mecque que ma mère avait cachée dans ses bagages. Ce joyau à lui seul paya en grande partie nos passeports et nos billets d'avion. Nous avions suffisamment d'argent pour survivre quelques jours après notre arrivée au Canada.

Les différentes démarches, tant pour rassembler l'argent que pour trouver les faux passeports s'étaient déroulées à un rythme incroyable. J'étais plongée véritablement dans un roman où il était question de contrefaçon et de trafic.

Quand on nous livra les deux passeports, l'odeur de colle était encore perceptible, car on avait juxtaposé la photo des enfants à celle du détenteur. En analysant le mien, je découvris deux erreurs importantes qui me donnèrent froid dans le dos. Première erreur : Karine, mon faux moi, avait les yeux bleu-gris alors que les miens étaient brun très foncé. Seconde erreur : mon garçon Valentin, connu sous le nom de Zach, était âgé de six ans alors qu'en réalité, il en avait deux. La solution au premier problème était relativement facile : je me procurerais des lentilles bleu-gris. Par contre, il s'avérait plus difficile de réparer la seconde erreur. Invoquer une maladie génétique pour expliquer le retard de croissance de mon pseudo-fils, peut-être?

Ryan et Élias devenaient respectivement Sylvain et Samy, tandis que Mélissa et maman portaient dorénavant les noms de Myriam et Sabine Dupont. Cette dernière avait trois enfants déclarés sur son passeport et moi, un.

Il fallut expliquer aux garçons la raison de leur changement de nom. Comme la vérité avait toujours été une valeur essentielle dans la famille, maman décida de jouer franc jeu.

« Les enfants, écoutez-moi », commença-t-elle.

Après avoir capté leur attention, elle poursuivit :

« Nous avons de faux papiers où sont écrits vos nouveaux noms. C'est une sorte de mensonge qu'on est obligés de faire si on veut vraiment aller au Canada. Nous n'avons pas le choix! »

Les enfants nous fixaient de leurs grands yeux. Ils n'avaient retenu que le mot mensonge.

« Mais c'est mal, riposta Ryan, porte-parole de son frère jumeau. Si on ment, Dieu nous punira!

— Si on adresse une petite prière à Dieu pour lui expliquer pourquoi on change nos noms, je suis sûre qu'il comprendra et qu'il pardonnera.

— D'accord, quel est mon nom? » demanda Élias à son tour.

Ils ne saisissaient pas toute la situation, mais ils étaient capables d'en comprendre toute l'importance. Je préférai les mettre au courant des risques et des conséquences. Même si les mots étaient parfois compliqués, ils devinèrent au sérieux de ma voix que nous avions besoin de leur participation et qu'aucune erreur n'était permise.

Durant les jours qui précédèrent le départ, ils répétaient constamment leur rôle et les noms de chacun. Je fis quelques mises en scène pour évaluer leur capacité d'improvisation. Ils étaient vraiment doués!

Redwane nous conseilla de quitter l'Europe à partir d'une grande ville autre que Paris, où les agents douaniers étaient particulièrement bien entraînés à découvrir les faux papiers. J'en discutai longtemps avec ma mère. Il ne fallait pas nous tromper! Je soupesais les avantages et les inconvénients des endroits possibles de départ. Mon esprit était constamment en alerte et j'avais peine à dormir. J'envisageais de multiples trajets en prévoyant des sorties de secours. Quand tout se mélangeait dans ma tête, je priais.

Finalement, avec l'approbation de Redwane, nous avons choisi l'Espagne, Barcelone, plus précisément. Nous devions prendre le train à grande vitesse jusqu'à la frontière et un train local jusqu'à notre destination.

Redwane nous accompagna à la gare. Il nous remit ses coordonnées pour que nous puissions le contacter en cas de problème et aussi pour que nous soyons en mesure de l'informer de notre arrivée. Il avait les larmes aux yeux quand il nous fit ses adieux. De mon côté, j'avais l'impression d'abandonner un frère!

Redwane, que Dieu te protège!

Le train à grande vitesse nous amena rapidement à la frontière. J'en conserve peu de souvenirs si ce n'est l'excitation qui m'habitait alors. J'élaborais des scénarios au sujet de notre future vie au Canada et j'en projetais les images dans mon imagination. Je me faisais mon propre cinéma.

Le deuxième trajet vers Barcelone s'annonça plus mouvementé. La gare était bruyante, la foule, agitée. De la fumée s'échappait des cheminées et brouillait l'atmosphère. Le chef de gare criait à tue-tête des mots incompréhensibles. Tous ceux que je croisais parlaient espagnol à haut volume. Je n'avais jamais été aussi dépaysée de ma vie. Un préposé m'apostropha en pointant mes bagages.

« C'est quoi, toutes ces valises? lança-t-il sur un ton impertinent. Vous ne voyagez pas, vous déménagez!

— Mais t'as tout compris, mon vieux!» répliquai-je.

Il s'éloigna sans insister.

Le wagon étant relativement étroit, nous étions cloués à nos sièges. Les garçons étaient éparpillés plus loin à l'avant, mais ils ne se plaignaient pas. Le train bringuebalait dans tous les sens comme un manège à sensations. Les gens semblaient habitués à un tel luxe.

Le trajet me sembla durer une éternité. Ryan et Élias demandaient à haute voix quel prénom utiliser. Même si les Espagnols ne parlaient pas français, maman et moi leur répétions d'être discrets et moins bruyants. Il était inutile d'attirer l'attention.

Quelques heures plus tard, nous arrivions enfin à destination. Même s'il faisait nuit, je distinguai l'architecture typique des maisons espagnoles. Comme les enfants étaient épuisés, ma mère décida de chercher un hôtel, le moins cher possible, à proximité de la gare.

Pour transporter notre famille et nos bagages, nous

avions besoin de deux taxis et deux seulement étaient disponibles. Redwane nous avait mis en garde contre les chauffeurs qui escroquaient les nouveaux venus, mais nous n'avions pas le choix. Maman prit cependant la peine de préciser un hôtel modeste. Au contraire, on nous déposa à la porte d'un hôtel luxueux. Elle était furieuse.

« Qu'est-ce que vous faites? Je vous ai dit "pas cher". Êtes-vous sourd? Vous n'aurez pas de pourboire! »

Le chauffeur ne réagit pas, mais il avait certainement compris. Les taxis repartirent, laissant sur le trottoir enfants et bagages. Il n'était pas question de dormir dans cet hôtel cinq étoiles! Encore un problème à résoudre! Il était très tard et nous étions épuisés.

De l'autre côté de la rue, un homme promenait un gros chien au pelage aussi noir que son maître. Il venait dans notre direction. Maman lui adressa la parole.

« Parlez-vous français?

— Certainement. Est-ce que je peux vous aider?

— Oui. Nous arrivons de France et nous n'avons que très peu d'argent. Connaissez-vous un hôtel moins cher que celui-ci?

— Je vous aurais emmenés chez moi, mais c'est trop petit pour vous tous. Il y a un hôtel-appartement près d'ici où vous aurez sûrement de la place. Il est un peu cher, mais beaucoup moins que celui-ci. Je peux vous conduire, si vous le désirez.

— Ce serait trop aimable! Merci beaucoup! »

Quelle bonté! Après nous avoir indiqué l'hôtel, Philippo s'offrit pour accompagner maman le lendemain à l'agence de voyages. Il lui laissa donc ses coordonnées.

Puis ce fut la découverte de l'appartement. Les enfants restèrent bouche bée devant la baignoire, les deux canapés et la cuisine entièrement équipée. Leur surprise devant un aménagement normal m'émut.

Un an déjà! Une année passée sans cuisine, à

manger et coucher un peu partout. Un an vécu dans le dénuement complet. Qu'ils étaient beaux à voir, mes petits bébés! Malgré leur fatigue, ils couraient de pièce en pièce dans leur nouveau château!

Il fallait pourtant se reposer pour affronter la journée éprouvante du lendemain. Notre voyage nous avait tellement épuisés que nous sommes tombés comme des mouches sur nos oreillers.

À nous regarder dormir aussi profondément, on aurait dit une famille ordinaire, sans histoire particulière. Dormir, dans la religion musulmane, signifie être entre la vie et la mort. Peut-être renaissons-nous chaque petit matin! Peut-être chaque nuit présente-t-elle de nouveaux choix de vie! Devant un nouveau-né, personne ne pense qu'il pourrait devenir un sans-abri, un sans-papiers ou un monstre. Comme mon père. Qu'a pensé sa mère, le jour de sa naissance? S'est-elle dit «Je ferai de toi le pire des maris et le pire des pères?»

La nausée me reprend, c'est plus fort que moi! Changeons de sujet!

***

Le lendemain matin, Mélissa, maman et Philippo se présentèrent à l'agence de voyages pendant que je préparais les garçons. Je profitai du bain (enfin!) pour rappeler à ces chérubins leur nouvelle identité. Je m'offris également ce luxe sublime, un bain rapide dont je savourai quand même chaque minute.

À peine habillée, j'entendis le téléphone.

«Norah, j'ai une nouvelle difficile à t'annoncer. Tu ne seras pas contente!

— Tu sais, au point où j'en suis. Vas-y. Je t'écoute.

— Il est impossible d'avoir un vol direct. Nous devrons faire escale.

— Où donc?

— Bien... À Paris!»

La terre s'arrêta de tourner quelques secondes. Cette pensée lugubre m'envahit : *Puisqu'on est fichus, on n'a plus rien à perdre!* J'étais incapable de tolérer une tension supplémentaire!

«Maman, c'est très risqué. Sais-tu qu'on se prépare à faire un truc vraiment kamikaze?

— Je ne peux pas faire autrement!

— Puisqu'il le faut! Il est trop tard pour reculer. On fonce. Et cesse de t'en faire inutilement.»

Je rassemblai nos bagages machinalement tant j'étais préoccupée par ce revirement brusque de situation. Mes frères parlaient, mais je ne les entendais pas. Je devais faire le vide dans mon esprit! Stressée, je répétais déjà des dialogues imaginaires avec les agents des douanes.

Soudain, j'entendis un coup de klaxon. Deux taxis nous attendaient. Nous n'avions plus de temps à perdre. Les bagages chargés dans les coffres des voitures, les chauffeurs démarrèrent. Ma mère voyageait dans le premier taxi avec Mélissa et Zach, tandis que j'étais avec les jumeaux dans le second.

Par hasard, j'aperçus ma figure dans le rétroviseur. Oh! Les lentilles bleu-gris! Je devais me les procurer si je voulais ressembler davantage à Karine, ma nouvelle identité.

J'arrêtai le chauffeur et prévins ma mère. Je pénétrai en trombe dans la boutique de l'opticien au coin de la rue. Il me proposa un vaste choix de lentilles. J'attrapai une paire gris-bleu au hasard et l'ajustai à mes yeux à l'aide d'un miroir. Après avoir payé, je ressortis aussi vite que j'étais entrée. Une tornade était passée!

Ma mère jugea bon d'informer les jumeaux au sujet de notre escale à Paris. J'aurais préféré qu'ils l'ignorent parce que je craignais leur réaction. Effectivement, ce fut la panique générale! Les petits criaient et pleuraient: «Je ne veux pas retourner en France! Je veux aller au Canada!» Nous devions les calmer rapidement afin de ne pas attirer l'attention inutilement. Nous avons expliqué et répété qu'à Paris, nous ne sortirions pas de l'aéroport ni ne retournerions à notre ancien hôtel. Petit à petit, ils se calmèrent, mais leur panique déteignit sur Mélissa. J'étais moi-même très tendue et des crampes m'étreignaient l'estomac.

L'heure était venue de passer la porte d'embarquement. Comme il n'y avait personne pour contrôler les papiers, ce fut très facile. C'était peine perdue. Le moment fatidique n'était que reporté, de toute évidence, en France. J'en discutai en aparté avec ma mère pour ne pas alerter le reste de la famille.

Le trajet d'avion m'offrit le répit dont j'avais grandement besoin. Je m'assoupis et laissai vagabonder mon esprit. Plusieurs images de mon enfance se bousculaient aux portes de ma conscience. On aurait dit un film en super-huit. Je me revoyais toute petite, à l'âge où la distinction entre le bien et le mal n'existe pas, l'âge de l'innocence, quand tout est nouveau et rempli de promesses. J'étais loin d'imaginer l'enfer que j'aurais à traverser!

Je revécus les anniversaires avec les cadeaux de ma mère; je revis mes camarades de classe, ma balançoire, les rosiers grimpants de mon jardin, mon vélo blanc, et mon grand ami Tonton.

Vint ensuite la période moins rose: le collège, mes enseignants, Sekouba, mon hamster, ma maison, les disputes et les pleurs de ma mère. Je chassai, au fur et à mesure qu'elles se présentaient, les images de celui que je voulais enterrer de ce côté-ci de l'océan.

Puis se présenta l'époque la plus éprouvante de ma vie: Alger, le sang, les cris, les pleurs, le marché, les voisins, le bruit des balles et des explosions dans la nuit. Certes, ma vie avait connu de multiples changements, mais elle empirait continuellement. Si elle continuait sur cette lancée, à quel cauchemar devais-je me préparer? Et si cet avion me permettait de changer de direction, de voler vers la terre promise?

La France, l'Algérie, la France, l'Espagne, la France et le Canada, peut-être...

L'avion se posa en territoire français. L'heure fatidique approchait! Les dés étaient jetés. Nous devions avancer!

Aux guichets, ma mère était à ma droite et les enfants se tenaient entre nous. Je me méfiai de l'air affable de mon agent. Après avoir examiné consciencieusement mon passeport, il leva les yeux vers moi.

«Est-ce que Valentin est ici? demanda-t-il calmement.

— Oui. C'est lui, répondis-je en pointant les enfants.

— Très bien. Bon voyage, madame.»

Je repris ma respiration après un long moment d'apnée! Ce douanier avait été berné par ces trois gamins habillés de façon similaire! *Surtout, ne ris pas, Norah! Ne ris pas, tu pourrais le regretter!*

Les vérifications suivantes se déroulèrent sans problème et nous montâmes à bord de l'avion qui devait nous conduire en Amérique.

Quelques minutes plus tard, l'avion s'envolait. Dieu voyageait maintenant avec nous, car nous étions assis confortablement à proximité les uns des autres. Sept heures de vol avant l'atterrissage à Montréal, avant de savoir si nous avions réussi. Après tout ce chemin parcouru, nos efforts devaient porter leurs fruits!

Le vol s'annonçait interminable. Les petits demandaient sans cesse s'ils gardaient leur fausse identité. Avant de répondre, je vérifiais si quelqu'un avait entendu. J'étais inquiète, mais je ne pouvais m'empêcher de trouver la situation cocasse. Par contre, Mélissa n'appréciait pas du tout! Elle était morte de peur; elle était sûrement la plus paniquée du groupe.

Autant profiter du voyage pour relaxer un peu! Mes yeux piquaient à cause des lentilles auxquelles je n'étais pas habituée. Si je voulais dormir, il valait mieux les enlever. Dans mon empressement, j'avais oublié leur étui ainsi que la bouteille de solution nettoyante. Dans la minuscule salle de bain, je retirai mes lentilles et les enveloppai de cellophane avec un peu d'eau. Le résultat serait sûrement catastrophique, mais j'étais incapable de les tolérer plus longtemps.

Au fil des heures, les garçons s'endormirent à tour de rôle, recroquevillés dans leur siège, tête penchée et paupières closes. Le tableau était attendrissant! Mes anges chéris, mes chérubins, je vous aime! Vous êtes courageux! Tout jeunes, vous avez été exposés à des situations terribles, vous avez été plongés dans un climat d'angoisse perpétuelle. Très tôt, la vie vous a demandé de faire preuve de maturité. Adieu, jeux candides et rires innocents! J'aurais tant voulu que vous profitiez de votre enfance pour compenser celle qui m'avait été enlevée.

J'étais immensément triste. Cependant, je réalise aujourd'hui que nos malheurs nous ont soudés les uns aux autres. Les six membres de notre famille forment un tout indissociable. Quand je regarde notre photo de famille, je trouve que c'est la plus belle famille du monde. Certains nous traiteront de famille maudite ou d'aventuriers; qu'à cela ne tienne! Je referais sans hésiter tout ce que j'ai fait et je me conformerais aux mêmes décisions, prises parfois longtemps à l'avance, parfois à la dernière minute.

Après quatre heures de vol, nous étions plus près de Montréal que de Paris. Pour moi, le Canada représentait la terre promise, avec sa nature, ses montagnes et ses lacs. Aller de l'autre côté de l'Atlantique était une aventure à la fois extraordinaire et inquiétante, mais remplie de promesses. Nous pouvions tourner la page et repartir incognito sur de nouvelles bases. On nous offrait un terrain pour construire la maison de nos rêves.

***

Je jetai un coup d'œil par le hublot. L'océan avait fait place à la terre, la terre canadienne, sans aucun doute! Ce pays si grand, si vaste! Quelle vie connaîtrions-nous dans ce monde nouveau? On aurait dit qu'une main de géant m'étreignait et m'empêchait de respirer.

Je distinguai des rues importantes, deux ponts côte à côte. Mon voisin nomma la ville de Québec. Vingt minutes nous séparaient de Montréal, à peine le temps de remettre mes lentilles. Je me dirigeai vers la minuscule salle de bain. Mes verres de contact étaient dans un état pitoyable : asséchés et repliés à certains endroits. Ils durent tremper de longues minutes avant de reprendre une forme convenable. Après plusieurs essais et les yeux rougis, je réussis à les tolérer. Si les douaniers remarquaient mon inconfort, je pourrais bâiller et faire semblant d'être fatiguée.

« Veuillez attacher votre ceinture et relever les tablettes. Nous atterrirons dans quelques instants. La température au sol est de sept degrés. »

***

Quand les roues de l'avion touchèrent la piste, je priai : *Advienne que pourra. Dieu, s'il te plaît, aide-nous!* Nous suivîmes la file des voyageurs jusqu'à la douane. Ma mère passa au guichet de gauche avec Mélissa et les jumeaux alors qu'une douanière un peu trop consciencieuse nous attendait, Zach et moi, au guichet voisin.

À plusieurs reprises, son regard fit l'aller-retour

entre la photo du passeport et mon visage. Je la fixai sans baisser les yeux pour me donner de l'assurance. Et je bâillais à répétition. Je me montrai drôle et détendue, du moins essayai-je, mais ce fut peine perdue. Je n'obtins pas l'ébauche d'un sourire! Mes espoirs de passer la douane diminuaient à vue d'œil.

Ma mère m'attendait de l'autre côté avec le reste de la famille, prête à me venir en aide, au besoin.

«Avez-vous votre livret de famille? demanda l'agente sur un ton bourru.

— Non, je n'en ai pas. Est-ce nécessaire?

— Oui, madame. Si vous voyagez en l'absence du père, vous devez fournir un livret de famille.

— Mais Sabine...»

Je m'interrompis. Maman n'avait pas de livret de famille, mais il était inutile de la mettre en danger. Je devais me tirer d'affaire seule en inventant une histoire plausible!

«Je suis séparée du père. En fait, il m'a quittée peu après la naissance du petit.

— Alors, expliquez-moi pourquoi l'enfant porte le nom de son père.

— Mais parce que c'est lui le père!»

Plus je parlais, moins elle me croyait.

«Je refuse de tamponner votre passeport. Allez dans le bureau au fond du couloir; peut-être que quelqu'un d'autre acceptera de le faire.

— Et merde.» ajoutai-je, entre les dents, en serrant fort la main de «Valentin».

Maman vint discrètement à ma rencontre pour en savoir plus. Je lui expliquai brièvement la situation. Elle proposa de m'accompagner après avoir demandé à Mélissa de jeter un œil sur les jumeaux et sur «Valentin» qui viendrait nous rejoindre si l'agent le demandait. Le teint de Mélissa vira au blanc. Je vis ma peur se refléter sur son visage.

Dans l'étroit local du fond m'attendait une femme d'âge moyen, assise derrière un bureau surélevé placé au centre de la pièce. Malgré son air affable, j'eus l'impression d'être au tribunal. Heureusement, ma mère se tenait légèrement en retrait près de la porte! Sa présence me rassura.

Je répétai ma version.

«Au fait, qui est cette dame qui vous accompagne? demanda-t-elle.

— Nous sommes des cousines éloignées.

— J'aurais besoin de voir votre fils. Pourriez-vous demander à votre cousine d'aller le chercher?»

Je fis signe à ma mère qui s'approcha aussitôt.

«Sabine, pourrais-tu nous emmener Valentin, s'il te plaît?

— Certainement, si je peux t'être utile, Karine», répondit maman.

Une pensée sombre me traversa l'esprit: «Ça y est! On est perdus.» Soudain, maman arriva avec Élias au lieu de Zach. Quelle mère géniale! J'avais une de ces envies de rire!

«Bonjour, mon garçon.

— Bonjour, madame», répondit sérieusement Élias.

Je lui caressai la tête pour le rassurer.

«Comment tu t'appelles? poursuivit l'agente.

— Mon nom est Valentin, madame.

— Et comment s'appelle ta maman?

— Karine.

— Que viens-tu faire au Canada?

— Je viens en vacances avec mes cousins. J'aimerais voir la neige!

— Mais il n'y a pas encore de neige.»

Peut-être ai-je oublié quelques répliques tant j'étais occupée à prier! J'affichais un sourire en faisant semblant d'écouter, mais je n'entendais plus rien.

L'idée de maman et la performance d'Élias nous

avaient sauvés. Jamais je n'avais vu ce dernier aussi calme et sûr de lui!

La douanière me tendit mon passeport en nous souhaitant bonnes vacances.

Quelle histoire de fous!

Encore hébétée, je rejoignis Mélissa et la serrai longuement dans mes bras. Je parvenais difficilement à reprendre mes esprits tant j'étais morte de fatigue. Je venais de vivre la plus grande peur de ma vie. Nous avions passé à un cheveu d'être retournés tous les six à la case départ.

En cheminant vers la sortie, j'observai les personnes qui marchaient à nos côtés. À en juger à leur accent, il y avait beaucoup de Canadiens! Mon regard s'attarda sur un homme affublé d'un chapeau de cowboy. Était-ce la mode? Pour le moins, c'était différent! Malgré moi, mon œil s'accrocha aux agents de sécurité à qui leur costume donnait une classe irrésistible!

Nous étions enfin en Amérique! Nous marchions en silence pour mieux nous concentrer sur notre nouvelle réalité. Je traînais péniblement les bagages, les garçons et mes souvenirs.

« Maman, est-ce qu'on peut s'appeler par nos prénoms maintenant?

— Oui, mon chéri! Bravo, mes amours! Élias, tu es un vrai champion et je suis fière de toi! »

Maman se dirigea ensuite vers le combiné réservé aux nouveaux arrivants. On lui indiqua les procédures à suivre pour régulariser notre situation. Lundi matin, nous aurions à nous présenter aux bureaux d'Immigration Québec.

CHAPITRE XIX

L'accueil montréalais

Nous enfilâmes nos manteaux avant de sortir dans l'air frais et vivifiant. Quelques minutes plus tard, un taxi, une mini-fourgonnette heureusement, s'arrêta à notre hauteur. En voyant le chauffeur, d'origine étrangère, nous ignorions encore qu'il ferait partie des anges envoyés sur terre pour nous venir en aide. Sans eux, notre vie n'aurait été qu'un cauchemar interminable tandis qu'avec leur soutien notre destinée se trouva transformée. Qui aurait cru que ce Libanais nous prendrait sous son aile aussi rapidement?

Un simple regard lui suffit pour deviner notre condition de nouveaux arrivants dans le pétrin. Il sut poser les vraies questions. Ma mère lui avoua qu'elle n'avait que deux cents dollars en poche pour couvrir nos frais d'installation. Avec si peu d'argent, il était impossible de loger une famille de six personnes jusqu'au lundi suivant.

Eut-il pitié de nous? Était-ce par solidarité? Peu importe! Il nous offrit l'appartement de son frère durant un mois. Qu'aurions-nous fait sans lui? Merci, mon Dieu!

Nous étions bel et bien au Canada! J'en doutais encore. Pourtant, je reconnaissais ces maisons typiques avec leurs escaliers extérieurs et leurs cheminées, ces immenses sapins et ces arbres majestueux dont la feuille décorait le drapeau du pays. Le spectacle rouge et or de l'automne canadien me coupa le souffle. La nature nous comblait de ses trésors. Était-ce un signal de bienvenue? J'aimais à le croire. Durant les jours qui suivirent, toutes les fois que je mis le nez dehors, j'éprouvai une immense gratitude mêlée à un sentiment de bien-être et de paix que je n'avais jamais connu auparavant.

Je découvrais l'accent québécois qui parle et chante à la fois, cet accent que j'ai toujours aimé et que j'aurais tant voulu acquérir. Je découvrais mon nouveau chez-moi. Encore aujourd'hui, je pleure de joie quand je repense au bonheur intense que j'ai ressenti lors de mon arrivée ici.

Pendant le mois suivant, ma mère poursuivit les démarches auprès d'Immigration Québec, du CLSC[14] et des autres organismes susceptibles de nous venir en aide. Ce mois de sursis fut une véritable bénédiction. Même si c'était insuffisant pour trouver une résidence à long terme, toutes les procédures d'accueil étaient maintenant remplies. À la fin du mois, l'intervenante du CLSC nous dirigea vers un centre pour femmes battues. Nous étions des réfugiés à qui la vie avait donné de bonnes raclées.

En matinée, un chauffeur du Centre vint récupérer nos bagages et, au début de l'après-midi, nous prîmes le transport en commun en direction de la ville de Lachine. Après plusieurs changements autobus-métro-autobus, quelques centaines de mètres restaient à franchir à pied avant d'arriver au Centre.

Il faisait déjà noir, le vent soufflait et la neige nous

---

14. Centre local de services communautaires : organisme gouvernemental répondant aux besoins médico-sociaux de la communauté locale.

aveuglait. J'avais les orteils glacés. Nos vêtements n'étaient pas suffisamment chauds pour affronter les rigueurs du climat québécois. Transie de la tête aux pieds, dans une rue interminable aux maisons pareilles, je me sentais perdue en terre étrangère.

Mélissa et moi tempêtions alors que les petits avançaient en silence. Était-ce parce qu'ils étaient épuisés, ou bien résignés? Tristes peut-être? Je n'avais plus la force de leur parler. C'était la première fois de ma vie que j'avais les doigts aussi congelés. Je ne pouvais pas les réchauffer parce que je transportais des sacs dans chaque main. Et cette rue qui n'en finissait pas!

Où le destin nous mènerait-il, cette fois-ci? J'étais fatiguée de cette vie-là, et je n'étais pas la seule.

Nous avancions de plus en plus péniblement quand Mélissa émit l'hypothèse qu'on avait pu confondre l'est et l'ouest de la rue.

Ma mère l'envoya vérifier sur le panneau indicateur. Non sans rouspéter, ma sœur s'exécuta. Nous l'attendîmes en silence pendant que la neige tombait à gros flocons, cette neige dont j'avais longtemps rêvé et que je maudissais ce soir.

On ne distinguait plus que l'ombre de Mélissa qui s'éloignait dans le noir. Elle boitait tant elle avait froid aux pieds.

«Maman, j'ai faim! dit Élias.

— Sois patient, nous arrivons bientôt.

— C'est pas vrai, on est perdus! C'est Mélissa qui l'a dit!

— Du calme, les enfants. Je vous jure que nous serons au chaud dans quelques minutes seulement.»

Mélissa revint enfin.

«Il n'y a que le nom de la rue sans indiquer ni est ni ouest. Les numéros sont en ordre décroissant dans cette direction.»

Ce n'était pas le moment de stagner sous la neige.

J'eus un regain d'énergie – l'énergie du désespoir. Je pris l'initiative de continuer dans la même direction jusqu'à la dernière maison. Il n'en restait que quatre! Et la dernière fut la bonne, celle du centre pour femmes battues.

Dans la vie, il faut croire jusqu'à la dernière minute. Les derniers instants, les derniers recours, les derniers espoirs sont souvent ceux qui portent leurs fruits.

Malgré notre aspect sûrement pitoyable, l'intervenante nous accueillit avec un grand sourire qui nous réchauffa instantanément.

Elle nous guida jusqu'à notre chambre. Une pièce assez grande pour y loger nos six lits, mais je me retrouvais, une fois de plus, entassée au milieu des autres, sans espace vital qui m'appartînt vraiment. Je chassai cette pensée, car ce séjour n'était que temporaire. Je donnai un coup de main pour défaire les valises et nous installer le plus confortablement possible. Après avoir revêtu des vêtements chauds, nous rejoignîmes les autres. La maison m'apparut immense et chacune des pièces était spacieuse et bien éclairée. Plusieurs femmes y résidaient, avec ou sans enfants. L'ambiance était remplie d'amour et de compassion, et toutes les occasions servaient de prétexte pour s'amuser. Ce refuge s'est rapidement transformé en cocon chaleureux.

Les fêtes de Noël et du Nouvel An nous aidèrent à fraterniser avec les familles déjà présentes. Même si nous venions à peine d'arriver, les intervenantes offrirent un cadeau à chacun de nous. Quelle délicate attention! Cela faisait si longtemps que je n'avais pas goûté à une petite douceur!

Nous nous chargions des tâches ménagères à tour de rôle : préparation des repas, ménage, lavage, etc. Chacun y mettait du sien. Les intervenantes nous apportaient beaucoup de chaleur humaine et nous faisaient connaître les ressources appropriées à nos besoins. Je recherchais la compagnie de Caroline avec qui j'aimais jaser jusque tard dans la nuit. C'était la meilleure amie de ma mère, et la mienne aussi. Une femme douce et drôle à qui j'ai confié tous mes états d'âme!

CHAPITRE XX

L'année charnière

Notre demande de résidence permanente fut adressée à Immigration Québec par maître Venturelli, notre avocate, qui s'occupait activement de «notre cas». Pour elle, nous représentions plus que de simples clients, car elle s'était liée d'amitié avec ma mère et souhaitait de tout cœur que nous demeurions au pays.

On nous informa que les démarches s'échelonnaient sur une période d'un an. On nous remit une feuille d'explications où étaient précisées les étapes que devait franchir notre demande ainsi que les dates importantes. Nous pouvions suivre au jour le jour sa progression. On y mentionnait également le motif invoqué, le moment où l'on recevrait notre convocation, l'endroit où nous devrions nous présenter, etc. Ma mère l'afficha sur le réfrigérateur, mais avions-nous besoin de cet aide-mémoire?

Je regardais ce bout de papier chaque matin. Imaginez le stress d'un coureur professionnel durant la seconde précédant le signal du départ: le cœur en accéléré, le trac, les milliers de questions... Ajoutez le doute et vous aurez une petite idée de l'anxiété que j'éprouvais en commençant ma journée. Je savais que la date inscrite la veille restait inchangée, mais c'était plus fort que moi. C'était ma façon de sentir que la date fatidique approchait.

Ce stress, j'aurais à le vivre pendant 365 jours avant

de savoir si nous étions acceptés! Un an en ignorant totalement nos chances d'obtenir une réponse positive! Je trouvais le délai trop long pour rendre ce genre de décision. Si nous étions refusés, nous aurions perdu un an de notre vie. Un an, c'est trop de temps à attendre, mais c'est assez pour se faire des racines et s'adapter au pays! Et quand il s'agit d'un enfant qui cherche un coin où rester, c'est doublement trop long! Si nos garçons devaient avoir à subir un nouveau déracinement, l'effet serait irréparable!

Devais-je m'attacher à cette terre d'adoption si je risquais de repartir au bout d'un an? Mais ce fut plus fort que moi. Je tombai amoureuse de ce nouveau pays si coloré à l'automne et si blanc sous la neige.

Mon coup de foudre se produisit un matin après qu'il eut neigé toute la nuit. Des flocons duveteux tombaient silencieusement sur le sol; on aurait dit la caresse d'une mère sur la peau de son enfant! Quelle splendeur! Même si j'étais en chemise de nuit, j'ouvris la porte. Je humai l'air frais. Était-ce là l'odeur de l'hiver? Aucune trace de pas sur ce tapis immaculé! Incapable de maîtriser mes instincts d'aventurière, pieds nus, je fis quelques pas sur cet espace vierge. J'avais de la neige jusqu'aux chevilles. J'esquissai quelques pas de danse pour me réchauffer tout en m'amusant. J'avais l'esprit à la fête quand, tout à coup, une vague de nostalgie me submergea. Pourquoi cette soudaine tristesse? Je me souvenais... C'était en 1998.

Pendant notre séjour à Alger. Il avait neigé toute la nuit. Il neigeait rarement en France, mais, à Alger, le phénomène était plus qu'exceptionnel. C'était la première fois que je revoyais la neige. J'étais surexcitée et je voulais partager ma joie avec les jumeaux alors âgés de deux ans. Nous sommes sortis sur le balcon. En fait, il ne faisait pas froid du tout. Nous sommes restés là, à regarder tout ce blanc se déposer sur le toit des maisons. Élias et Ryan tendaient leur main ouverte pour recueillir des flocons qu'ils regardaient fondre ensuite. Et moi, évidemment, j'étais émue jusqu'aux larmes. J'étais convaincue que ce moment était unique et que je ne reverrais jamais plus de neige de toute ma vie. Je me croyais prisonnière en Algérie. J'expliquais à mes bébés de deux ans que cette neige était un cadeau du ciel, qu'ils devaient en profiter, car cela ne se reproduirait plus. La plupart du temps, l'Algérie suffoquait sous la chaleur, la poussière et les bombes; cette neige immaculée agissait comme un pansement sur les nombreuses plaies du pays.

Ce matin pourtant, plutôt que de m'aider à oublier mon mal, la neige me rappelait cruellement ma blessure!

Quand vais-je cesser de pleurer? Quand j'aurai fini d'écrire, peut-être?

Encore une fois, mes souvenirs avaient entaché mon bonheur du moment. Oui, je voulais rester ici. Je voulais participer au plaisir de la première neige de l'hiver!

Aujourd'hui encore, l'hiver est ma saison préférée. N'est-ce pas facile à comprendre?

Après quelques mois au centre, on nous offrit d'habiter pour un prix modique le logement de l'étage supérieur pendant une période maximale d'un an. Quelle chance! Je me souviens de notre déménagement comme si c'était hier. On aurait dit trois adolescentes à qui l'on eût offert la maison de leurs rêves. Nous sautillions d'une pièce à l'autre en piaillant de joie comme des oisillons avant le lever du soleil. Contrairement à nous, les garçons se déplaçaient lentement, en examinant tous les recoins. Pour eux qui n'étaient pas habitués à profiter d'autant d'espace, ce logement devait ressembler à un immense palais!

Avec ses pièces de grandeur moyenne, une famille

de six personnes pouvait y vivre tout à son aise. Et la vaste cuisine ultramoderne était digne d'un magazine de décoration. Ce que ma mère était contente! Un de ses souhaits se réalisait enfin!

Cet appartement était bel et bien réel; dorénavant, nous profiterions d'un territoire exclusivement réservé à notre famille. Le sourire fendu jusqu'aux oreilles, maman mesurait chacune des pièces avant de procéder à leur attribution. Je n'étais pas exigeante; la seule chose qui m'importait, c'était que la lumière pénètre dans mon domaine. Dans nos multiples déplacements, j'ai toujours choisi mon espace personnel selon sa luminosité. Même si mon critère m'amenait souvent à prendre la plus petite chambre, je ne l'ai jamais regretté. Avant tout, j'ai besoin de clarté – et c'est aussi vrai dans ma vie maintenant. Cependant, cette fois-là, Mélissa n'était pas d'accord, car nous devions partager la même pièce. Elle ne voulait pas se sacrifier. La grande sœur en moi lui expliqua que les garçons avaient besoin de plus de place que nous. Maman trancha: la petite chambre pour Mélissa et moi, la plus grande pour les jumeaux, et Zach dormirait avec elle.

Soudain, je remarquai près du salon une pancarte lumineuse où était inscrit «EXIT». Ouais! C'était d'un goût douteux! Il y avait toujours quelque chose pour nous rappeler que ce n'était qu'une trêve, qu'un répit dans notre histoire.

Je m'appuyai au mur; j'avais besoin de réfléchir et de prendre du recul. Notre famille sortait tout juste de l'enfer; cette halte qu'on nous accordait, nous en avions grandement besoin. J'étais bien décidée à en profiter au maximum, mais j'ai toujours eu tendance à me méfier des bonnes choses. Quand tout va bien, je ne suis pas rassurée; au fond de moi, je sais que les bonnes choses ne peuvent pas durer. En quelque sorte, j'attends inconsciemment l'arrivée d'un malheur. Je me suis dit:

« De toute façon, nous ne sommes pas dans un *vrai* chez-nous, nous vivons encore aux crochets des autres. »

Nous n'avions pas assez d'argent pour décorer l'appartement à notre goût, mais, petit à petit, nous l'avons transformé en l'habitant, tout simplement. La première semaine, nous plaisantions au sujet de la froideur que dégageait la décoration : on aurait dit un hôpital. Pour m'amuser, j'interpellais ainsi ma mère ou ma sœur : « Docteur Carter est demandé en salle d'opération, docteur Carter. » Nous éclations de rire. Par la suite, cette façon de faire devint une habitude pour tout le monde, même les jumeaux. Tranquillement, l'hôpital se transforma en maison. Les murs n'étaient pas décorés, mais on s'y sentait bien.

Le deuxième étage du centre avait été baptisé la Chrysalide. Il illustrait bien le cheminement que nous devions faire : réapprendre à nous débrouiller seuls avant de prendre notre envol. Quand nous demeurions à l'étage inférieur, nous vivions dans un cocon ; nous étions entourées, choyées, protégées. Maman envisageait déjà avec angoisse notre futur départ. Je savais qu'elle se séparerait difficilement des intervenantes du centre et qu'elle avait peur de se retrouver toute seule une fois de plus.

L'appartement n'était pas cher, les intervenantes étaient à proximité, mais nous n'avions que douze mois pour relever nos manches et nous remettre sur pieds.

Notre quotidien s'organisa. Ma mère inscrivit les jumeaux à la maternelle et Mélissa à l'école secondaire. Ma sœur a toujours été plus douée que moi pour les études ! J'aurais pu retourner à l'école, mais j'aurais eu à chuter de deux niveaux parce que le diplôme d'études du Maghreb n'était pas reconnu au Québec. C'était trop humiliant ! Cependant, ce ne fut pas l'unique raison pour laquelle je cessai d'étudier. Je dois avouer que je n'avais ni le courage ni la discipline de ma sœur! En plus, je me rendais compte que les allocations de ma mère seraient insuffisantes pour payer un nouveau loyer au prix régulier.

Sans tarder, ma mère avait entrepris sa recherche en vue d'un futur logement, mais aucun propriétaire ne voulait d'une famille de six personnes, bénéficiant d'une seule source de revenus. Je n'interprétais pas ces refus comme des échecs, je les analysais plutôt en termes statistiques. J'en vins aux conclusions suivantes : deux salaires rassuraient les propriétaires; il était préférable de s'adresser au concierge; il fallait mentir sur le nombre d'enfants!

Pendant ce temps, j'entrepris les démarches nécessaires en vue d'obtenir mon permis de travail – on ne s'y fait pas prendre deux fois. Je remplis les paperasses demandées. Très rapidement, on me fit parvenir le document en question par la poste. Je n'en revenais pas comme la procédure était efficace!

Je décrochai un emploi dans un café, derrière un comptoir. Mon patron, un Libanais d'une soixantaine d'années, me traitait avec gentillesse, comme si j'avais été sa fille. Son paternalisme me faisait du bien. Je m'entendais merveilleusement bien avec le chef, qui était libanais lui aussi. Avec le temps, nous avons développé une belle complicité et les clients eurent droit à une bonne dose d'énergie positive pendant le service. Je m'estimais chanceuse! Mais mon ami de l'époque partit travailler dans une autre ville en emportant avec lui toute ma motivation. Une semaine plus tard, j'étais renvoyée. Maintenant, je réalise que c'était en partie ce que j'avais souhaité au fond de moi.

Quand j'annonçai mon renvoi à ma mère, elle réagit calmement, voire positivement. Selon elle, j'avais en poche une première expérience en sol québécois et je ne tarderais pas à trouver un nouvel emploi.

Pendant quelques jours, je refis le plein d'énergie. Je dormais tard le matin, je surfais sur Internet et je donnais un coup de pouce à ma mère. Comme je passais plus de temps à la maison, je ne pouvais ignorer la feuille d'Immigration Québec fixée au réfrigérateur. Et l'échéance m'obséda de plus en plus. Mes petits frères commençaient à prendre l'accent québécois; devais-je leur dire que nous n'étions pas sûrs de rester ici? Voilà, je pleure encore... J'étais fatiguée de voir ces petits bouts d'homme se faire trimbaler d'un continent à l'autre! Et ce pays semblait tant leur plaire! Ils s'y sentaient enfin chez eux!

Trois mois plus tard, je débutai chez Mikes, un restaurant près de chez moi où l'ambiance semblait géniale. Cependant, il y avait un hic, un hic important: le salaire. Comme j'étais payée au taux horaire minimum, mes revenus ne me permettraient pas de signer le bail de notre futur appartement. J'étais songeuse. J'aboutis à la conclusion qu'il valait mieux travailler au salaire minimum que de rester à la maison.

Pendant la pause du midi, la gérante me rappela que je devais porter une chemise blanche et un pantalon noir pour assurer le service. Je pouvais me procurer ces articles dans un magasin de vêtements situé dans le petit centre commercial de ma ville. J'avais tout juste le temps de m'y rendre. Une femme d'une cinquantaine d'années, très aimable, me servit avec empressement. Au moment où je sortais du magasin, j'entendis: « Revenez nous voir! » Ces mots firent « tac » dans ma tête. Je me retournai et j'ajoutai:

« Peut-être plus tôt que vous l'imaginez! »

Elle m'interrogea du regard.

« Puis-je parler à la responsable du magasin?

— Attendez-moi. Je vais chercher la gérante. »

Ce jour-là, j'étais très mal habillée, j'avais les cheveux rouges et mal coiffés. Je ne devais pas faire très bonne impression. Pourtant... La vendeuse revint, accompagnée de la gérante, une grande femme d'une soixantaine d'années à l'allure distinguée et au regard bienveillant.

« Nous cherchons une femme qui occuperait le poste de vendeuse d'expérience. Avez-vous de l'expérience?

— Pas du tout.

— Ce n'est pas grave; je vous formerai. Mais dites-moi, qu'est-ce qui vous amène ici?

— À vrai dire, j'avais besoin d'une chemise blanche et d'un pantalon noir, car j'ai commencé à travailler au restaurant Mikes près d'ici.

— Alors, pourquoi désirez-vous travailler ici?

— Pour être franche avec vous, je me cherche un appartement et j'ai besoin d'un meilleur salaire pour joindre les deux bouts. Je cherche de meilleures conditions, tout simplement. »

Je me sentais vraiment très maladroite; personne ne voudrait embaucher quelqu'un d'aussi direct.

« J'aime beaucoup votre accent français et, de plus, vous vous exprimez très bien. Je vous offre un travail à plein temps, à raison de 10 dollars l'heure. Cela vous convient-il?

— Madame, c'est bien au-delà de ce que j'espérais, répondis-je sincèrement. Je vous remercie.

— Vous commencez demain. »

J'ai travaillé dans cette boutique pendant un an. Après avoir été vendeuse quelques mois, j'eus la responsabilité d'une équipe de filles géniales qui habitent encore près de chez moi et que j'aime beaucoup. J'ai vécu des périodes difficiles pendant lesquelles la pression et le stress étaient intenses, mais j'ai aimé mon expérience. J'étais très attachée à ma gérante. Malgré notre différence d'âge, nous nous entendions comme deux sœurs. Nous mangions ensemble, nous nous téléphonions et il nous arrivait de rester après la fermeture pour le simple plaisir de parler.

Si la date fatidique n'avait pas plané sur notre tête comme une épée de Damoclès, nous aurions mieux profité de cette période fastueuse. Maman touchait des allocations et j'avais un bon salaire. Grâce à nos deux revenus, nous joignions les deux bouts. Pour nous, c'était un vrai miracle.

Le 3 octobre 2002, on nous informa que le 10 octobre, nous étions convoqués devant le juge. Cette dernière semaine fut l'une des plus pénibles de mon existence. Je dormais pendant de courtes périodes seulement tant j'étais occupée à brasser tous les scénarios possibles et imaginables. Quelles questions me poseraient-ils? Combien de temps tout cela durerait-il? Prendraient-ils la peine de nous écouter? Peut-être serions-nous expulsés : « Rentrez dans votre pays! Rentrez chez vous! »

Chez moi? Où était-ce? Je ne me suis jamais sentie chez moi! Nulle part! Quand j'étais en France, nous étions des Arabes; en Algérie, mes amies me considéraient comme une Française. Après notre retour en France, nous étions plus Arabes qu'avant notre départ. Alors? Quand vais-je enfin prendre racine quelque part? J'ai besoin de vivre, mais, avant de vivre, il faut exister! Et on ne peut pas exister si on n'a pas de racines.

Comment réagiriez-vous si votre destin reposait entre les mains de quelqu'un qui ne vous connaît pas? Pour ma part, j'étais très inquiète. Un rapport d'une dizaine de pages résumant notre histoire avait été présenté au juge. En admettant qu'il l'ait lu, notre histoire était tellement hors de l'ordinaire qu'il pourrait douter de sa véracité!

Je voulais tant que mes petits frères se sentent en sécurité, que leur vie ressemble à celle des enfants de leur âge et qu'ils jouent sans se soucier du lendemain. Quand je les voyais s'adapter facilement à leur quartier et se faire des amis, je n'osais penser au lendemain. Si on nous refusait, je souffrirais énormément, certes, mais qu'adviendrait-il d'eux? J'étais incapable d'imaginer l'impact qu'aurait cette décision sur leur vie!

***

Le matin du 10 octobre 2002 arriva enfin. Dans quelques heures, nous serions fixés sur notre avenir au Canada. Cette journée fut l'une des plus angoissantes de ma vie.

Dans une salle à l'atmosphère glaciale nous attendaient le juge, son assistante, une femme à l'allure austère, ainsi que maître Venturelli, notre avocate. Caroline, notre amie du Centre, nous accompagnait. Sa présence chaleureuse me rassura.

Nous étions là tous les six à attendre notre tour pour témoigner. Notre nervosité était palpable. On demanda à chacun de poser une main sur le coran et de jurer de dire toute la vérité. Après avoir prêté serment à mon tour, j'adressai une courte prière à Dieu.

«Nous avons besoin de toi aujourd'hui! Ne nous oublie pas et veille sur nous, s'il te plaît!»

Le juge interrogea ma mère pendant de longues heures. Calmement, ma mère répondait. On aurait cru qu'il essayait de la piéger, mais elle ne flanchait pas. Quand l'assistante du juge la contredit en laissant croire que les femmes avaient le droit de divorcer en Algérie, notre avocate jugea bon d'intervenir en disant que son mari était algérien. De source sûre, elle put affirmer que les femmes algériennes ne peuvent pas divorcer sans le consentement de leur mari.

Puis la séance fut ajournée jusqu'au début de l'après-midi. Cette interruption nous permit de refaire nos forces.

La comparution reprit à l'heure convenue. Le juge

convoqua les garçons qui entrèrent à la queue leu leu,
Zach fermant la marche, bien entendu. Il leur demanda
leur nom et leur âge, et les jumeaux s'empressèrent de
répondre. C'est alors qu'Élias s'avança spontanément
vers lui. Ému, le juge le fit asseoir sur ses genoux.

Il le questionna au sujet du barbu de l'Algérie. Mon
Dieu, quelle catastrophe! Sa première version était
fidèle à la réalité, mais ensuite, j'ignore pourquoi, il
exagéra l'histoire à n'en plus finir! J'étais complètement
abasourdie! Lui qui croyait nous aider! Pauvre Élias!

« Et puis mon père, il a jeté des bombes sur le monsieur barbu! Une, deux, trois! Et il l'a tué », continua-
t-il à la grande surprise du juge lui-même.

Je m'étais mise à pleurer, de même que Mélissa et
Caroline. Devant le désordre qui régnait dans la salle,
le juge demanda à Caroline de faire sortir les enfants.

Ça y est. On est fichus...

Une fois le calme rétabli, le juge poursuivit son inter-
rogatoire. Maman répondait toujours en y mettant toute
son âme. Quand l'assistante prit le relais, les questions
devinrent plus incisives.

« Pourquoi ne pas avoir demandé l'aide de la police
française?

— Elle ne pouvait rien faire, car il n'y avait
personne de précis à accuser! répondit maman sur un
ton légèrement exaspéré.

— Pourquoi n'avez-vous pas demandé le droit
d'asile en France? »

Était-ce logique de demander le droit d'asile dans son
propre pays quand il ne nous protège pas? J'étais enragée.
J'aurais voulu sauter sur celle qui remettait en cause la
moindre parole de ma mère. Je repris mon calme.

« Pour la bonne raison, madame, que je suis française! Soit dit en passant, j'ai essayé de le faire.

— Savez-vous, madame, que les massacres en Algérie

sont terminés, maintenant? attaqua l'assistante sur un autre front.

— Les massacres continuent, mais ils ont lieu en cachette de l'opinion publique occidentale. Allez sur Internet et consultez les journaux arabes. Vous verrez que c'est loin d'être fini.»

Ma mère s'énervait et j'étais contente qu'elle explosât à ma place!

«Je vais vous dire une bonne chose: tout ce que je vous ai dit est vrai. Je n'ai pas choisi de vivre cette vie-là, ni de la faire subir à mes bébés. Il m'est arrivé de prendre des décisions parce que j'étais désespérée ou paniquée. Même si ça peut vous sembler fou ou déraisonnable, je peux vous assurer que j'ai toujours agi pour le bien de mes enfants. Tout ce que j'ai fait, je le referais cent fois s'il le fallait!»

L'assistante écoutait, bouche bée.

Le juge se tourna alors vers Mélissa.

«Mademoiselle, avez-vous quelque chose à ajouter pour appuyer votre demande?

— Oui. Je peux vous assurer que ma mère n'a dit que la vérité. Ce que nous avons vécu peut vous sembler incroyable, mais c'est ce que nous avons vécu.

— Quant à vous, mademoiselle, qu'avez-vous à dire?» demanda le juge en s'adressant à moi.

Mes mains tremblaient. J'inspirai profondément et, la gorge serrée, je répondis:

«D'habitude, on demande à Dieu d'avoir pitié de nous parce qu'il tient nos vies entre ses mains. Mais aujourd'hui, notre sort dépend de vous...»

Je poursuivis sans tenir compte des larmes qui coulaient le long de mes joues:

«Je ne vous demande pas d'avoir pitié de ma mère, de ma sœur ou de moi, mais de mes petits frères. Ils sont jeunes et ils ont déjà tant souffert! Ils méritent une meilleure vie que celle qu'ils ont connue.»

Nous pleurions à chaudes larmes! Le juge réfléchissait, les yeux fixés sur ses notes. Petit à petit, chacune de nous retrouva son calme. Le silence régnait maintenant dans la salle d'audience, un silence qui me sembla interminable, mais que personne n'osait interrompre.

Après s'être raclé la gorge, le juge prit la parole.

«Madame, une grande partie de votre histoire m'apparaît véridique...»

Je crus la partie gagnée, quand il ajouta:

«... mais certains aspects me laissent sceptique.»

Je présumai que nous avions perdu. Je cherchais déjà d'autres solutions quand il reprit la parole:

«Cependant, je suis sûr que votre vie a été difficile.»

Je n'écoutais plus. Il parlait trop, c'était trop long! J'étais impatiente: dites-nous qu'on est refusés et qu'on en finisse!

«Tenant compte de cette souffrance, je vous donne le droit de rester chez nous. Bienvenue au Canada, madame!»

Était-ce possible? Mon Dieu, je n'en croyais pas mes oreilles! Un tumulte d'émotions me submergea: j'aurais voulu crier, pleurer, sauter et crier encore! Nous nous sommes jetées dans les bras les unes des autres. Jusqu'à l'assistante, cette femme qui m'avait paru détestable, qui pleurait de joie! Après tout, elle ne faisait que son travail!

Ce fut le plus beau moment de ma vie et j'en pleure encore aujourd'hui en le racontant. La paix m'était enfin accordée.

Il n'était plus question de partir à nouveau en laissant tout derrière nous. Nous pouvions nous construire une nouvelle existence. J'étais heureuse. J'avais vingt-deux ans et une vie nouvelle s'ouvrait devant moi.

Chapitre XXI

L'adaptation

Notre histoire s'achevait bien! Nos tribulations étaient terminées et notre fuite connaissait un heureux dénouement.

J'étais libre! Je trouvais étrange cette impression qu'à l'avenir rien ne perturberait notre quotidien. J'avais depuis longtemps vécu au jour le jour sans regarder au-delà, toujours aux aguets, à chercher des solutions pour nous sortir d'une situation fâcheuse. Voilà que je profitais de tout mon temps, celui d'aujourd'hui, celui de demain et des années à venir! Un oiseau à qui l'on aurait attaché les ailes jusqu'à l'âge adulte saurait-il voler si on le libérait?

Pendant un certain temps, je continuai par habitude à ne penser qu'au lendemain, sans projet à long terme. Je n'avais pas de rêves, ou plutôt je les tenais enfouis dans un fond de tiroir étiqueté: oubliettes. Je me contentais de travailler pour vivre et j'attendais... que le destin nous fasse signe ou peut-être qu'un nouveau malheur nous tombe dessus! Je m'asseyais en face de ma mère, l'heure tournait et rien ne se passait. C'était comme un ciel bleu sans aucun nuage à l'horizon. C'était presque monotone! Était-ce que les cumulonimbus, ces nuages précurseurs de tempête, me manquaient? C'était inquiétant et bizarre à la fois. Petit à petit, comme toujours, je m'habituai à la tranquillité d'esprit.

Avant, j'avais réagi au destin sans faire de véritable choix. J'étais enfermée au fond de mon tiroir. Il fallait que j'en sorte. Je réalisai que j'avais un certain pouvoir sur mon destin et que je pouvais maintenant rêver pour vrai! À partir de ce moment-là, mon attitude envers la vie changea du tout au tout : je pouvais décider.

Un jour, en revenant de la boutique où je travaillais, j'aperçus dans la fenêtre d'un immeuble du quartier voisin une affiche : « 5 et demi à louer ». Je montai voir la concierge qui me découragea aussitôt : « Vous savez! Il y a déjà trois personnes qui sont intéressées par cet appartement. » J'ai donc laissé tomber.

En repassant par là trois mois plus tard, je reconnus la même pancarte, suspendue au même endroit! Cette fois-là, je ne me ferais pas avoir! Cet appartement nous attendait! Je remontai voir la concierge qui me ressassa le même discours que la fois d'avant! Je l'interrompis : « Madame, vous m'avez dit la même chose il y a trois mois. Je vais visiter cet appartement et, s'il me plaît, je le prends. » Elle resta bouche bée. Je l'ai visité, il m'a plu et j'ai signé! Tout juste avant l'échéance de notre séjour à la Chrysalide. J'étais fière de moi. Ce jour-là, je me suis sentie adulte!

Après notre déménagement, j'ai frappé à toutes les portes de l'immeuble pour me présenter et proposer une activité de bon voisinage; ce fut un succès. Nous sommes restés trois ans dans cet appartement. Même s'il n'était ni très grand ni très beau, je l'aimais beaucoup. Je m'y sentais bien, il convenait à la famille et nous l'avons décoré à notre goût, selon nos moyens. Nous demeurions dans le même quartier et mes frères conservaient leur école et leurs amis. Ensuite, je mis sur pied pour les enfants du coin une chorale qui me fit connaître la majorité de nos voisins. Et, quand on connaît son entourage, on a l'impression d'être chez soi!

Aujourd'hui encore, nous vivons à quelques rues de là, dans le même quartier et dans la même ville qu'à notre arrivée. Les garçons ont trouvé la stabilité dont ils avaient besoin; d'ailleurs, nous aussi!

***

Mais notre histoire lourde en intensité et en émotions laissait des traces, je le réalise encore aujourd'hui. Pendant longtemps, ma mère et moi avons traîné cette crainte constante du danger, cette inquiétude perpétuelle en rapport avec les membres de la famille. Nous avons travaillé fort pour nous en affranchir. Nous avons réappris à faire confiance, à prendre une distance pour laisser l'autre se prendre en main. Cette démarche ne fut pas facile et il nous arrive de retomber dans nos pièges quand nous faisons face à une situation tendue.

Voici un exemple. Maman et moi avions tendance à surprotéger les petits. Même s'ils jouaient devant l'immeuble, il n'était pas question qu'ils sortent seuls, sans adulte avec eux. Si nous étions occupées, ils pouvaient demeurer à l'intérieur pendant plusieurs jours. Nous les étouffions! Un jumeau, je ne me souviens plus lequel des deux, passa la remarque suivante: «Je suis assez grand pour jouer dehors tout seul et je n'ai pas besoin qu'on me surveille comme un *bébé lala*!» J'avais compris, mais j'étais incapable de cesser abruptement ma surveillance! Je restais à l'intérieur tout en les épiant par la fenêtre sans qu'ils puissent s'en rendre compte. Maintenant, ils ont leurs propres activités, et nous les nôtres, mais je ne vous cacherai pas qu'en leur absence je ne peux m'empêcher de les chercher.

En ce qui me concerne, maman avait toujours été inquiète quand je tardais à rentrer. En Algérie, elle avait raison de paniquer, mais, maintenant, ce n'était plus le cas. Elle dut faire un grand effort pour se corriger. Il n'y a pas si longtemps encore, environ trois ans, elle paniquait toujours. J'avais alors vingt-trois ans et je travaillais dans un café. Je rentrais toujours à la même heure, c'est-à-dire seize heures trente. Un soir, je m'attardai dans un magasin pour dépasser d'une demi-heure mon heure habituelle. Ma mère était malade d'inquiétude.

« Mais où étais-tu?

— J'ai pris le temps d'essayer une robe que je trouvais belle. Pourquoi cette question?

— Tu aurais dû me téléphoner! Tu n'as pas pensé que je pouvais m'inquiéter? »

J'étais stupéfiée et découragée. Pour qui me prenait-elle? J'étais une adulte depuis longtemps!

« Maman, quelle heure est-il? demandai-je en la fixant dans les yeux.

— Mais dix-sept heures. Pourquoi demandes-tu l'heure?

— Maman, connais-tu une seule mère qui s'inquiète quand sa fille de vingt-trois ans rentre à dix-sept heures? »

Elle resta bouche bée devant l'évidence de mes paroles. Je poursuivis donc :

« À cette heure-là, la plupart des filles de mon âge reviennent du travail et ressortent pour la soirée. »

Se sachant ridicule, elle éclata de rire!

« Tu as raison, excuse-moi. Je devrais te laisser respirer.

— Tu t'inquiètes, je le sais. Je fais la même chose. Quand tu es en retard, je t'appelle. Quand ce n'est pas toi, c'est moi! »

Nous étions ridicules, autant l'une que l'autre! Nous avons bien ri!

Chapitre XXII

Que sommes-nous devenus?

Aujourd'hui, en 2007, quatre ans après notre acceptation officielle et cinq ans après notre arrivée, que sommes-nous devenus? En voici un aperçu.

Maman fait beaucoup de bénévolat et elle participe activement à plusieurs projets communautaires. C'est sa façon de redonner aux autres ce qu'elle a reçu tout au long de ses pérégrinations.

Je n'ai jamais su lui dire «je t'aime», mes yeux parlent pour moi. Enfant, ma mère ne jouait pas avec moi. Elle m'achetait beaucoup de jeux, mais je jouais seule. C'était ainsi. Et elle n'a pas changé. Elle s'inquiète du bien-être de ses enfants, mais elle ne joue jamais. Peut-être qu'elle n'a jamais su comment faire. Par contre, elle chantait souvent et parlait beaucoup. Chaque fois que nous étions seules, elle se forçait à sourire. À faire comme si tout allait bien, à faire semblant. Je jouais le jeu pour profiter du répit, mais on ne me bernait pas. Un peu plus tard, je fis semblant à mon tour. Elle me qualifia d'enfant discrète et mystérieuse. Je m'étais retirée dans un monde où régnait le silence.

Pendant ma période rebelle du lycée, je la mis durement à l'épreuve. Elle fit preuve de patience et parfois elle eut même recours à la force. Elle prit ses distances à l'occasion. Mais elle n'a jamais lâché prise. Elle a fait ce qu'il fallait faire. À l'époque, j'étais convaincue du contraire. Et, le plus important, elle m'a pardonné mes incartades.

Aujourd'hui, nous sommes très complices, elle et moi. Et souvent, elle m'épate! Maman a appris à écouter, comprendre et accepter. La vérité n'est pas toujours facile à entendre. Encore faut-il y prêter attention!

Nous échangeons sur tous les sujets possibles. L'autre jour, notre discussion porta sur les ressemblances entre les enfants et leurs parents.

Elle se mit immédiatement sur la défensive:

« Non! Je me suis toujours juré que je n'agirais jamais comme mes parents!

— Qu'on le veuille ou non, maman, il nous arrive d'adopter les comportements de nos parents. Je n'ai jamais voulu te ressembler; pourtant, à l'occasion, je parle avec tes mots et j'agis à ta façon, inconsciemment. Quand je le réalise, je change mon comportement, si je le désire bien entendu. »

Elle réagit sur un ton sec:

« Je ne voulais pas reproduire la façon de faire de mes parents parce qu'ils étaient méchants avec moi.

— Je te parie que tu ressembles plus à ta mère que tu ne l'imagines. »

Elle se leva précipitamment. Il valait mieux changer de sujet!

Après la sortie de son livre, nous avons remarqué deux formes de réactions chez les gens de l'entourage. Ceux qui nous avaient toujours soutenus sont devenus plus compatissants et chaleureux; il s'agit là de nos véritables amis. Et plusieurs, parmi ceux qui ne nous adressaient jamais la parole il y a quelques mois, nous considèrent aujourd'hui comme des amis. Je trouve ce comportement vraiment surprenant. Voici un exemple qui illustre bien mon observation.

Ryan éprouve des problèmes de concentration depuis

le début de sa fréquentation scolaire. En deuxième année, son enseignante, qui tolérait peu ses moments d'inattention, le houspillait plus souvent qu'à son tour. À tel point que le pauvre petit avait des maux de ventre avant de se coucher et qu'il se réveillait en pleurant. Il avait toujours aimé l'école auparavant. Je ne comprenais pas ce qui se passait! Un beau jour, il nous raconta ce qu'il vivait en classe. Son enseignante critiquait ses moindres gestes et elle le faisait devant toute la classe, ce qui le blessait énormément. Elle s'était même permis de déchirer son cahier devant tout le groupe! Le petit ne voulait plus rien savoir de l'école. Maman demanda son transfert dans une autre classe et tout rentra dans l'ordre.

Un jour, après la parution du livre *Le Voile de la peur*, une équipe de tournage filma ma mère devant l'école des garçons. Quelle ne fut pas ma surprise de voir cette même enseignante s'approcher de ma mère et affirmer:

«Vous savez, Ryan était l'un de mes élèves préférés!»

Maman détourna le regard en lui faisant sentir que c'était peine perdue.

Les personnes qui sont *vraies* ne changent pas, les amis authentiques encore moins.

Ma mère est demeurée la même après le succès de son livre; cependant, je reconnais que celui-ci lui a apporté une reconnaissance qui a changé sa vie. Elle déborde d'énergie. Elle possède maintenant la confiance en soi, la détermination et les outils nécessaires pour mettre ses projets à exécution. Elle veut créer un organisme pour venir en aide aux femmes vivant dans les pays arabes et musulmans.

Je suis fière de cette notoriété quand je me mets à la place de ma mère, mais, pour ma part, je n'aime pas parler de son livre. D'ailleurs, mes amis de théâtre n'ont appris sa publication que le jour où j'ai dû m'absenter pour regarder l'émission de télévision où elle était inter-viewée. J'en ai touché un mot à mon copain actuel, mais il doit attendre de bien me connaître avant de le lire. J'ai peur que notre histoire change sa perception et je crains de reconnaître des lueurs de pitié dans ses yeux. Comme je n'aime pas qu'on associe mon caractère à mon passé, je voulais qu'il me voie telle que je suis aujourd'hui sans penser à celle que j'étais hier.

Il y a un autre avantage à garder l'anonymat : on peut décider du moment où l'on veut être reconnue. On a la manette de contrôle entre les mains.

***

Mélissa étudie toujours. Elle fréquente actuellement le collège et parle avec un gros accent québécois. Elle est fiancée. Il y a quelques mois, elle a décidé d'aller vivre chez son amoureux. Le couple projette d'aller travailler à Calgary dans le mois à venir. Le jour de son départ de la maison, maman était furieuse. Elle lui cria cet ultimatum : « Si tu franchis cette porte, tu ne seras plus ma fille ! Tu devras dire adieu à tes frères, car tu ne les reverras plus jamais. Tu n'auras plus le droit de revenir dans ma maison ! »

Mélissa me regarda les yeux remplis de larmes. Je lui fis signe de partir, que je trouverais une solution ! Sur ce, elle sortit.

Une demi-heure plus tard, ma mère avait retrouvé son sang-froid.

« Te souviens-tu de notre discussion sur les ressemblances enfants-parents ? »

Elle me fixa d'un air méfiant. Je pris mon courage à deux mains et je continuai :

« Tu en as la preuve aujourd'hui. Tu as repris les mêmes mots que ta mère avait utilisés quand nous avons fui la chambre froide. »

Comme elle me regardait attentivement, j'osai davantage.

« Comme ta mère, tu chasses et tu renies ta fille parce qu'elle veut vivre sa vie comme elle l'entend. C'est toi qui mets fin brutalement à votre relation! »

Elle réalisait maintenant les conséquences de son rejet.

« Que ferais-tu à ma place?

— Tu dois rétablir le contact; sinon, vers qui se retournera-t-elle si les choses tournent mal avec son amoureux? Veux-tu qu'elle se retrouve dans la rue ou dans un foyer? Téléphone-lui, elle a besoin de sentir que tu ne l'abandonnes pas.

— Et qu'est-ce que je lui dis?

— Excuse-toi. Tu peux ajouter que ta porte lui sera toujours ouverte et que tu aimerais qu'elle te rende visite de temps à autre. »

Elle poursuivit sa réflexion et, une fois prête, elle téléphona à sa fille. J'étais soulagée, mais je crois que ma mère l'était plus que moi. Après avoir raccroché, elle s'effondra dans son fauteuil et éclata en sanglots.

Après tout, si je ressemblais à ma mère, ce serait très bien! Même si maman est loin d'être parfaite, elle est extraordinaire!

**

Élias et Ryan sont en cinquième année du primaire, la première année du troisième cycle. L'un adore les mathématiques et l'autre est très romantique! Zach, notre grand rêveur, est aussi inscrit au primaire, à la même école que ses frères.

**

Mon grand frère Amir vit en France et fréquente l'université de Nanterre. Depuis que nous sommes à Montréal, nous nous parlons de temps à autre. Nous communiquons surtout par Internet. Quand j'ai un coup de cafard, je lui lance des appels de détresse et il me répond aussitôt.

Il y a quelques mois, il m'annonçait qu'il voulait épouser une jeune Tunisienne dont il était amoureux fou.

« Amir, tu es tombé sur la tête! Ça fait seulement trois mois que tu la connais!

— Et alors? Je suis sûr de mon choix. C'est la femme de ma vie.

— Ce n'est pas la première fois que j'entends cela!

— Cette fois-ci, c'est différent. D'ailleurs, je compte descendre en Tunisie pour demander sa main à sa famille.

— Apparemment, rien ne te fera changer d'avis.

— Et toi, tête de cochon! Félicite-moi, au moins!

— Ouais! Félicitations! Avec qui veux-tu y aller?

— De quoi parles-tu?

— Pour demander sa main, tu dois te faire accompagner par un membre de ta famille. Tu ne vas pas y aller tout seul, j'espère!

— Non. Peut-être que je demanderai à papa de venir avec moi. »

J'étais estomaquée; une chute de trente étages ne m'aurait pas fait autant d'effet! «*Papa*»! Depuis quand a-t-il un père, celui-là? «*Papa*»? Depuis quand l'appelle-t-il *papa* alors qu'il a toujours appelé sa mère *Samia*!

« Amir, tu déconnes! Tu veux demander à ton père de t'accompagner!

— Et alors?

— Sais-tu seulement où il demeure?

— Non. Mais je vais le retrouver.

— Tu penses à ton père et tu mets ta mère de côté!

— Norah, je connais très peu Samia. »

S'il avait été en face de moi, je l'aurais giflé. Une montée d'adrénaline me fit serrer les dents.

« Tu ne connais pas ta mère et tu oses dire que tu connais ton père! Tu prétends ne pas connaître celle qui t'a mis au monde et qui cherche par tous les moyens à garder le contact avec toi! »

Comme Amir ne répondait rien, je continuai :

« Écoute-moi bien! Tu n'as pas intérêt à répéter à maman ce que tu viens de dire! Et t'as encore moins intérêt à aller en Tunisie avec ton père. Tu choisiras maman ou ton grand-père. Tu n'as pas revu ton père depuis plus de treize ans et tu ignores beaucoup de choses à son sujet. Mieux vaut l'oublier, crois-moi! »

Amir ne me donna aucune nouvelle pendant le mois qui suivit. Je me rongeais d'inquiétude. J'avais le moral au plus bas. Mon passé m'écrasait à nouveau et ce long silence de mon frère ne présageait rien de bon. Comment Amir pouvait-il avoir une bonne image de son père et ignorer l'amour de sa mère à qui l'on avait arraché son nouveau-né? Ma mère avait souffert durant toutes ces années parce qu'elle avait gardé le silence. La situation avait assez duré; le moment était venu de parler.

À plusieurs reprises, je tentai de communiquer avec Amir par Internet, mais nos heures de disponibilité ne correspondaient pas à cause du décalage horaire. À l'été 2006, je lançai donc un message qui apparaîtrait sur son écran dès qu'il se connecterait. Le soir même, il me fit signe.

« Salut, comment vas-tu?

— Je ne me sens pas bien du tout et j'ai besoin de te parler.

— Je t'écoute.

— Je suis fatiguée de te parler sur un écran blanc. Je veux un face à face. »

Il se déconnecta. Une heure plus tard, il reprenait

la communication : il avait acheté un billet d'avion pour Montréal. Il arrivait au Québec après-demain et il comptait rester dix jours.

Enfin! C'était exactement ce que je voulais!

Ma mère était en voyage en Égypte, les enfants étaient chez leur père en Algérie, et Mélissa demeurait chez son fiancé. J'étais toute seule. C'était le moment idéal pour lui faire connaître notre côté de la médaille. J'avais tant de choses à lui dire, mais le plus important était qu'il apprenne la vérité au sujet de sa mère.

J'arrivai à l'aéroport une heure à l'avance. J'étais impatiente de le revoir au point d'avoir du mal à rester en place! Je m'étirais le cou pour mieux voir les passagers qui défilaient. Et soudain, je le reconnus! La même démarche qu'avant! À son sourire, je sus qu'il m'avait remarquée. Comment le saluer? Plus jeunes, on se donnait des coups au lieu de s'embrasser. Ce jour-là, il posa ses bagages et me serra longuement dans ses bras. Mon grand frère! Ce frère à temps plus que partiel, celui que je n'avais pas vu depuis plus de six ans, avec qui j'avais partagé des rêves sans jamais les réaliser, voilà qu'il était là devant moi. Je pleurais de joie.

« Tu n'as que la peau sur les os! me taquina-t-il.

— Mais j'ai un poids santé!

— Touche-moi ça, poursuivit-il en tâtant mes épaules. Où est la santé?

— Tu ne changeras jamais, n'est-ce pas? »

Enfin, il était là et j'avais l'impression de l'avoir à moi seule. Quand lui parler? Et par où commencer? Il n'était pas question de lui lancer la vérité toute crue! Il fallait lui laisser le temps d'arriver!

En fait, je voulais lui montrer les endroits touristiques que je préférais. Je débutai par le mont Tremblant. La marche en forêt nous permit de retrouver notre connivence d'autrefois. Tout au long du sentier, en nous inspirant des musiques du cellulaire d'Amir, nous avons simulé un tournoi d'épée, une aventure du genre *Indiana Jones* et un épisode de *Donjons et Dragons*. Nous improvisions à qui mieux mieux.

La piste se terminait au pied d'une falaise qu'encadraient deux chutes impressionnantes : l'endroit parfait pour pique-niquer. Le paysage était magnifique. J'aurais mieux profité de cet instant privilégié si j'avais pu chasser cette question qui m'obsédait : « Maintenant ? » à laquelle je répondais invariablement : « Non, plus tard ! »

Pendant six jours, jusqu'à la veille du retour de maman, ce fut mon perpétuel dilemme. Là, je n'avais plus le choix. Je me sentais comme un volcan sur le point d'exploser après plusieurs années d'inactivité. Il était déjà vingt heures. J'étouffais sous la pression que je m'imposais. Amir dut sentir mon angoisse, car il proposa d'aller manger une glace. La marche m'a toujours fait du bien et, ce soir-là, plus que jamais. Grâce à elle, je remis de l'ordre dans mes idées : *Si tu ne parles pas maintenant, ce sera trop tard, car maman arrive demain. Fais-le maintenant !* Et je me lançai :

« Amir, sais-tu pourquoi tu as grandi en Algérie ?

— Maman s'est débarrassée de moi, voilà tout.

— Ce sont eux qui t'ont dit cela !

— Non, Norah. C'est ce que j'ai déduit.

— Tout seul, comme ça ?

— Que voulais-tu que je fasse ?

— As-tu posé la question aux autres membres de la famille au moins ?

— Je n'ai fait que cela pendant très longtemps.

— Et qu'est-ce qu'on te répondait ?

— Je n'ai jamais eu de réponse.

— C'était donc plus facile pour toi d'imaginer que ta mère t'avait abandonné que de penser qu'ils avaient peut-être des reproches à se faire ! S'ils ne te répondaient pas, tu aurais pu te douter de quelque chose. »

Il était bouche bée; ses grands yeux bruns me signifièrent qu'il voulait en savoir plus sur son histoire. J'y perçus l'immense tristesse que ses sourires avaient longtemps camouflée.

«Veux-tu connaître la vérité? m'assurai-je avant d'aller plus loin.

— Et toi, comment l'as-tu apprise?

— Amir, veux-tu réellement tout savoir? Tu risques de tomber de haut.»

Mon frère demeurait silencieux. Je m'arrêtai sous le réverbère, un endroit que je jugeai propice aux confidences. La veine de son cou palpitait à un rythme accéléré. Il était prêt à m'entendre.

«Ta grand-mère t'a enlevé à ta mère quelques jours après ta naissance en prétextant son jeune âge. La vérité, c'est que tes grands-parents ont voulu t'élever parce que tu étais un garçon!

— Comment le sais-tu?

— Quand l'enfant demande à sa mère pourquoi elle pleure, celle-ci lui répond!»

Amir comprit l'allusion. Il s'assit sur la clôture qui bordait le terrain et il sanglota comme un bébé.

Malgré mes doutes, je poursuivis mes révélations.

«Je dois aussi te parler de ton père. Savais-tu qu'il battait maman presque quotidiennement? Savais-tu qu'il a failli la tuer et que, moi, j'ai été sur le point de le tuer, lui?»

Il m'écoutait attentivement. Il me fit signe de continuer.

«Il la battait surtout la nuit. Les cris de douleur de maman me réveillaient quand elle réussissait à fuir dans le couloir. À moitié nue, elle le suppliait de l'épargner. Il la saisissait alors par les cheveux et la traînait dans leur chambre. Il nous a menacées de brûler la maison pendant notre sommeil. Je l'ai déjà surpris dans la cuisine, un rouleau de papier enflammé à la main. Pendant ses crises de colère qui duraient des heures, nous devions nous enfermer dans ma chambre et l'empêcher d'entrer en bloquant la porte avec le lit. Nous vivions dans un climat de terreur constante. Amir, tu ignores tout de lui! Je n'ai ni le courage ni les mots pour t'en dire plus maintenant comme j'aimerais le faire. Peut-être une autre fois? Tout ce que je te demande, c'est de ne pas juger maman sur ce qu'elle n'a pas fait. Essaie de te rapprocher d'elle, de lui parler. Si tu as des questions à lui poser, fais-le, elle te répondra. Vous avez besoin l'un de l'autre!»

Je pleurais à mon tour. J'étais soulagée. Ce poids que je portais depuis trop longtemps s'était enfin envolé! Partager la vérité avec mon frère m'avait fait du bien!

Le lendemain matin, nous avons attendu ensemble notre mère à l'aéroport. Ils se reconnurent, certes, mais tous les deux étaient mal à l'aise. Le *grand* garçon intimidait sa mère et la réciproque était aussi vraie. Le soir même, elle sut qu'Amir avait appris la vérité sur son passé après vingt-sept ans d'ignorance. Elle eut les larmes aux yeux. J'étais contente d'avoir crevé les nuages qui avaient toujours empêché toute communication entre eux. Ils apprirent à mieux se connaître pendant les jours qui suivirent.

Le moment du départ fut émouvant. Une mère et son fils pleuraient dans les bras l'un de l'autre pour la première fois de leur vie. Ils s'étaient retrouvés. Une douce mélancolie m'habitait; j'avais atteint mon but!

Bien sûr, je n'avais pas tout dit! J'avais gardé mon secret encore une fois. Avait-il besoin d'en savoir plus? Il était au courant de l'essentiel et c'était ce qui comptait à mes yeux. J'ai un message pour toi, cher frère: «Amir, tu es l'une des personnes les plus importantes de ma vie. Tu me manques terriblement et j'aimerais que l'on se voie plus souvent. Je te demande de lire mon livre pour qu'enfin tu connaisses ma vérité! J'ai voulu t'en parler, mais les mots restaient coincés au fond de ma gorge tant j'avais peur de tes réactions. Je craignais que tu sois déçu de moi.»

***

Mon beau-père Hussein demeure toujours en Algérie. Il est toujours militaire. Il s'est remarié et il vient d'avoir un deuxième enfant avec sa seconde épouse. Il a beaucoup souffert de l'éloignement de ses trois garçons. Il y a deux ans, mes frères ont passé trois mois entiers en Algérie avec lui dans un petit village au bord de la mer. Toute la famille de Hussein était là. Les enfants s'amusaient en toute liberté et sécurité au milieu d'animaux de toutes sortes. Ce fut la grande aventure! Ils avaient le droit de marcher pieds nus, de nager dans la rivière, de courir avec les poules et même de boire du café noir!

Le jour du départ fut déchirant. On nous raconta qu'il fallut arracher les enfants des bras de leur père. Hussein était en larmes, les petits criaient. J'aurais été incapable d'assister à cette scène. Après, nous leur expliquâmes autant que faire se peut pourquoi leur père était si loin, pourquoi il lui était impossible de venir ici, et pourquoi maman ne pouvait pas l'aider.

Pourquoi la vie est-elle aussi compliquée?

Pendant plusieurs mois après son retour, Zacharie réclama son père chaque jour. Les jumeaux le faisaient en silence dans leur lit. J'étais encore une fois impuissante devant cette situation. Je répondais patiemment à leurs questions jusqu'à ce qu'ils comprennent bien pourquoi leur père habitait si loin. Je leur promis qu'ils iraient le voir le plus souvent possible.

À l'été 2006, mes frères sont retournés passer les vacances avec leur père et ils ont profité de chaque instant partagé avec lui. Cette fois-ci, le départ fut moins pénible, car ils comprenaient qu'ils pourraient revenir. Plus âgés maintenant, ils faisaient la différence entre la vie très simple qu'ils avaient laissée en Algérie et celle qu'ils retrouvaient ici. Ils étaient heureux de revoir leurs copains, de récupérer leurs jeux et leur lit confortable, mais ils avaient laissé là-bas une liberté que ma mère et moi n'étions pas prêtes à leur offrir.

Récemment, toute la famille était réunie dans le salon à discuter de prochaines vacances. De fil en aiguille, les jumeaux racontèrent des souvenirs de leur séjour en Algérie. Élias mentionna que Ryan était devenu riche! Lui qui avait toujours aimé l'argent! Je dressai l'oreille et l'encourageai à poursuivre. Il insista pour que Ryan racontât lui-même son exploit.

Là-bas, les enfants n'ont pas de jeux électroniques. Par contre, mes petits frères sont très bien équipés et ils avaient apporté leur assortiment complet avec eux. Ryan eut l'heureuse idée de faire payer cinq dinars la partie. Pour répondre à la demande, il se fit des associés dans tout le village. Avec les bénéfices, il se procura de nouveaux jeux en ville. Et chaque vendredi, il partageait avec ses hommes de confiance la recette dûment inscrite dans leurs rapports hebdomadaires. Grâce à son stratagème, Ryan avait accumulé à lui seul mille cinq cents dinars (cinq cents dollars canadiens) en un seul mois! Il avait trouvé le moyen de se faire de l'argent même en vacances! Les affaires sont les affaires! On reconnaît bien là l'esprit d'entreprise de la famille Shariff.

De temps à autre, Hussein nous téléphone pour prendre de nos nouvelles et pour parler à ses enfants. Nos relations avec lui et sa femme sont bonnes. Ma mère leur envoie parfois des vêtements de bébé. L'idéal serait qu'ils immigrent ici pour se rapprocher des enfants. On peut toujours rêver, n'est-ce pas?

Ma chère amie Mya demeure coincée dans son

enfer. La guerre civile est terminée, mais les mentalités n'ont guère changé. Un homme peut évoluer de la gentillesse à la violence. Cependant, je ne crois pas que l'inverse soit possible. J'aimerais me tromper, mais je demeure sceptique.

Nous continuons à nous écrire, elle et moi. J'ai mal quand elle me confie les violences que son père lui fait encore endurer. Elle travaille toujours, mais à quel prix! Elle fait l'objet de coups et de menaces pendant que moi, je vis dans le confort et la sécurité. Lui arrive-t-il de se demander ce qu'aurait été sa vie ailleurs qu'en Algérie?

Pendant plusieurs mois, j'ai essayé de la convaincre d'épouser quelqu'un d'ici pour émigrer au Québec, mais elle refuse de se marier à un inconnu. J'étais prête à faire les démarches nécessaires. De plus, elle est éperdument amoureuse d'un de mes anciens amis algériens. Même si je l'aimais bien comme ami, c'est un vrai salaud en amour: il fait des promesses toutes plus belles les unes que les autres, mais ce ne sont que des promesses. Ils ne se marieront jamais! Et mon «idiote» d'amie ne veut pas laisser son cher amoureux au loin. Pauvre de toi! Et si lui avait un visa, que ferait-il?

Et puis, j'eus l'idée du siècle; enfin, je crus l'avoir. Comme elle refusait d'épouser un inconnu, je lui suggérai par Internet de m'épouser, moi! C'est vrai, quoi! Le mariage gai est reconnu au Québec! Elle se procure un visa touristique et paf! J'épouse ma meilleure amie! L'idée me parut géniale. Aux yeux de ma mère, j'étais complètement folle. Quant à l'heureuse élue, Mya, elle a cessé toute correspondance depuis plus de trois mois. Je crois que je l'ai choquée. Quelle ironie! Je ne sais plus quoi faire. De toute façon, je n'ai plus d'idées. Voici la teneur de mon dernier message: «Je serai toujours là si tu as besoin. Tu n'as qu'à proposer et je disposerai.» J'attends avec espoir un signe de sa part.

***

Mes amis du Hilton, vous êtes toujours dans mes pensées et je prie chaque soir pour que vous réussissiez à vous en sortir un jour.

***

Nous avons perdu les traces de Redwane et de mon cher Tonton, mais ils conservent une place privilégiée dans mes plus beaux souvenirs.

***

Quant à la famille de ma mère, pas de nouvelles. Pour moi, c'est mieux ainsi.

***

Moi? Comme je l'ai déjà mentionné, pendant la première année, j'eus à m'adapter au nouveau rythme de vie. Après avoir connu le mouvement perpétuel, mon quotidien était devenu la stabilité même. Le calme et l'absence de surprises me firent du bien pendant un certain temps, je dois le reconnaître. Puis cette accalmie après la tempête se transforma en ennui. Quand le travail – ou mes amours dont je vous parlerai plus loin – devenait routine, je changeais. Maintenant que je pouvais décider de ma vie, j'en profitais.

Après un an dans la boutique de vêtements, une nouvelle directrice des ventes fut nommée. Quand celle-ci décida de transférer la gérante, cette dame charmante qui était devenue ma grande amie, – vous devinez sûrement ce que j'ai fait! – je suis partie aussi.

Je ne voulais plus travailler en magasin. Pour les autres types d'emploi, on exigeait que mon anglais soit parfait, ce qui n'était pas le cas. Jour après jour, semaine après semaine, j'épluchais la liste des emplois offerts. Au bout de trois mois, ma mère me suggéra de postuler comme assistante dentaire. Étonnée, je lui répondis :

« Mais je n'ai pas la formation. Personne ne voudra de moi.

— Tu n'as rien à perdre. Téléphone, tu verras bien, m'encouragea-t-elle.

— Regarde. Il y a sept annonces demandant une assistante dentaire. Si je ne suis acceptée pour aucune d'elles, je ne chercherai plus dans ce domaine, d'accord ? »

J'étais catégorique. Je passai sur-le-champ à l'action et je téléphonai. Mes cinq premiers appels furent infructueux. Personne ne voulait de moi. Je composai le sixième numéro ; le répondeur enregistra mon message. Cinq minutes plus tard, le téléphone sonnait. La responsable désirait me rencontrer le lendemain. Je me présentai à l'entrevue. Une jeune femme asiatique à peine plus âgée que moi m'accueillit en souriant. Sans attendre, je lui avouai mon ignorance :

« Vous savez, madame...

— Appelez-moi docteure.

— Docteure... je n'ai aucune expérience ni aucune formation comme assistante dentaire.

— Ne vous en faites pas. Je viens tout juste d'ouvrir ma clinique. J'ai donc tout le temps nécessaire pour vous former. »

Mais pourquoi me choisissait-elle ? J'osai lui poser la question.

« Pourquoi moi ?

— Si tu le permets, je vais te tutoyer parce que nous sommes presque du même âge. Quand j'ai entendu ton message, j'ai beaucoup aimé ta voix, ton accent et ta façon de parler. J'ai toujours rêvé d'avoir une réceptionniste française, répondit-elle avec amusement.

— Mais je ne suis pas française...

— Ce n'est pas important. Tu as l'accent français et c'est ce qui m'importe.»

J'ai travaillé dans son cabinet pendant un an et demi. Nous nous entendions à merveille. Nous courions les magasins et sortions ensemble. Je l'accompagnais dans ses colloques. Je l'aimais beaucoup et j'étais devenue l'une de ses rares amies. Quand sa clientèle augmenta, elle embaucha une nouvelle assistante avec plus d'expérience et je conservai le poste de secrétaire. Cet arrangement me convenait parfaitement. Cependant, cette troisième personne s'immisça entre nous et le climat de travail se chargea de tension. Comme je supportais mal les frictions qui devenaient de plus en plus fréquentes, je préférai partir. J'ai regretté ma docteure et je crois bien lui avoir manqué aussi.

Quand je l'ai revue quelque temps après, j'ai appris avec plaisir que les patients me réclamaient. J'aimais beaucoup ce travail qui me permettait de me sentir utile. Je savais parler aux clients, les rassurer, les écouter. Quand ils me remerciaient, j'étais comblée. Certains insistaient pour que je reste près d'eux pendant leur traitement. C'était très gratifiant!

Pourquoi ai-je abandonné si j'aimais tant ce travail? Peut-être avais-je besoin de renouveau? La routine m'avait rattrapée. Je sentais que quelque chose de plus intéressant m'attendait quelque part. En restant, je risquais de m'enliser et de faire du surplace. Je respecte cette capacité qu'ont plusieurs personnes de se fixer quelque part, mais je suis différente. J'ai toujours eu besoin d'aventure et d'adrénaline: je suis une insatiable de mouvement et de renouveau.

Comme mes projets étaient plutôt imprécis, je me retrouvai à la maison; mon humeur s'assombrit et je me repliai sur moi-même encore une fois. Pendant trois longs mois! C'est alors que je fis la connaissance de

Luis, un homme aux tempes grisonnantes, qui possé-
dait trois kiosques de bijoux médiévaux dans trois villes
différentes. La perspective de changer de magasin
chaque jour m'attirait. J'insistai auprès de Luis, et
même je le harcelai durant trois jours pour qu'il m'em-
bauche. Je réussis à le convaincre. J'ai travaillé pour lui
pendant un an. Attendez! Là, j'ai une bonne excuse!

Il avait fermé ses magasins pour créer un programme d'abandon du tabagisme. J'avais accepté de
collaborer à son projet, mais rapidement je me rendis
compte qu'il s'intéressait plus à moi qu'à son projet.
Cet homme de soixante-douze ans était tombé amoureux d'une jeune fille dans la vingtaine! J'avais de la
peine pour lui; je tentai de lui faire comprendre le plus
gentiment possible qu'il m'était sympathique, mais
qu'il ne pouvait rien espérer de plus. J'avais constamment l'affreuse impression de marcher sur des œufs.
Finalement, comme j'avais beaucoup de difficulté à
dormir, je décidai de partir.

Pour chasser mes regrets et pour prendre du recul,
je me payai une semaine, seule, à Cuba. L'été précédent,
j'y avais séjourné deux semaines avec un ami et j'en avais
conservé un excellent souvenir. Je dégustai chaque
minute de cette nouvelle liberté. Aucun compte à
rendre à qui que ce soit, je décidais de mon horaire et
de mes activités. Je visitai les cinq plus importantes
villes du pays en me mêlant à la population. Je fus
éblouie par la culture et l'amabilité des Cubains. Quand
je rentrai au Québec, j'étais régénérée.

Le dimanche suivant mon retour, je m'assis à la table
de la cuisine avec le journal; j'étais décidée à trouver un
nouvel emploi le plus rapidement possible, sans faire
ma difficile. Le premier job qu'on m'offrirait, je le
prendrais, point final. J'entourai les annonces pour
lesquelles j'avais de l'expérience. À ma grande surprise,
je les avais presque toutes encerclées! Mais j'étais

intriguée par celle qui ne comportait que huit mots. Je la lus à voix haute à ma mère :

« Cherche dix candidats pour contrat de six mois.

— Ça ne me dit rien! répondit-elle avec méfiance.

— Je sais, mais c'est à moi que cette annonce s'adresse.

— T'es complètement folle! Trouve-toi un emploi conforme à ton expérience.

— C'est celui-là que je vais décrocher et il me conviendra, tu verras! »

Je rayai toutes les annonces à l'exception de celle qui m'intéressait. Puis je téléphonai pour en savoir plus. Il s'agissait d'un projet théâtral pour contrer les préjugés et il ne restait qu'une place à combler. Je devais me présenter le mercredi suivant à dix heures dans un endroit appelé Saint-Zotique. Je pris pour acquis que c'était à l'église Saint-Zotique que je connaissais et je ne me souciai pas de l'adresse.

Le mercredi matin, un peu avant l'heure du rendez-vous, j'arrivai à la fameuse église. Je sonnai, personne ne répondit. J'attendis. Dix minutes passèrent; vingt minutes s'étaient écoulées, et toujours pas de réponse. Il était dix heures passé. Par le carré vitré, j'aperçus un homme qui circulait à l'intérieur. Je frappai de toutes mes forces sur la lourde porte de bois de façon à me faire entendre. La porte s'ouvrit pour livrer passage à un homme au regard lointain habillé de noir des pieds à la tête.

« Bonjour! J'ai rendez-vous pour l'atelier de théâtre.

— Je vous demande pardon, mais...

— C'est bien ici le Saint-Zotique? demandai-je, soudain inquiète.

— Oui, vous êtes à l'église Saint-Zotique, mais il n'y a ici ni théâtre ni atelier de théâtre.

— Est-ce que je peux parler à un responsable?

— Mademoiselle, je suis navré. C'est moi, le curé de la paroisse. »

Je reconnaissais bien là l'idiote que j'étais! Je n'avais ni l'adresse ni le numéro de téléphone. C'est alors qu'une bourrasque de vent souleva une feuille qui avait été collée près de l'entrée. J'y lus le message suivant, griffonné à la hâte : *Si personne n'est là, rendez-vous à l'église Saint-Irénée.* J'étais sauvée; je connaissais l'endroit! En me dépêchant, je n'aurais qu'un léger retard. J'avais encore une chance!

À l'église Saint-Irénée, une femme relativement âgée m'accueillit avec le sourire.

« Bonjour, madame. Je suis venue pour l'entrevue.

— Mais quelle entrevue, mon enfant? »

Je commençais à perdre espoir...

« Une entrevue pour un atelier de théâtre. Vous êtes sûre qu'il n'y a pas quelqu'un qui fait passer des entrevues ici? »

J'avais les larmes aux yeux.

« Mon enfant, je suis navrée. Quelqu'un vous a dit qu'il y avait des ateliers de théâtre à l'église Saint-Irénée?

— On m'avait dit au Saint-Zotique, mais il n'y avait personne.

— Oh! Vous avez sûrement confondu l'église avec le centre Saint-Zotique qui se trouve à dix minutes d'ici!

— Comme je suis déjà en retard et qu'il ne restait qu'une place, je n'ai plus aucune chance. J'ai été idiote de ne pas demander l'adresse exacte! Moi qui étais sûre d'être choisie!

— Allons! Ne vous en faites pas! Je leur téléphone et je leur demande de vous attendre. Ne bougez pas d'ici. »

Malgré ses efforts, la pauvre dame n'avait pas réussi à me remonter le moral. J'étais prostrée. Je me répétais que tout était fichu quand cette chère dame m'annonça la bonne nouvelle.

« Allez, dépêchez-vous! On vous attend! Je vais

prier pour que vous obteniez l'emploi», me dit-elle en souriant.

Je filai à toute allure pour arriver, enfin, à l'endroit exact de notre rendez-vous. Avant de frapper à la porte, je repris mon souffle. Je voulais compenser mon erreur et mon retard en faisant la meilleure impression possible. Un jeune homme à l'air sérieux me fit signe d'entrer et de garder le silence. Il me fit asseoir à côté d'un bureau où s'empilaient des monceaux de feuilles mobiles.

Je jetai un coup d'œil sur les participants : tous étaient jeunes comme moi, mais noirs. J'étais fichue. Il s'agissait sûrement d'un programme qui concernait leur ethnie. Je n'étais pas de la bonne couleur! À la femme d'origine haïtienne qui me fit passer l'entrevue, j'eus envie de dire que j'étais africaine, mais il y avait peu de chances qu'elle me crût.

«Bonjour. Je m'appelle Elsie. Je vous explique le projet. Il s'agit d'un programme gouvernemental qui veut rassembler des jeunes d'origines différentes pour écrire et interpréter une pièce de théâtre.

— Je comprends mieux maintenant et je suis intéressée.

— Avez-vous de l'expérience dans le domaine de la scène?

— Aucune, madame, dis-je honnêtement. Mais j'ai toujours rêvé de faire du théâtre! Depuis que je suis enfant!

— Quelles qualités possédez-vous en rapport avec ce programme?

— J'ai beaucoup d'imagination; j'écris beaucoup et je n'ai pas peur du ridicule...

— C'est un travail d'équipe qui amène souvent beaucoup de frictions entre les participants. Comment gérez-vous ce genre de situations?

— Je suis une personne calme et très conciliante.

— Une dernière question: comme l'annonce n'apportait aucune précision sur l'emploi offert, qu'est-ce qui vous a motivée à nous téléphoner?

— J'avais d'abord entouré toutes les annonces qui avaient un rapport avec mon expérience. Vous allez peut-être me prendre pour une folle, mais, quand j'ai lu la vôtre, j'ai tout de suite su qu'elle s'adressait à moi.»

L'air grave, elle me regarda droit dans les yeux durant quelques secondes. Elle me montra ensuite les nombreuses feuilles empilées à la droite du bureau.

«Voici les candidatures de ceux qui sont intéressés par ce projet de réinsertion sociale. Comme il y en a beaucoup, je dois réfléchir. Je vous appellerai pour vous donner ma réponse.»

J'étais confiante. Mon intuition me disait que je serais choisie. Le lendemain matin, Elsie m'appela. Spontanément, je lui dis:

«Si vous m'appelez, c'est parce que vous me prenez, n'est-ce pas?

— Mmmoui...» répondit-elle, légèrement surprise.

J'étais folle de joie! Je débutais le lendemain matin.

Après une nuit agitée, je me présentai quinze minutes à l'avance. J'avais un trac fou! La moitié du groupe attendait à l'extérieur de l'édifice. On m'examinait du coin de l'œil. Je cassai la glace en leur disant bonjour. Aussitôt, chacun se présenta chaleureusement. Nous avions approximativement le même âge à l'exception d'une jeune fille de seize ans.

Pendant les trois premiers mois, des ateliers nous étaient offerts pour nous aider à écrire une pièce qui devait traiter d'une problématique actuelle de façon préventive. Nous avions carte blanche quant au sujet. Je suggérai l'idée de déposer dans une boîte toutes les idées qui nous traversaient l'esprit; le moment venu, nous voterions sur les thèmes les plus souvent mentionnés. On retint ma suggestion.

À la fin du troisième mois, les résultats furent compilés. Deux sujets sortaient à égalité : l'inceste et les préjugés sur l'homosexualité. La majorité du groupe choisit le sujet de l'inceste, mais, rapidement, la cadette montra son désaccord. Elle refusait de participer; le seul fait d'en parler la rendait malade. Plus les membres de l'équipe essayaient de la convaincre, plus elle devenait agressive et se refermait ensuite comme une huître. Un certain soir, elle est partie et n'est jamais revenue. Son départ nous rendit tous mal à l'aise.

À peine avions-nous repris le travail qu'éclata une dispute dans laquelle j'étais impliquée. Une fille tentait de convaincre sa voisine, de qui je sentais le malaise :

« La victime subirait les gestes de son père sans réaliser que c'est mal; elle croirait que c'est tout à fait normal d'agir ainsi... »

Elle continuait, argumentait et poursuivait encore. Incapable de me contrôler davantage, j'explosai :

« Comment peut-elle trouver ça normal? Même quand j'étais petite, je savais que ce qu'il me faisait était mal! »

Un silence de mort régna dans la salle. Tout le monde me dévisageait; leurs yeux étaient remplis de peine et de confusion.

« Ça va! J'ai pas besoin qu'on me regarde comme ça! Et merde! »

J'éclatai en sanglots. Quelques minutes plus tard, j'avais réussi à reprendre mon calme. J'étais déçue d'avoir perdu mon sang-froid et de m'être mise à nu si soudainement. Moi qui étais considérée comme le leader du groupe, voilà que j'avais flanché et que j'avais affiché ma faiblesse. Je crois que je suis un peu trop soucieuse de mon image...

« Qu'est-ce qu'on fait, Norah?

— Nous pourrions choisir le sujet de l'homosexualité si chacun se sent à l'aise d'en parler. Ne l'ayant pas vécu personnellement, nous devrons faire plus de recherches pour approfondir le sujet. Cela nous permettra d'aborder la question avec un regard objectif qui ne nuira à personne du groupe. Tout le monde est d'accord? »

Tous acquiescèrent. Quatre équipes furent formées et chacune avait sa recherche à faire. J'étais celle à qui l'on montrait les découvertes intéressantes et qui organisait les informations pertinentes. Ce fut ensuite l'étape de l'écriture des dialogues et, finalement, celle de la mise en scène. Nous répétions tout en nous amusant comme des fous. C'était un job de rêve.

Vint le jour de la première dans une vraie salle de représentation. Toute la troupe était présente dès neuf heures du matin alors que le spectacle ne débutait qu'à dix-neuf heures. Nous avions prévu plusieurs répétitions durant la journée. Plus la journée avançait et plus notre stress augmentait. Quelques semaines auparavant, l'un des nôtres, qui était chef de chœur dans son quartier, nous avait appris une chanson rythmée. Pour nous libérer du stress, notre ami nous dirigeait pendant que nous la chantions à pleins poumons, a cappella. C'était bon de nous entendre, tous unis par une même chanson.

À dix-neuf heures, les trois coups traditionnels résonnèrent dans la salle. La troupe se tenait derrière le rideau pendant que le présentateur faisait le synopsis. Nous étions prêts.

La pièce fut un succès. En nous tenant par la main, nous avons salué notre public. J'étais au comble de la joie! Ensemble, nous avions réussi un exploit! Nous avions donné naissance à une pièce touchante qui avait été applaudie par une centaine de spectateurs. J'avais invité une personne-ressource d'un organisme gai. Après la représentation, il prit le micro pour nous féliciter. Selon lui, nous avions su toucher avec doigté tous les aspects du sujet. Ce soir-là, nous étions tous très fiers de notre œuvre.

C'était le jour que nous avions attendu avec impatience, mais aussi, malheureusement, celui qui indiquait le début de la fin...

Après quelques représentations additionnelles, la troupe se dissoudra! Heureusement, je monterai une seconde pièce avec deux amis du groupe. Quant aux autres, j'ai peu de chances de les revoir. Chacun a repris sa route en suivant son rêve, guidé par son destin. Encore une fois, je ramasse les photos-souvenirs de ceux que je quitte. Décidément, je n'aime pas les fins de projets!

***

J'ai trouvé dans le théâtre le mouvement, l'absence de routine, et le nouveau que je recherchais et que je cherche encore. Suis-je instable? La stabilité me fait-elle peur? Peut-être. Allez comprendre pourquoi. C'est vrai que mon histoire... Rien n'a été stable dans ma vie. Les événements m'ont toujours obligée à rompre avec les personnes et les activités que j'aimais. Ai-je peur d'avoir mal si je m'engage à nouveau?

J'ai eu besoin de plusieurs années pour me refaire des amis. Je recherchais inconsciemment mes copains du Hilton que je craignais d'oublier. Ma mère me reprochait ma fermeture aux autres et m'encourageait à sortir pour refaire mon cercle de connaissances à défaut d'amis. Je croyais que je n'en avais pas besoin, mais je réalise aujourd'hui qu'elle avait raison. J'ai maintenant des amis, très peu, mais des vrais, que je suis sûre de conserver et qui me font du bien.

En revanche, je profite mieux de la vie qu'auparavant. Je ne regrette pas les rêves grandioses que j'ai dû mettre de côté. Je les juge futiles maintenant que je connais l'essentiel. De mon parcours échevelé, je retiens trois expériences qui ont été déterminantes : la séquestration, la naissance des jumeaux et la décision d'émigrer au Canada. Notre séquestration m'a appris l'importance de se serrer les coudes dans l'adversité et de demeurer fidèle à ses convictions. Mes petits frères m'ont permis de découvrir qu'en prenant soin des autres je me faisais aussi du bien. Et grâce à la décision d'émigrer, toute la famille a renoué avec l'espoir, l'espoir au quotidien et l'espoir du lendemain.

Pour repartir à neuf, j'ai eu besoin d'oublier. Croyez-moi, ce ne fut pas facile! Quand je me crois poursuivie, je dois me retourner et affronter mes peurs! Quand l'angoisse me serre la gorge et que j'ai peine à respirer, je me répète que je suis au Québec et que je n'ai pas raison de m'inquiéter. Quand une crise d'angoisse m'a terrassée dans la file d'attente d'un autobus, j'ai dû me raisonner et me forcer à examiner chacun de mes voisins pour finalement retrouver mon sang-froid.

Quand un malheur arrive ou que je me sens tourmentée, mes frères me réconfortent à leur façon. J'entends leur voix d'enfant, je reçois une caresse ou je participe à leurs jeux. C'est magique, je retrouve la paix. Ils sont si intelligents et pleins d'imagination! Tous les jours, j'apprends à leur contact.

Il y a deux ans, je rentrais de mon travail quand Ryan courut vers moi, tout excité.

« Norah! On a fait une expérience à l'école! Tu sais quoi?

— Non. Quoi? J'ai hâte de savoir.

— Eh bien! Une feuille, c'est plus fort qu'un marteau!

— Je ne comprends pas. Explique-moi.

— On a pris un marteau et une feuille de papier, poursuivit Élias à son tour. On a posé la feuille par terre et on l'a frappée, et frappée encore, avec le marteau. Et tu sais quoi?

— Quoi?

— Le marteau, il s'est brisé, et la feuille n'avait même pas une égratignure! Donc, une feuille c'est plus fort qu'un marteau», déclara-t-il, fier de sa conclusion.

Toutes les fois que mes «souvenirs-cauchemars» reviennent à la surface, je me rappelle cette histoire et je deviens une feuille.

Merci, mon Dieu, de m'avoir envoyé cette image!

Ces chers anges ne veulent plus que je les appelle «les petits». C'est vrai qu'ils sont des bouts d'hommes remplis d'esprit et d'amour. Je les sens pourtant encore si fragiles! Malgré moi, j'observe attentivement leurs comportements. J'essaie de vérifier si leurs blessures se sont estompées. Si seulement je pouvais effacer tous leurs mauvais souvenirs! Quelque part en moi, je me sens responsable des mauvais coups du destin. Et pourtant, je n'y peux rien, mais c'est plus fort que moi! Leurs premières années ont été bien différentes de celles des autres garçons. Pour compenser, je leur achète des douceurs, des jouets, des bonbons. Mais peut-on combler un tel manque? Je sais trop que la dent qui a manqué de lait lors de sa croissance reste faible et vulnérable.

J'essaie d'être attentive à leurs besoins, d'être présente pour eux. Ils me font confiance et je suis devenue leur meilleure amie. Je ressens une affection quasi maternelle à leur endroit et, pour eux, je suis une seconde maman. Cependant, si je veux aller de l'avant, je dois me recentrer sur mes projets, sur ma vie. Tant que je prends soin d'eux, je me sens sereine, en sécurité, mais je fais du surplace. Peut-être qu'ils ont moins besoin de moi que je ne le crois! Oui, c'est vrai, l'avenir me fait peur, l'inconnu aussi!

Les enfants aiment inconditionnellement, mais l'adulte en abuse souvent...

Abus, abusé, agresseur. Quels mots lourds de sens!

Certains enfants comme mes frères grandissent loin de leur père, d'autres le connaissent à peine pour différentes raisons. Moi, j'ai connu le mien, mais j'aurais préféré qu'il ait été broyé, expulsé, enseveli, oublié. Est-ce plus difficile de vivre éloigné d'un père que l'on aime que de subir la présence de celui qu'on déteste? Qui connaît la réponse? Peut-être que c'est aussi pénible! Qu'on est aussi malheureux!

Depuis mon arrivée au Québec, j'essaie constamment d'améliorer mon présent et de bâtir mon avenir, mais cette rancune envers mon père m'habite, me freine et me handicape. Je traîne au pied un lourd boulet. En écrivant ce livre, j'ai dû faire face à mes démons et évacuer ma colère envers celui qui m'a volé ma candeur. J'ai compris qu'à ma façon j'ai voulu aider ma mère en atténuant sa souffrance. Je voulais l'aider en me sacrifiant à sa place, en faisant comme elle. Je croyais sincèrement que la violence physique qu'elle endurait était pire que ce que je subissais.

Pendant les années qui ont suivi, les événements se sont succédé à une vitesse folle et j'ai refoulé profondément ces gestes abjects jusqu'au moment où ma survie a été assurée.

J'ai longtemps souhaité qu'il éprouve des remords pour ce qu'il nous avait fait subir, à maman et à moi. J'aurais aimé qu'il nous demande pardon. Je croyais que, s'il regrettait, je pourrais lui pardonner et aller de l'avant. En écrivant ces mots, je réalise que je m'illusionne, que j'attends encore un père qui n'existe pas. Je me condamne moi-même à être déçue.

Que serait-il arrivé si j'en avais parlé à ma mère au moment où ces évènements se sont déroulés? Si j'en avais informé un professeur? La police? Je me creuse la tête à imaginer différents scénarios, mais la plupart se terminent sans mes petits frères. Ma mère se serait peut-être séparée, nous n'aurions pas vécu en Algérie, elle n'aurait pas connu Hussein. Bref, je refuse de renoncer à ces trésors auxquels je tiens comme à la prunelle de mes yeux.

Le destin a décidé qu'il en serait ainsi, que je grandirais près de cet homme que je détestais de toutes les fibres de mon être. Je ne peux pas l'obliger à demander pardon, mais je peux tourner la page et lui redonner la place qu'il mérite dans ma vie, c'est-à-dire la plus infime possible.

***

Je me recentre sur ma vie et sur mes projets.

Jusqu'à maintenant, j'ai consacré mon énergie à travailler pour assurer une certaine sécurité financière à ma famille. Maintenant, je me sens prête à faire le grand saut: partir de chez moi d'ici quelques mois. J'y réfléchis depuis trois ans. Trois ans, c'est beaucoup! C'est vrai, mais je ne suis pas la seule personne impliquée.

La première fois que j'exposai mon projet à ma mère, elle s'y opposa catégoriquement. Je m'attendais à cette réaction; je devinais qu'elle avait peur de se retrouver seule avec ses trois garçons.

« Tu veux partir! Comme ça! Et me laisser seule », me dit-elle.

Je fus incapable de répondre. Tout à coup, je me sentais coupable de l'abandonner.

« Pourquoi veux-tu partir? Qu'est-ce qu'il te manque, ici? »

Mon besoin était encore mal défini. Je repris la phrase tant de fois entendue dans la bouche de mes amies.

« Je veux voler de mes propres ailes. »

Les simples remarques de maman avaient réveillé mes éternelles appréhensions. Au fait, pourquoi partir?

On m'entourait d'amour, et la vie en appartement me coûterait cher. Il me fallut deux ans supplémentaires avant de cibler mon problème : j'étais trop engagée auprès de mes frères et j'étouffais.

Depuis quelques années, j'étais très active dans leur éducation. J'étais celle à qui l'on demandait la permission, celle qui donnait les punitions, celle qui obligeait à faire les devoirs avant de jouer. Bref, je jouais le rôle de la méchante! Sans m'en rendre compte, j'en suis venue à assumer la fonction d'autorité dans la famille. Et cette prise en charge faisait l'affaire de ma mère dont l'énergie n'était plus ce qu'elle était. Mes frères m'écoutaient alors que maman avait perdu tout contrôle sur eux.

Comment les choses en étaient-elles arrivées là? Mon côté perfectionniste et critique y est sûrement pour beaucoup! Et comme on n'est jamais mieux servi que par soi-même, j'intervenais activement dans l'éducation de mes frères et plus souvent qu'à mon tour. Petit à petit, je m'étais enlisée dans ce tourbillon qui m'emprisonnait maintenant. Plus le temps passait et plus je me sentais moisir.

J'ai longtemps vécu pour les autres en oubliant mes propres besoins. J'ai eu peur qu'un jour il ne me reste plus assez de patience pour élever mes propres enfants. Il fallait que je parte de la maison! J'avais besoin d'air! Ma décision de partir en appartement s'est clarifiée le printemps dernier. J'ai décidé de ne pas en parler, mais d'agir de façon à préparer mon entourage.

Progressivement, je rendis les rênes. Quand l'un des jumeaux me demandait une permission, je l'envoyais trouver sa mère. J'avais toujours aidé mes frères dans leurs devoirs, et leurs notes en témoignaient. Je changeai ma façon de faire : je leur fournis les outils pour les amener à se débrouiller sans moi.

Un peu avant les vacances, j'ai annoncé mon départ à mon entourage, mais sans préciser le moment. Mes frères ont réagi avec force. Je leur répétai que je les aimais, que je serais éternellement leur grande sœur et qu'on se rendrait visite régulièrement. Quant à maman, elle se résignait. Cependant, elle m'adressait souvent des remarques acerbes et ironiques qui me rendaient coupable. Jusqu'au jour où j'éclatai.

Pendant les trois mois de l'été dernier, j'avais été seule à la maison. Ma mère était en voyage en Égypte, alors que les garçons se trouvaient en vacances chez leur père en Algérie tandis que Mélissa squattait l'appartement de son fiancé. Je payais les différentes factures: loyer, électricité, Internet. Je m'organisais bien et j'avais la paix. Mes amis venaient souvent à la maison et je sortais quand je le souhaitais. J'entretenais l'appartement comme s'il avait été le mien. J'ai pleinement savouré la liberté de ces mois de solitude.

Le retour de la famille m'angoissait, car je ne voulais plus reprendre mon ancien style de vie. Trois jours s'étaient écoulés depuis le retour de ma mère et je ne lui avais pas encore adressé la parole. J'avais peur d'exploser et de prononcer des mots que j'aurais pu regretter par la suite. Un soir, ma mère s'approcha de moi.

«Dis-moi pourquoi tu ne me parles plus. Tu m'en veux d'être partie?

— Au contraire. Cela m'a fait beaucoup de bien.

— Alors, qu'est-ce que tu as?

— Il faut que je parte de la maison. Je ne veux plus vivre ici.

— Pourquoi?

— Je ne veux plus prendre soin de mes frères.

— Nous pouvons changer nos méthodes.

— Non. La seule et unique solution, c'est de vivre ailleurs. Tu dois reprendre ton rôle de mère. Moi, c'est fini. Je dois vivre ma vie comme je l'entends. Je pars cet hiver ou au plus tard l'automne prochain, le temps d'acheter quelques meubles.»

Mon explosion m'avait permis de préciser mon besoin ainsi que la date de mon départ. Ma mère comprenait enfin.

Depuis, nous avons cherché et trouvé ensemble mon futur appartement. Il est situé dans notre quartier, dans un édifice en construction. Pour *garder le pied dans l'eau*, je partage avec ma mère mes projets de décoration et j'achète au fur et à mesure ce dont j'aurai besoin bientôt.

Ces derniers temps, je suis fière de mes frères. Ils sont devenus plus polis, plus conciliants et plus autonomes surtout. Ma mère aura compris qu'elle était surprotectrice. Ils n'étaient pas capables de nouer leurs lacets! Ils contribuent maintenant selon leurs capacités aux tâches ménagères et ils prennent plus d'initiatives. Ils ont progressé et la tâche sera moins lourde pour leur mère! Et je ne serai pas très loin! En cas de pépin, je viendrai et je referai mes provisions de câlins.

Plusieurs amis me disaient: «Ne te presse pas! Vivre seul coûte cher. Moi, je donnerais n'importe quoi pour retourner chez ma mère!» Mais quand je leur raconte la vie à la maison, ils me conseillent de partir au plus tôt.

Bizarrement, ce départ m'excite et me fait peur en même temps. Je crains de m'ennuyer de ma famille. Je n'aurai qu'à prendre soin de moi. Je ne sais pas comment faire. Justement, je dois apprendre. Je dois me retrouver sans colocataire, seule. J'ai de bons amis avec qui j'aurais pu vivre, mais j'ai besoin de me créer mon havre de paix, ma bulle, un appartement décoré à mon goût pour me ressourcer. Encore quelques mois pour préparer le grand saut.

***

Depuis ma plus tendre enfance, je m'intéresse aux

œuvres humanitaires. J'ai toujours rêvé de partir en mission quelque part en Afrique ou en Amérique du Sud pour combattre la faim et la violence. Après m'être informée de part et d'autre, j'ai trouvé quelques organismes auxquels je pourrais me joindre.

Je n'ai pas renoncé à mon rêve. Je m'en approche de façon réfléchie; peut-être même que je créerai mon propre organisme pour venir en aide aux sans-abri et aux familles dans le besoin! J'aimerais le faire de façon utile et novatrice. Qui sait, un jour? Telle une voile qui suit le vent, je progresserai au fil des jours.

Quant aux études, je me pose toujours la question. Je pourrais m'inscrire à l'université pour approfondir les langues que je connais déjà: l'italien, l'anglais, l'espagnol. Le chinois m'intéresse aussi. Mais, une chose à la fois! Le système d'éducation est tellement complexe! Cet été, mon expérience en théâtre m'a passionnée. Je songe parfois à m'y investir sérieusement. J'hésite, je pèse le pour et le contre et je laisse le temps éclairer ma décision.

J'aimerais avoir suffisamment d'argent pour subvenir à mon organisme caritatif et pour poursuivre mes études tout en vivant au bord de l'eau, à proximité de la ville, dans une petite maison champêtre entourée de vieux arbres où j'entendrais le chant des oiseaux. J'ai de nombreux projets et toute la vie devant moi pour les réaliser.

Dans quelques années, j'espère avoir des enfants.

***

Mes amours? Ce fut compliqué. Ce n'est pas facile d'aimer et encore moins d'être aimée avec un passé, une culture et des coutumes comme les miens. J'ai eu quelques relations amoureuses, mais là encore je m'éloigne quand je commence à trop m'attacher. J'ai à apprendre à faire confiance aux hommes que je trouve compliqués et manipulateurs! Peut-être suis-je allée trop longtemps à la mauvaise école?

Je vous raconte! Depuis mon arrivée à Montréal, j'ai sorti avec quelques garçons. Un vrai massacre!

Le premier était anglophone. Je n'aurais jamais dû m'embarquer dans ce genre de complication. Nous n'avions absolument rien à nous dire. Notre histoire fut brève. C'était donc ma faute: j'avais mal choisi. Grâce à lui, j'ai appris que les deux personnes d'un couple ont besoin de points communs à partager.

Le deuxième m'a traumatisée. Critique et perfection-niste envers lui-même, il l'était également envers les autres. J'avais beau me faire belle, il trouvait toujours à redire sur ma tenue; il n'était jamais satisfait. Il acceptait mal le fait que je fusse différente; il dénigrait mes origines et mes croyances. Il pouvait ridiculiser mes coutumes et remettre en question mes principes de vie. Je n'étais jamais correcte malgré les efforts que je faisais pour lui plaire. Me maltraitait-il? À sa façon, oui. Il me violentait psychologiquement. J'étais devenue anorexique; je mai-grissais, mais je ne me sentais jamais assez belle.

J'ai eu besoin d'un an pour me rendre compte qu'il me détruisait à petit feu et que notre couple n'était qu'une illusion. Je devais le quitter si je voulais survivre. Au nom de l'amour, je m'étais laissé anéantir par l'autre. Grâce à lui, j'ai appris qu'en amour il faut être conci-liant et non esclave! J'ai compris que mon passé faisait partie de moi et que je devais refuser qu'il soit dénigré.

J'ai fait la connaissance du troisième pendant que je travaillais chez la dentiste. Il travaillait dans la boucherie située près du centre dentaire. Il était doux et très affectueux, romantique à souhait. Mais, un jour... il disparut. Comme ça! La veille, il me déclarait qu'il m'aimait; le lendemain, évanoui dans la nature! Nous n'étions ensemble que depuis six mois, mais cette expérience me dérouta complètement. Je ne comprenais pas ce qui m'arrivait. J'avais perdu tous mes repères. Je ne savais plus que penser de moi, des hommes, de l'amour en général. J'ai appris que rien n'était acquis en amour! À partir de ce moment-là, je recherchai des hommes matures; j'établis mes critères de choix alors que j'avais toujours refusé d'en arriver là.

Au Hilton d'Alger, j'avais connu Roger, un homme d'origine belge avec qui je m'étais liée d'amitié. Il venait faire un séjour en Algérie tous les six mois. Par la suite, j'ai toujours gardé le contact avec lui; au fil du temps, lentement, il a commencé à m'aimer. Cependant, il y avait un léger problème : il était marié. Il me proposait régulièrement de se revoir quelque part entre le Canada et la Belgique, mais je refusais toutes ses invitations. Un jour, il m'annonça qu'il quittait sa femme.

Je le connaissais déjà depuis huit ans; il représentait pour moi l'homme idéal. J'étais au courant de tous ses défauts et je n'en avais pas peur. Roger vint à plusieurs reprises au Québec; je prenais alors quelques jours de congé pour profiter de sa présence. Et, un été, nous avons passé deux semaines idylliques à Cuba. J'étais follement amoureuse. L'année suivante, je devais le rejoindre en Belgique pour connaître son pays. Si j'acceptais d'y rester, nous devions nous marier durant les trois mois qui suivraient.

À Alger, cet homme avait la réputation d'être un vrai coureur de jupons. Il ne s'en cachait pas, d'ailleurs. Lorsqu'il était avec moi, il ne pouvait s'empêcher de tourner la tête et de complimenter les jolies filles qui passaient. Innocemment, je croyais qu'une fois marié il n'aurait d'yeux que pour moi.

Petit à petit, je me perdis de vue. Je n'étais plus moi-même. Je changeais la couleur de mes cheveux, car il aimait les femmes brunes. Je me faisais bronzer, car il aimait les teints plus foncés. Je faisais de la musculation, car il aimait les corps fermes et athlétiques. Chaque fois qu'il lorgnait une fille, je voulais lui ressembler, à un point tel que je perdais, petit à petit, mon identité.

Deux mois avant mon départ pour la Belgique, je voulus m'assurer que je prenais la bonne décision. Je ne voulais pas quitter ce pays et ma famille sans être absolument certaine de mon choix. Je décidai de lui faire passer un test.

Nous avions l'habitude de nous parler tous les jours à la même heure sur Internet. Peu de temps avant son voyage d'affaires de trois jours en France, je changeai mon horaire de travail sans le lui dire. Je me créai un nouveau personnage : Catalina, une jeune étudiante, brune, exotique et extrêmement jolie. J'avais pris soin de trouver sur le net une photo qui correspondait à cette beauté. Deux jours avant son départ, Roger fit la connaissance de Catalina qui s'était connectée quelques minutes après mon départ.

Et celle-ci lui fit du « rentre-dedans » de façon plutôt directe. Méfiant, il lui demanda son numéro de téléphone. J'avais prévu le coup. Sur le net, j'avais trouvé un annuaire téléphonique contenant les numéros de cellulaires. À ma grande surprise, j'avais déniché une Catalina qui habitait la même banlieue que celle que j'avais inventée. Je lui communiquai ses coordonnées en lui faisant promettre de ne pas appeler avant son arrivée à Paris. À son tour, il me donna son numéro, que je connaissais déjà, bien entendu. Il proposa à Catalina de passer le week-end avec lui !

Imaginez un peu comment je pouvais me sentir derrière l'écran ! Mon estomac se tordait de douleur. Mes mains tremblaient de rage ! Je devais garder mon sang-froid; j'étais déterminée à l'attirer dans une impasse dont il ne pourrait plus sortir. Il ne devait pas deviner que j'étais derrière ce coup monté.

Au milieu des échanges, toujours sur Internet, Catalina s'inventa un petit ami.

«Quel dommage! poursuivit mon "amoureux". Ce n'est pas grave, il n'en saura rien. Moi aussi je suis marié.

— Attends, il veut t'écrire deux mots.

— Ah bon?»

Voilà que j'utilisais le personnage de Sekouba, mon ami d'enfance, pour venir à ma rescousse dans mon nouveau scénario! Quel plan machiavélique! C'est vrai, mais c'était pour une bonne cause.

«Je savais que tu n'étais pas un gars correct pour Norah! Depuis le temps que je lui dis de se méfier de toi!

— Qui es-tu?

— Sekouba! Le meilleur ami de Norah!

— …

— Écoute bien. Tu lui avoues toi-même ce que tu viens de proposer à Catalina ou c'est moi qui le ferai! Je te donne deux jours!»

Et je me déconnectai. Immédiatement après, je reçus son courriel. J'avais espéré qu'il m'avouerait la vérité, mais, au contraire, il grossit son mensonge; il me conseilla de me méfier de Sekouba qui chercherait à me mentir. Je me reconnectai pour lui demander sa version des faits; il me répondit immédiatement un tissu de faussetés; je ne reconnaissais aucune parcelle de la vérité que j'avais fabriquée. Plus il mentait, plus je comprenais que j'avais été naïve.

Je sortis du bureau aussi blanche qu'un fantôme et je rejoignis maman au salon. Je m'assis sur le sofa. Les yeux au bord des larmes, je lançai dans un souffle:

«Sais-tu ce que je viens de faire?

— Quoi?» me demanda-t-elle.

Observant mon air grave, elle me pressa de répondre.
«Continue, je veux savoir!
— Je viens de tendre un piège à Roger et il est
tombé dedans à pieds joints.»
Je lui racontai mon subterfuge.
«Comment fais-tu pour rester aussi calme? réagit-
elle. Tu es incroyable!»
Je paraissais impassible, c'est vrai, mais il faut se
méfier des eaux dormantes! Toutes mes émotions
s'étaient coincées au fond de moi. Mes projets s'écroulaient d'un seul coup. Durant la semaine qui suivit,
mes nuits furent peuplées de cauchemars et d'atroces
crampes me tenaillèrent l'estomac.
J'eus besoin de temps pour oublier. Après une longue
introspection, je parvins à décanter l'épisode Roger. Je
sais maintenant qu'un homme digne de mon amour doit
m'aimer telle que je suis, sans essayer de me transformer.
Pourquoi serais-je seule à aimer sans conditions? Aucun
homme n'est parfait, à ce que je sache! Je n'ai pas le corps
d'un mannequin, j'ai des vergetures aux cuisses, je n'ai
pas de gros seins, je n'ai pas fait de longues études, je ne
suis pas riche et, attention, je suis arabe. Et j'arrive d'un
très long périple. À prendre ou à laisser!

Pendant mon contrat de théâtre, j'ai sorti avec un
ami pendant trois mois. Nos amours furent brèves,
c'est vrai, mais elles nous ont fait du bien; nous
prenions plaisir à être ensemble, mais il manquait la
flamme qui transforme l'amitié en amour.
Pendant ce temps, dans le même édifice à un autre
étage, un jeune homme me faisait de l'œil quand il me
croisait dans les escaliers; je sentais qu'il voulait
m'adresser la parole, mais il se contentait d'un sourire.
Si réservé et si mignon! *Attention, Norah! Il doit être québécois, ce qui veut dire: choc culturel...* Mais ses yeux... Et
cette façon d'intervenir avec les enfants dont il était res-

ponsable! Toujours diplomate et respectueux. Autant de points en sa faveur. Je crois que je l'intimidais un peu; voilà qui était nouveau pour moi, mais j'appréciais!

Il commença indirectement les manœuvres d'approche. Il se décida à demander à l'une de mes amies si je sortais encore avec mon copain. Elle lui répondit que ce n'était pas le cas et elle l'encouragea à tenter sa chance. Bien entendu, elle me répéta leur conversation. Les jours passaient, mais notre histoire n'avançait pas.

Un jour, en revenant de la pause, je passai devant son bureau dont la porte était entrouverte. Il était assis, un dossier devant lui. Quand il m'aperçut, il m'adressa le plus doux des sourires... Abasourdie, je continuai. À peine quelques secondes plus tard, je me disais: *Ce garçon te plaît. Il faut que tu fasses quelque chose. À toi de lancer la balle, mais attention! Il ne faut pas être trop directe.* Je revins sur mes pas jusqu'à la porte de son bureau.

« Travailles-tu aussi pendant le week-end? » demandai-je sur un ton que je voulais le plus neutre possible alors que ma respiration saccadée révélait tout le contraire.

« Non. Que dirais-tu d'aller prendre un café un de ces quatre?

— Avec plaisir! » répondis-je en inspirant profondément pour ne pas crier de joie.

Oui!!! Il la relançait, cette balle que j'avais risquée!

Notre relation est toute nouvelle encore. Tous les deux, nous avons connu des expériences difficiles, mais nous mettons de côté nos fantômes pour avancer ensemble. Je n'avais pas l'habitude de conjuguer mes projets à deux; c'est facile avec lui. Nous partageons les mêmes valeurs et souvent les mêmes idées. Nous éprouvons un grand respect l'un envers l'autre. Ma famille l'adore et j'adore sa famille. Mes frères l'ont adopté spontanément et il aime jouer avec eux.

Au début d'une relation, nous cherchons souvent à montrer la meilleure image possible à l'autre pour l'impressionner. Avec lui, je n'ai jamais senti le besoin de montrer une image idéale, de paraître meilleure ou différente de celle que je suis. J'ai toujours été moi-même; il connaît mon caractère et je n'ai pas eu peur de le lui montrer. Et ce fut la même chose pour lui. Il faut se faire confiance à soi-même avant de faire confiance aux autres!

Nous nous ressemblons et nous sommes très différents à la fois. Ça me rassure, car deux têtes valent mieux qu'une. Nous faisons une très bonne équipe et un très joli couple!

Je l'aime; il sait que je l'aime tel qu'il est et c'est réciproque. Je n'ai pas peur d'aller de l'avant avec lui; je nous fais confiance.

L'amour, maintenant que je l'ai rencontré, je ne le laisserai pas partir. Aimer, c'est un sentiment qui fait du bien, qui nous transforme. Ce qui m'a empêchée d'aimer jusqu'à maintenant ne s'immiscera plus dans ma vie. Je ne laisserai aucun de mes fantômes, aucun de mes démons, détruire mon bonheur.

Il est important de bien se connaître! Sinon, l'on risque de détruire ses projets, ses rêves, jusqu'à sa vie entière, sans comprendre ce qui se passe. On attribue la faute aux autres alors que tout dépend de soi. Je suis convaincue que le bonheur est dans notre tête. Quand on se brûle la main gauche, il faut prendre soin de sa main droite.

Aujourd'hui, j'ai de beaux projets que je crois réalisables. Je prendrai le temps qu'il faudra sans me tourner les pouces en attendant. Quand les choses arrivent trop rapidement, on ne les goûte pas à leur juste valeur. Alors, je ne bouscule rien et j'avance toujours.

CHAPITRE XXIII

L'avenir

Je savais, avant de commencer à écrire, que la tâche ne serait pas facile. Ma mère avait pleuré à chaudes larmes pendant la rédaction de son histoire, du commencement jusqu'à la dernière page. Malgré la souffrance qu'elle avait rencontrée, elle m'encourageait à aller de l'avant dans mon projet. J'étais prête à affronter les cauchemars et la souffrance si l'écriture m'aidait à exorciser les démons qui m'étouffaient et qui m'empêchaient de progresser.

Comme j'avais toujours eu tendance à garder secrets mes malheurs et à me débrouiller seule quand j'avais des ennuis, je trouvais très difficile de mettre ma vie à nu en sachant que plusieurs personnes me liraient. Mais l'écriture a l'avantage de préserver un certain degré d'anonymat; je trouve plus facile de vous écrire mes peines que de les confier à une personne qui serait en chair et en os devant moi.

J'ai commencé par le plus simple, le plus neutre et le plus facile à raconter. Déjà, les cauchemars étaient au rendez-vous et je ne m'y attendais pas. J'avais tendance à raconter les faits, à les décrire comme une observatrice extérieure aurait pu le faire. Mais plus j'avançais, plus je me laissais prendre par mon propre récit. Les mots chargés d'émotion affluaient bien malgré moi jusqu'à ma conscience.

Ma correctrice, Louise Ducharme, et mon éditeur,

Jean-Claude Larouche, ne m'ont pas rendu la tâche facile! Il fallait décortiquer mon histoire et préciser mes sentiments. Pour cela, il faut en prendre conscience, en faire le tri et les nommer! J'abandonnais mon siège confortable d'observatrice pour plonger dans mon passé.

Voici ce que j'ai trouvé le plus ardu: lorsque je décrivais un souvenir, dix autres que j'avais enterrés pendant de longues années surgissaient. Ils m'envahissaient comme un raz de marée qui cherchait à m'emporter avec lui. J'avais l'impression de me noyer dans mes propres souvenirs.

En écrivant ces mots, j'éprouve encore l'envie de pleurer. Avant, je pleurais parce que j'étais enragée et fâchée contre la vie. J'étais submergée par une haine incommensurable que j'avais accumulée depuis très longtemps. En m'aidant à faire sortir ma rage, mon récit m'a permis de prendre du recul et d'acquérir un peu plus de sérénité. J'ai réussi à accepter mon passé.

Je pleure encore quand mes souvenirs redeviennent présents, mais je les perçois différemment. Ma haine s'est transformée en tristesse. Parce que mon passé reste pénible! Mes blessures se referment lentement, je le sens. Je comprends que j'aurai, toute ma vie, cette envie de pleurer au fond de la gorge.

Mais celle qui m'a réellement aidée, c'est Louise.

À mon arrivée au Québec, j'avais rencontré quelques psychologues. Je n'étais pas encore prête à faire face à mes angoisses. Quand j'ai fait la connaissance de Louise, je pensais n'avoir affaire qu'à une correctrice! Je ne sais pas comment elle a fait, mais elle a su mettre le doigt sur mes émotions. J'ai pu y mettre des mots et les organiser. Avec son soutien, le temps et la rédaction du livre, j'ai progressé sans m'en rendre compte.

La guérison est loin d'être instantanée. Pendant que j'écrivais, je trouvais que l'effet tardait à se faire sentir; le processus était plus souffrant que bénéfique. J'ai continué pour toutes celles qui avaient vécu une histoire semblable à la mienne et que mon récit pourrait aider.

Avant, je souffrais de *dyslexie émotionnelle*. Mmm... J'ignore si cette expression existe, mais je trouve qu'elle explique très bien ce que je ressentais avant. Je mélangeais la rancœur avec la rage, la tristesse avec la vengeance et mes émotions s'emmêlaient en formant un tout indissociable.

Quand j'ai une réaction que je ne comprends pas, j'utilise la méthode du puzzle, que je vous ai déjà expliquée; je m'en sers aussi pour faire le point. Je reviens en arrière pour mieux voir où j'en suis aujourd'hui. Je viens d'appliquer ma méthode et je me rends compte du changement.

Quand je compare la Norah d'avant avec celle de maintenant, je reconnais que l'écriture de ce livre m'a beaucoup aidée. Le seul fait d'écrire permet de mettre de l'ordre dans sa tête et dans son cœur. Ce n'est pas facile, il faut y mettre du temps, de l'énergie et surtout il faut être vrai. Je sais que mon travail sur moi-même est loin d'être terminé, mais j'ai la clé! Voilà qui fait toute la différence!

Maintenant, j'ai suffisamment confiance en moi pour confier la première version de mon récit à mon amoureux. Je me suis dit que mon histoire faisait partie de moi; s'il est incapable de faire face à la réalité de mon passé, ce sera la preuve d'un manque d'amour de sa part. Réaction: il m'accepte telle que je suis et que j'ai été et il me comprend mieux que personne!

L'avenir commence aujourd'hui!

TABLE DES MATIÈRES

DISTRIBUTEURS EXCLUSIFS

Distributeur pour le Canada et les États-Unis
LES MESSAGERIES ADP
MONTRÉAL (Canada)
Téléphone : (450) 640-1234 ou 1 800 771-3022
Télécopieur : (450) 640-1251 ou 1 800 603-0433
www.messageries-adp.com

Distributeur pour la France et autres pays européens
HISTOIRE ET DOCUMENTS
CHENNEVIÈRES (France)
Téléphone : 01 45 76 77 41
Télécopieur : 01 45 93 34 70
www.histoire-et-documents.fr

Distributeur pour la Suisse
TRANSAT S.A.
GENÈVE
Téléphone : 022/342 77 40
Télécopieur : 022/343 46 46

Dépôts légaux
Bibliothèque nationale du Canada
Bibliothèque et Archives nationales du Québec, 2007